当年明月

人类从历史中学到的唯一教训，就是人类无法从历史中学到任何教训。

——黑格尔

明朝那些事儿

增补版

当年明月 著

第肆部

妖孽横行的宫廷

北京联合出版公司
Beijing United Publishing Co.,Ltd.

目录

目录

第一章

明君

○他这一辈子没有享过什么福 却遭了很多罪 受过无数恶毒的伤害 却选择了无私的宽恕 他很少体验皇帝的尊荣 却承担了皇帝的全部责任

◆ 明孝宗朱祐樘　宽恕

朱祐樘终于登上了最高皇位，从险被堕胎的婴孩，到安乐堂中的幼童、几乎被废的太子，还不到二十岁的朱祐樘已历尽人生艰险，他不会忘记他含冤死去的母亲、舍生取义的张敏、刚正不阿的怀恩，以及所有那些为了让他能够活到现在付出沉重代价的人们。

他虽然取得了最后的胜利，但他的母亲永远也看不到儿子的荣耀了，而那些为自己牺牲的人，他也是无法回报的。

做一个好皇帝吧，就此开始，改正父亲的所有错误，让这个帝国在我手中再一次兴盛起来！要让所有逝去的人都知道，他们的付出是有价值的。

朱祐樘准备动手了，对象就是五大门派，他早已判定，这些人是不折不扣的垃圾。

第一个被解决的就是仙派掌门李孜省，这位仁兄还想装神弄鬼地混下去，朱祐樘却根本不同他费话，继位第六天就把他送去劳动改造，而对他手下那一大堆门徒，什么法王、国师、禅师、真人，朱祐樘干净利落地用一个词统统打发了——滚蛋。

仙派的弟子们全部失业回家种地了，掌门李仙人

模范皇帝朱祐樘

大明皇帝综合素质考评第一
好人＋好皇帝

工作

勤于政事
继朱元璋之后，又一位工作狂人

选贤任能
清除奸佞冗官，重用贤能之臣

体恤百姓
轻徭薄赋，狠抓灾荒防治

生活

勤俭持家
生活简朴，不尚奢侈

感情专一
淡泊女色，践行一夫一妻制

孝敬长辈
尊重父皇，赦免万贵妃一家；奉养吴皇后，报答养育之恩

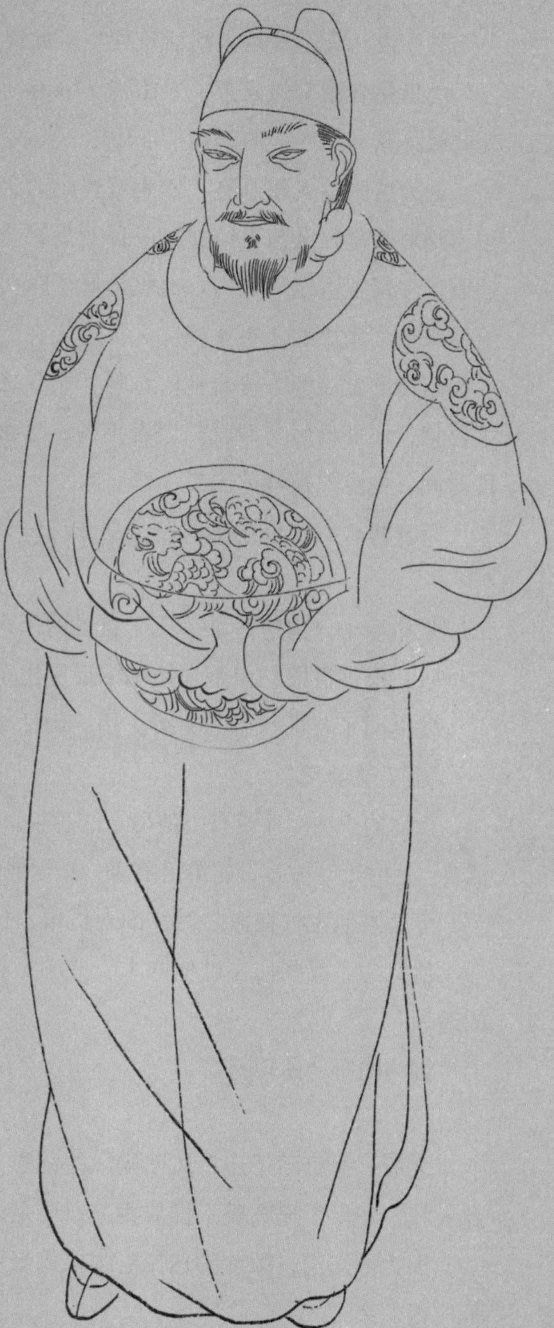

却还捞到了一份工作——充军，可是这位仁兄当年整人手段过于狠毒，仇人满天下，光荣参军没几天，就被人活活整死。至此终于飞升圆满了。

然后是春派掌门梁芳，朱祐樘十分麻利地给他安置了新的住所——牢房，这位太监最终受到了应得的惩罚。

最为紧张的人叫万喜，作为万贵妃的弟弟、后派的继任掌门，他十分清楚，朱祐樘绝对不是什么善男信女，况且万贵妃杀死了他的母亲，此仇不共戴天，不是吃顿饭认个错就可以解决的。他收拾好了东西，准备好了后事，只希望皇帝陛下能够给他来一个痛快的，不要搞什么凌迟之类的把戏，割他三千多刀。

事情的发展似乎符合他的预料，不久之后，家被抄了，官被免了，人也被关进了监狱，但那最后一刀就是迟迟不到，万喜心里没底，可更让他吃惊的是，过了一段时间，他竟然被释放出狱了！

万喜想破脑袋也搞不明白，莫非这位皇帝喜欢玩猫抓老鼠的游戏？

朱祐樘十分清楚是谁杀死了自己的母亲，很多大臣也接连上书，要求对万家满门抄斩，报仇雪恨。但是朱祐樘的反应出乎所有人的意料。

他退回了要求严惩的奏折，用一句话给这件事下了定论：

“到此为止吧。”

六岁的朱祐樘还没有记清母亲的容貌，就永远地失去了她。之后他一直孤单地生活着，还时不时被万贵妃排挤陷害。对于他而言，万贵妃这个名字就意味着仇恨。

可是当他大权在握之时，面对仇恨，他选择了宽恕。

他宽恕了那些伤害过他的人，并不是软弱，而是因为他懂得很多万贵妃不明白的道理。

因为懂得，所以慈悲。

之后，他召回了还在凤阳喝风的怀恩，亲自迎候他入宫恢复原职，怀恩不敢受此大礼，吓得手摇脚颤，推辞再三，可是朱祐樘坚持这样做。

因为他知道，眼前的这位老太监曾经冒着生命危险，无畏地保护了自己。这是他应得的荣耀。

还有那位曾经养育过他的前任吴皇后，这位心高气傲的小姐只当了几个月的皇后，就被冷落在深宫许多年，此时已经是年华逝去，人老珠黄。朱祐樘也把她请了出来，当做自己的母亲来奉养。

被遗弃二十多年的吴废后感动得老泪横流，也许她当年的动机并不是那么单纯，但对于朱祐樘而言，养育之恩是必须报答的，其他的事情并不重要。

朱祐樘就是一个这样的人，一个了不起的人，他不复仇，只报恩。他比朱棣更有自信，因为他不需要用暴力来维护自己的权威；他比朱瞻基更为明智，因为他不但清楚种田老农的痛苦，也了解自己敌人的悲哀；他比朱厚熜（不好意思，这仁兄还没出场，先客串一下）更聪明，因为他不需要权谋，只用仁厚就能征服人心。

在他的统领下，大明王朝将迎来一个辉煌繁华的盛世。

恩仇两清了，但还有一派没有解决，这就是混派。这一派十分特别，因为万安、刘吉等人虽然消极怠工，安插自己的亲信，却也没干过多少了不得的坏事，朱祐樘暂时没有解决这一帮子废物，因为就算要让他们下岗，也得找个充分的理由。

日子如果就这么过下去，估计万安等人就算不能光荣退休，至少也能体面地拿一份养老金辞职，可混派的诸位兄弟实在不争气，虽然他们夹紧尾巴做人，却还是被朱祐樘抓住了把柄，最终一网打尽，一起完蛋。

不久之后的一天，朱祐樘在整理自己老爹遗物的时候发现了一个精致的小抽屉，里面放着一本包装十分精美的手抄本，收藏得如此小心隐秘，朱祐樘还以为是啥重要指示，郑重其事地准备御览一下，可这一看差点儿没把他气得跳起来。

据记载，此书图文并茂，语言生动，且有很强的实用性。当然了，唯一的缺点在于这是一本讲述生理卫生知识的限制级图书。

朱祐樘比他爹正派得多，很反感这类玩意儿，这种书居然成了他老爹的遗物，也实在丢不起这个人，他开始追查此书的来源。

参考消息 **体贴的领导**

一个冬夜，朱祐樘坐在宫内，感觉天气十分寒冷，他就问左右内臣："现在还有外出办事、尚在返家路上的官员吗？"左右回答说有。他感叹道："天又冷又黑，那些廉洁清贫的官员归途中如果没有灯火照明，该有多不方便！"随即传下圣旨，规定今后在京官员夜还，不论职位高低，一律由巡逻辅军执灯护送。这虽是件小事，却十分暖人心。

偏巧这本手抄本的作者十分高调，做了坏事也要留名，在这部大作的封底有一个亮堂堂的落款——臣安进。

这就没错了，朱祐樘立刻召怀恩晋见，把这本黄书和一大堆弹劾万安的文书交给了他，只表达了一个意思：让他快滚！

怀恩找到了万安，先把他的大作交给了他，并转达了朱祐樘的书评："这是一个大臣应该做的事情吗？！"

万安吓得浑身发抖，跪在地上不断地说："臣有罪！臣悔过！"然后施展出了看家绝技磕头功，声音又脆又响，响彻天穹。

怀恩原本估计这么一来，万掌门就会羞愧难当，自己提出辞职，可他等了半天，除了那两句"臣有罪，臣悔过"外，万兄压根儿就没有提过这事。

没办法了，只好出第二招，他拿出了大臣们骂万安的奏折，当着他的面一封封读给他听，这么一来，就算脸皮厚过城墙拐弯的人也顶不住了。

可是他没有想到万掌门的脸皮是橡皮制成的，具有防弹功能，让他实打实地领略了无耻的最高境界，万掌门一边听着这些奏折，一边磕头，天籁之音传遍内外，但就是不提退休回家的事情。

怀恩气得七窍冒烟，他看着地上的这个活宝，终于忍无可忍，上前一把扯掉了万安的牙牌（进宫通行证），给了他最后的忠告：快滚。

这位混派领军人物终于混不下去了，他这才收拾行李，离职滚蛋了。他这一走，混派的弟子们如尹直等人也纷纷开路，混派大势已去。

最后只剩下了一个刘吉，这位刘棉花实在名不虚传，他眼看情况不妙，立刻见风使舵，换了一副面孔，主动批评起朝政来，甚至对朱祐樘也是直言进谏，朱祐樘要封自己老婆的弟弟当官，他故意找茬儿，说应该先封太后的亲戚，不能偏私，颇有点儿正直为公的风范。

刘吉自以为这样就可以接着混下去，可他实在是小看了朱祐樘，这位皇帝自小在斗争中长大，什么没见过，他早就打探过刘吉的言行，知道这位棉花兄的本性，只是不爱搭理他，可他现在竟然主动出来惹事找抽，那就别怪我不客气了。

他派了个太监到刘吉的家里，直截了当地告诉他：你最好还是早点儿退休，不然就要你好看。

刘棉花再也不装了，他跑得比万掌门还要快，立刻卷起铺盖回了老家。

五大派终于全军覆没。赶走了这些垃圾，朱祐樘终于可以大展身手了，他召集了两个关键人物进京，准备开创属于自己的盛世。

这两个人一个叫王恕，另一个叫马文升。

先说这位王恕兄，在当时他可是像雷锋一样的偶像派人物，成化年间，混派官员们天天坐机关喝茶聊天，只有这位仁兄我行我素，认真干活，俗语说：两京十二部，独有一王恕。可见他的威望之高。

而且此人还有一个特长——敢骂人。不管是皇亲国戚还是达官显贵，只要干了坏事，被他盯上了一准儿跑不掉，一天连上几封奏折，骂到改正错误为止。

而且此人每次上朝都会提出很多意见，别人根本插不上话，到后来大家养成了习惯，上朝都不说话，先看着他，等他老人家说完了再开口。有几天不知道这位老兄是不是得了咽喉炎，上朝不讲话了，结果出现奇迹，整个朝堂鸦雀无声，大家都盯着王恕，提出了一个共同的疑问：

“王大人，你咋还不说话呢？”

朱见深算被烦透了，他每天都呆呆地看着这位王大人在下面滔滔不绝，唾沫横飞，搞得他不得安生。他想让王恕退休，可这位仁兄十分敬业，从成化初年（约1465）一直说到了成化十二年（1476），朱见深受不了了，把王大人打发到云南出差，后来又派到南京当兵部尚书，可就是这样，他也没消停过。

参考消息 **指窖止贪**

王恕为官五十多年，生活节俭，从不肯以权谋私。对此，他的儿子多有怨言。王恕见状，悄声对儿子说：“你是怕我这样清白，将来你会受穷吗？今天就跟你说了吧，其实咱们家祖上有点积蓄，我才犯不着贪。”说罢，他将儿子领到后宅，伸手指道：“这是藏金之处，有金一窖。”又指：“这是藏银之处，有银一窖。”说得像煞有介事，儿子听了，觉得以后自己可以高枕无忧，就再没动过不安分的想法。王恕去世后，他的儿子动了挖金的心思，跑去后院挖金窖和银窖，却连一个铜子儿都没发现。这才恍然大悟，原来父亲是用这个方式来消除自己的贪念！

王大人时刻不忘国事，虽然离得远了点儿，也坚持每天写奏折，有时一天几封，只要看到这些奏折，那个喋喋不休的老头子的身影就会立刻浮现在朱见深的眼前。

就这样，王大人坚持写作，一直写到了成化二十二年（1486），七十大寿过了，可习惯一点儿没改，朱见深总是能够及时收到他的问候。

当年又没有强制退休制度，忍无可忍之下，朱见深竟然使出了阴招，正巧南京兵部侍郎马显上书要求退休，朱见深照例批准，却在上面加上了一句匪夷所思的话:

"王恕也老了，就让他退休吧。"

听到这句话，大家都目瞪口呆，马显退休，关王恕什么事？可朱见深也有一肚子苦水没处倒:

"我是个不愿意干活的懒人，可也实在经不起唠叨，不得以出此下策，这都是被王老头逼的啊！"

王恕啥也没说，干净利落地收拾东西回了家。这一年，他七十一岁。

朱见深是个得过且过的人，他在世上最怕的只有两个字——麻烦。王恕这种人自然不对他的胃口，可是朱祐樘与他的父亲不同，他十分清楚王恕的价值。

于是在弘治元年（1488），七十三岁高龄的王恕被重新任命为六部第一重臣——吏部尚书。这位老兄估计经常参加体育锻炼，虽然年纪大了，却干劲儿十足，上班没几天就开始考核干部，搞得朝廷内外人心惶惶。可这还没完，不久之后，他向皇帝开刀了。

王恕表示，每日早朝时间过短，很多事情说不完（符合他的特点），为了能够畅所欲言，建议皇帝陛下牺牲中午的休息时间，搞一个午朝。

这事要搁到朱见深身上，那简直就是晴天霹雳，是万万不可能的事情，但朱祐樘同意了。

这就是明君的气度。

王恕做了吏部尚书，开始折腾那些偷懒的官员。与此同时，另一个实权部门——兵部，也迎来了他们的新上司——马文升。

说来滑稽，这位马文升大概还能算是汪直的恩人，他的资格很老，成化十一年就当上了兵部侍郎，此后一直在辽东守边界，当时汪直的手下在辽东经常惹是生非，挑起国际争端，可每次闹了事就拍拍屁股走人，帮他收拾残局的就是这位马文升，到头来领功的却是汪直。

时间一长，汪直也不好意思了，曾找到马文升，表示要把自己的军功（挑衅闹事）分给他一部分，马文升却笑着摇摇头，只是拉着汪直的手，深情地说道："厂公，这就不必了，但望你下次立功前先提前告知一声，我好早作准备。"

汪直十分难堪，怀恨在心，就找了个机会整了马文升一下，降了他的官，直到汪直死后，马文升才回到辽东，依旧守他的边界。

朱祐樘是个明白人，他了解马文升的能力，便召他入京担任兵部尚书，这位新任的国防部长只比人事部长王恕小十岁，也是个老头子。可他的手段比王恕还厉害，一上任就开除了三十多个贪污的军官，一时之间兵部哭天抢地，地动山摇。

这下马文升算是捅了马蜂窝，要知道，兵部的这帮丘八可都是粗人，人家不来虚的，有的下岗当天就回家抄起弓箭，埋伏在他家门口，准备等他晚上回家时射他一箭。

马文升也是个机灵人，从他的耳目那里得知了这个消息，便躲了过去。可这帮人还不甘休，竟然写了诋毁他的匿名信用箭射进了长安门，这下子连朱祐樘也发火了，他立刻下令锦衣卫限期破案，还给马文升派了保镖，事情才算了结。

这两个六七十岁的老头子虽然头发都白了，却精神头十足，他们官龄也长，想当年他们中进士的时候，有些官员还在穿开裆裤呢，论资排辈，见面都要恭恭敬敬叫他们一声前辈，而且这两人都经历过大风大浪，精于权谋，当年汪直都没能奈何他们，何况这些后生小辈的小把戏？

参考消息 **超级元老**

中国人很多事儿都讲究资历。就拿官场来说，能称得上三朝元老的，就相当了不起，称得上四朝元老的，那更是凤毛麟角。至于五朝元老，历史上，完成这一高难度动作的人虽然不多，但并不代表没有，他们分别是：唐朝的郭子仪（历则天、玄宗、肃宗、代宗、德宗五朝）、五代的冯道（历后唐、后晋、后汉、后周、契丹五朝，前后共计十个皇帝）、明朝的马文升（历代宗、英宗、宪宗、孝宗、武宗五朝）、高穀（历成祖、仁宗、宣宗、英宗、代宗五朝）——铁打的元老，流水的皇帝，官做到这个份上算是做到家了。

朱祐樘的三把火

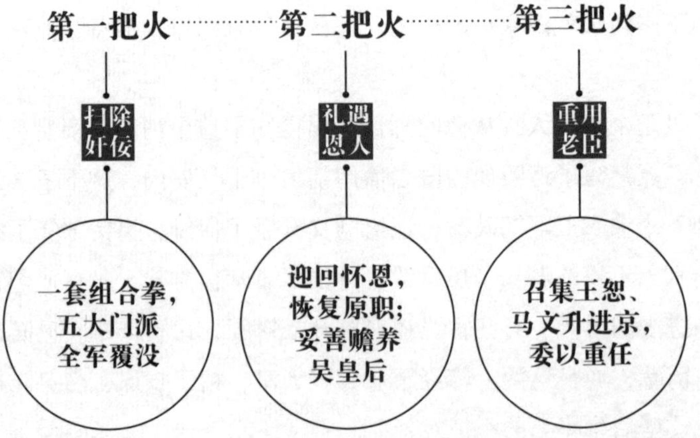

就这样，二位老前辈上台之后一阵猛搞，没过多久就把成化年间的垃圾废物一扫而空，盛世大局就此一举而定。

当老干部大展神威的时候，新的力量也在这盛世中悄悄萌芽。

弘治二年（1489），学士邱濬接受了一个特别的任务——编写《宪宗实录》，这也是老规矩了，每次等到皇帝去世，他的儿子就必须整理其父执政时期的史官记载，制作成实录，这些实录都是第一手材料，真实性强，史料价值极高，我们今天看到的《明实录》就是这么来的，但由于这部史书长达上千万字，且极其枯燥，所以流传不广。

这是一项十分重要但却十分烦琐的工作，恰好担任副总裁官的邱濬有个不太好的习惯——懒散。他比较自负，不想干查询资料这类基础工作，就以老前辈的身份把这项工作交给编写组里一个刚进翰林院不久的新人来干。这位新人倒也老实，十分高兴地接受了任务。

可过了一段时间，邱濬心里一琢磨，感觉不对劲儿了：这要干不好，可是个掉脑袋的事情啊。

他连忙跑去找人，一问才知道这位新科翰林丝毫不敢马虎，竟然已经完稿了，邱濬哭笑不得，拿着写好的草稿准备修改。

可是他仔细一看，不禁大吃一惊！

因为这篇文稿他竟然改不动一个字！

一向自负的邱濬对这篇完美的文稿竟也挑不出任何毛病，他惊奇地问道：

“这是你自己写的？”

在得到肯定的答案后，他仔细地看了看这位新人，叹了口气，拍着他的肩膀说道：

“小子好好干吧，将来你一定会有出息的。”

这位翰林不安地点了点头，此时的他并不明白这句话的分量。

事实证明，邱濬虽然是个懒人，眼光却相当独到，这位写草稿的青年就是后来历经三朝不倒、权倾天下、敢拿刘瑾开涮、连皇帝也不放在眼里的杨廷和。

参考消息 **我要读书！**

邱濬是著名的书痴，但由于出身贫寒，只能四处借书来读。有时候为了借到一本好书，他甘愿步行数百里，不拿到手决不罢休。有一次他听说县里有位老学究家里藏有好书，就立刻兴冲冲地赶了去。哪儿知道老先生惜书，坚决不肯外借。不得已，邱濬耍起了无赖，在老先生家软磨硬泡了半个月。老先生不堪其扰，最终选择了报官。县太爷了解了案情后，开导说：“此人既有好学之心，何不成其大志？”老先生这才松了口，允许邱濬借住家中翻阅。正是这些得来不易的机会，为邱濬的学识和仕途打下了坚实的基础。

◆ 辉煌盛世

父亲统治下的那些惊心动魄、朝不保夕的日子，朱祐樘永远也不会忘记，他不想效仿自己那软弱的父亲，也不会容许那些暗无天日的景象再次出现，为了建立属于自己的盛世，他付出了全部心力。

这位仁兄自从登上皇位那一刻起就没有休息过，是个不折不扣的劳碌命，为了实现盛世理想，他豁了出去，每天从早到晚不停地批阅奏章，还要不停地开会，早上天刚亮就起床开晨会（早朝），中午吃饭时间开午会（午朝），此外，他每天都要听大臣的各种讲座（日讲），隔段时间还召集一堆人举行大型论坛（经筵）。

他的这份工作实在没啥意思，除了做事就是做事，累得半死不活还时不时被言官们骂上几句，也没有人保障他的劳动权益，天下都是你的，你不干谁干？

朱祐樘的努力没有白费，他确实创造出了属于自己的时代。

这是一个辉煌的时代，大明帝国在历史的轨道上不断散发着夺目的光彩，国力强盛，天下太平，人才鼎盛。

在王恕、马文升的支持下，有三个人相继进入内阁，他们的名字分别是刘健、李东阳、谢迁。

这是三个非同一般的人，正是他们支撑着大明的政局，最终成就了朱祐樘的理想。这三个人堪称治世之能臣，他们具有非凡的能力，并靠着这种能力在这个风云际会的年代建立了自己的功勋，有趣的是，他们三个人的能力并不相同，而这种能力上的差异也最终决定了他们迥异的结局。

参考消息　神童的待遇

李东阳小时候有神童之誉，四岁时就能写一尺的大字。明景帝朱祁钰听说后进行召见，让他写“麟”、“凤”、“龟”、“龙”四个大字。由于年纪太小，李东阳小朋友写到“龙”字时，手腕就没了力气，最后一勾，他是用自己的小靴子沾墨汁印上去的。这一可爱的举动，逗得景帝哈哈大笑，当即就把他抱到了膝上，并赐给他上林苑的珍果吃。你可别小看了皇帝的这一抱，在此之前，只有两位神童享受过这种待遇，他们分别是唐朝的李泌和宋朝的晏殊，更要命的是，这两个人长大后也都当上了宰相！

刘健，河南人，弘治元年入阁，资格最老，脾气最暴，这个人是急性子，十分容易着急上火，但他却有着一项独特的能力——断。这位内阁第一号人物有着极强的判断能力，能够预知事情的走向，并提前作出应对。正是这种能力帮助他成为弘治年间的第一重臣。

李东阳，湖南人，弘治八年入阁，他是弘治三阁臣中的第二号人物，也是最厉害的一个。

他的性格和刘健刚好相反，是个慢性子，平日总是不慌不忙，天塌下来就当被子盖。他也有着自己独有的能力——谋，此人十分善于谋略，凡事总要考虑再三之后才作出决断，思虑十分严密，内阁的大多数决策都出自于他的策划。

谢迁，浙江余姚人，弘治八年入阁，三阁臣中排行最后。这位仁兄虽然资历最低，学历却最高，他是成化十一年（1475）高考状元，这人不但书读得多，还能言善辩，这也使他具有了一种和内阁中另外两个人截然不同的能力——侃。

侃，俗称侃大山，又名忽悠，谢迁先生兼任内阁新闻发言人，他饱读诗书，口才也好，东拉西扯，经常把人搞得晕头转向，只要他一开口，连靠说话骂人混饭吃的言官也自愧不如，主动退避三舍。

当时朝廷内外对这个独特的三人团有一个十分贴切的评语：李公谋、刘公断、谢公尤侃侃。

此三人通力合作，发挥各自所长，他们组成的内阁极有效率，办事牢靠，其地位在明代历史上仅次于“三杨”内阁，如果不是朱祐樘即位，任用了这三位能臣，按照朱见深那个搞法，大明王朝的历史估计一百多年也就打住了。

当然了，李东阳、刘健、谢迁之所以能靠着谋、断、侃大展拳脚，安抚天下，

参考消息 **守身如玉的谢迁**

谢迁出身贫寒，为了凑足进京赶考的路费，受聘到了一个有钱人家里担任西席（家教）。这家人的女儿见谢迁才貌双全，气度不凡，便有了爱慕之意。一天晚上，这位小姐趁父母外出省亲之际，偷偷跑到了谢迁的住处，细诉自己的仰慕之情。谢迁面对这么一位投怀送抱的妙龄少女，不但没有沾沾自喜，反而苦口婆心地做起了思想工作。为了小姐免受闲言碎语的伤害，第二天谢迁便辞职离开了。

弘治三阁臣

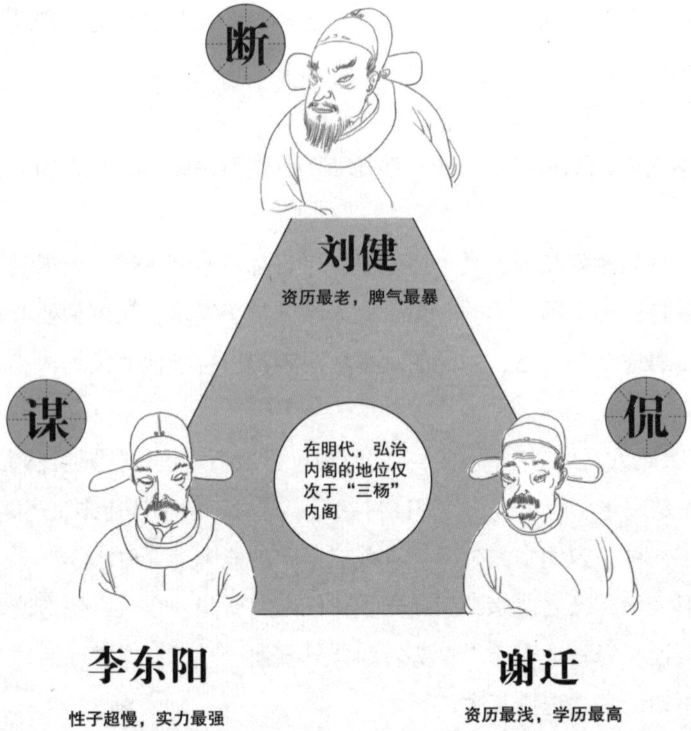

归根结底还是因为朱老板是个好领导。然而，十多年后，朱老板就退休向老祖宗朱元璋汇报工作情况去了。在这之后不久，他们三个人将面临一次生死攸关的抉择，而这次抉择的结果最终给他们的能力下达了一张成绩单：

忽悠（侃）是不行的，拍板（断）是不够的，谋略才是真正的王道。

这也是一个文才辈出的时代，传承上千年的中华文化在这里放射出了更加璀璨夺目的光芒。

之所以说李东阳要胜过刘健和谢迁，不仅仅是因为他的谋略过人，李先生不但是政坛的领袖，也是文坛的魁首，他的书法和诗集都十分有名，据说他还活着的时候，亲笔签名字画就可以挂在文物店里卖，价钱也不低。

由于名望太大，他每次出门后面总是跟着一大群粉丝和崇拜者，搞得他经常要夺路而逃，这些追随者还仿照他的诗文风格形成了一个固定的流派，这就是文学史上名声显赫的茶陵派（李东阳是茶陵人）。

而与此同时，一个姓名与李东阳极为类似的人的文章也在京城广为流传，并出现了很多拥护者，这个人的名字叫李梦阳。

应该说明，这位李梦阳并不是类似金庸新、古龙新那样的垃圾人物，事实上，要论对后世文坛的影响和名气，李东阳还得叫他一声前辈。

李梦阳，甘肃人，时任户部郎中，用现在的话说，这人应该算是个文坛愤青。他乡试考了陕西省第一名，是八股文的高手，却极为厌恶明代的文风。他认为当时的很多文章都是垃圾、废物。

他的这种说法引起了很多人的不满：你算老几？有几把刷子，敢说别人不行！

李梦阳此时却表现出了极为反常的谦虚，他表示：诸位说得不错，其实我也不行，你们也不可能服我，但我知道有几个厉害的人，这几个人你们不服都不行。

然后他列出了这几个人的名字，还别说，真是不服都不行。

谁呢？

秦朝的李斯，汉朝的司马相如、贾谊，唐朝的李白、杜甫、白居易。

这几个人你们敢叫板吗？

图穷匕见的时候到了，李梦阳终于亮出了他的真正目的和文学主张——文必秦汉，诗必盛唐。

他的意思很明白，我对现在的文体不满，但也承认自己才疏学浅，没资格反对，但这些猛人是有资格的，大家一起向他们学习就是了。

参考消息 **请叫我第一名！**

弘治五年秋，二十一岁的李梦阳奔赴西安参加三年一次的乡试。不巧的是，等他赶到考场的时候，考房已经停止办理登记手续了。一想到自己还要再等三年，李梦阳万分懊恼，遂放出狂言："梦阳不入试，本科无解首！"所谓解首，又称解元，乃乡试第一名的俗称。主考官员一听来者是享有盛名的李梦阳，于是破例开门让他进去。发榜时，李梦阳果然名列第一。一时间，陕西狂人李梦阳的名声响遍全国。

这就是中国文学史上里程碑式的事件——复古运动。经历了唐诗的挥洒、宋词的豪迈、元曲的清新后，明代诗文又一次回到了起点。

他的主张获得了很多人的支持，其中有六个人名气极大，后人便将他们与李梦阳合称七才子，史称“前七子”。

当李东阳、李梦阳在文坛各领风骚的时候，江苏吴县的一个年轻人正在收拾行李，准备上京赶考，博取功名，虽然他并没有成功，但他的名声却胜过了同时代的所有人，他的名字最终成为了大明王朝的骄傲，并传扬千古、流芳百世。

这个人叫唐寅，字伯虎。

这个世界上存在着一种奇特的人，他们似乎不需要悬梁刺股、凿壁借光就能学富五车、纵横古今，唐寅就是一个这样的人。

唐寅是一个天才，从小时候起，周围的人就这样形容他，他确实很聪明，读书悟性很高，似乎做什么事情都不必付出太多努力，而众人的夸耀使得他自己也信以为真，便不再上学，整日饮酒作乐，连考取功名做官也不放在眼里。

在这位天才即将被荒废的关键时刻，他的朋友祝枝山前来拜访他，承认了他的天分，却也告诉他，若无十年寒窗，妄想金榜题名。

祝枝山是一个十分特别的人，虽然他自己淡泊功名，却真心期望他的朋友唐伯虎能够干出一番事业。

唐伯虎听从了他的劝告，谢绝了来客，闭门苦读，终悟学业之道。

弘治十一年（1498），南京应天府举行乡试，十八岁的唐伯虎准备参加这次考试，考试前，他聚集了平生关系最好的三个朋友一起吃饭，在这次酒宴上，成竹在胸的他放出狂言:

“今科解元舍我唐寅，更有何人！”

这是一句不折不扣的狂言，但他的三个朋友却没有丝毫异议，因为他们知道，眼前的这个人有说这句话的资格。

参加唐寅酒宴的这三位朋友分别是祝枝山、文徵明、徐祯卿，他们四人被合称为“吴中四才子”，也有人称他们为“江南四大才子”。

事实证明，唐寅没有吹牛，在这次乡试中，唐寅考得第一名，成为应天府的解元。可能是他的文章写得实在太好了，当时的主考官梁储还特意把卷子留下，给另一个

江南四大才子

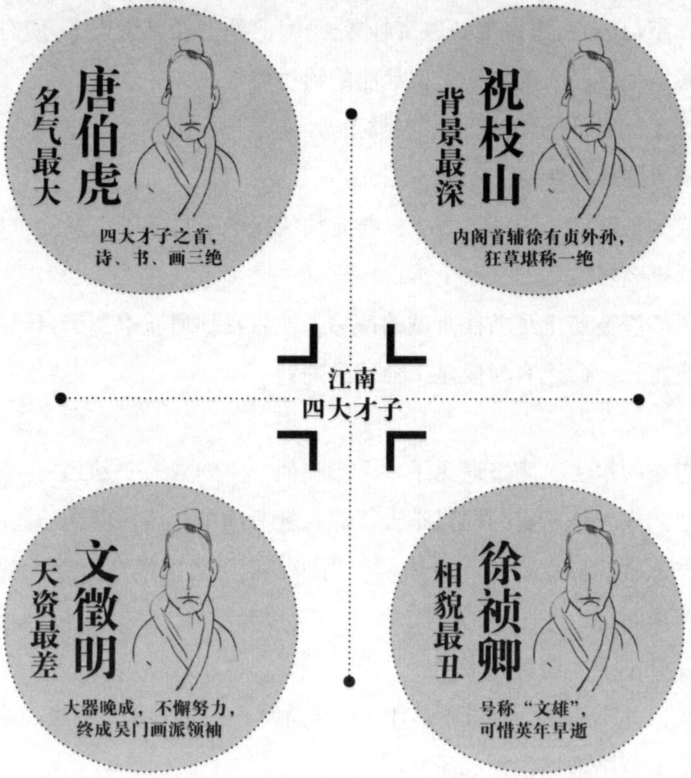

人看。但他不会想到，自己的这一举动将给后来发生的事情布下重重疑团。

看卷子的人就是程敏政，他和唐寅一样，小时候也是个神童，后来做了李贤的女婿，平步青云。他看过卷子后也十分欣赏，并在心中牢牢地记下了“唐寅”这个名字。

参考消息 **对联招亲**

学士李贤的大女儿叫李莹，知书达理，才貌双全，标准的大众情人。谁知道女人太优秀了也不好找婆家，这可把父母给愁坏了。找来找去，李贤把目标锁定在了青年才俊程敏政的身上。一次宴会时，李贤指着席上的果品出对曰：“因荷（何）而得藕（偶）？”程敏政心领神会，脱口而出：“有杏（幸）不须梅（媒）。”李贤大喜，遂将女儿许配给了他。

不久之后,他们将在京城相聚。因为第二年,唐寅即将面对的主考官就是程敏政。

弘治十二年(1499),唐寅准备进京赶考,当时的他已经名满天下,所有人都认为,在前方等待着这个年轻人的将是无比壮丽的锦绣前程。

唐寅也毫不掩饰他的得意,他的目标已不再是考中一个小小的进士,他将挑战自古以来读书人的最高荣誉——连中三元!

他已经成为了解元,以他的才学,会元和状元绝不是遥不可及的,如果一切顺利,他将成为继商辂之后的又一个传奇!

信心十足的唐寅踏上了前往京城的征途,他将在那里获取属于自己的荣誉。

可是,唐寅兄,命运有时候是十分残酷的。

在进京赶考的路上,唐寅遇见了一个影响他一生的人——徐经。

徐经,江阴人,是唐寅的同科举人,他在赶考途中与唐寅偶遇,此时的唐寅已经是偶像级的人物,徐经对他十分崇拜,当即表示愿意报销唐寅路上的所有费用,只求能够与偶像同行。

白吃白住谁不干?唐寅答应了。

徐经这个人并不出名,他虽不是才子,却是财子,家里有的是钱。才财不分家,这两个人就这么一路逍遥快活到了京城。

进京之后,两人开始了各自的忙碌,从他们进京到开考之间的这段时间是一个空白,而事情正是从这里开始变得扑朔迷离。

唐寅注定到哪里都是明星人物,他在万众瞩目之下进了考场,然后带着轻松的微笑离开,和他同样信心十足地离开考场的,还有徐经。

从考完的那一天起,唐寅就开始为最后的殿试作准备,因为考卷中的一道题目让他相信,自己考上进士是板上钉钉的事情,只不过是名次前后不同罢了。

可不久之后,一个令人震惊的消息传来,唐寅落榜了!

还没等唐寅从惊诧中反应过来,手持镣铐的差役就来到了他的面前,把他当做犯人关进了大狱。

金榜题名的梦还没有醒,却突然被一闷棍打成了阶下囚,他想破脑袋也不明白这是怎么一回事。

唐寅所不知道的是，这次倒霉的并不只是他一个人，他的同期狱友还有徐经和程敏政，他们的入狱罪名是合谋作弊。

唐寅的人生悲剧就是从这里开始的，而罪魁祸首就是考卷中的那一道题目。

在这一年的考试中，考官出了一道让人十分费解的题目，据说当年几乎所有的考生都没能找到题目的出处,还有人只好交了白卷,只有两份卷子写出了完美的答案。

主考官程敏政当即表示，他将在这两个考生中选出今科的会元。

这两份卷子的作者一个是唐伯虎，另一个就是徐经。

其实事情到了这里，似乎并没有什么问题，答出来了说明你有本事，谁也说不了什么，可事情坏就坏在唐伯虎的那张嘴上。

这位仁兄考完之后参加宴会，估计是喝多了，又被人捧了两句，爱发狂言的老毛病又犯了，当时大家正在猜谁能够夺得会元，唐伯虎意气风发之下说出了一句话:

“诸位不要争了，我必是今科会元！”

唐寅兄，你的好运到此为止了。

所有人都听到了这句话，很多人没有在意，但更多的人却把它记在了心里。

这是一句让唐寅追悔终生的话，因为它出现在错误的时间、错误的地点。首先这里不是吴县,说话对象也不是他的朋友祝枝山、文徵明,而是他的对手和敌人。

更为重要的是，当唐寅说出这句话的时候，此次考试的成绩单还没发下来(发榜)。

这里有必要说明一下，当年的考生们对考试名次是十分关注的，由于进士录取率太低，即使是才华横溢、名满天下，也万万不敢说自己一定能够考上，更何况是考第一名?

你唐寅虽有才学，也自信得过了头吧!

所以当酒宴上的唐寅还在眉飞色舞的时候，无数沉默的人已经形成了一个共识：这个人的自信里有着不可告人的秘密。

告黑状从来都是读书人的专长，很快就有人向政府反映这一情况，主考官们不敢怠慢，立刻汇报了李东阳。李东阳到底经验丰富，当时就已估计到了这件事情的严重性，马上报告了皇帝陛下。

朱祐樘当即下令核查试卷，事实果然如传言那样，唐寅确实是今科会元的不二人选。而选定唐寅的人正是程敏政。

事态严重了，成绩单还没有发布，你唐寅怎么就能提前预知呢？那个时候，特异功能似乎还不能成为这一问题的答案。

此时，这件事情已经传得满城风雨，整日探头探脑的言官们也不失时机地跳了出来，政治嗅觉敏锐的给事中华昶把矛头直接指向了程敏政，认为他事先出卖了考题，因此唐伯虎和徐经两人才能答出考题高中。

华昶这一状告得实在太狠，本来李东阳还想拉兄弟一把，让徐经和唐伯虎回家三年之后再考，把这件事压下去，可是这样一来，事情就搞成了政治阴谋、考场黑幕，只好公事公办，把这三位仁兄一股脑儿抓了起来。

经过审理，案件内部判决如下：

礼部右侍郎程敏政：合谋作弊查无实据，但其仆人确系出卖考题给徐经，失察行为成立。结论：勒令退休。

江阴举人徐经：购买考题查实，作弊行为成立。结论：贬为小吏，不得为官。

吴县举人唐寅：……结论：贬为小吏，不得为官。

当然了，这些都是内部结论，除处罚结果外，具体情况并未向社会公开。

对了，还漏了一个：

给事中华昶：胡乱告状，所言不实。结论：贬官。

◆ 事实的真相

情况大概就是这样，徐经买了考题，程敏政的仆人卖了考题，程敏政负领导责任，而本着黑锅人人有份的原则，唐寅算是连坐。

这是一起历史上非常著名的事件，案情十分复杂，各种史料都有记载，众说纷纭，难分真伪，但只要我们以客观的态度仔细分析案件细节，抽丝剥茧，逐步深入，就会发现这起案件实际上比想象中更为复杂！

事实上，这起所谓的科场舞弊案历经几百年，不但没弄明白，反而越来越糊涂，成了不折不扣的悬案。

此案到底复杂在哪里，我来演示一下：目前我们要寻找的答案共有三个：一、徐经是否买了考题作弊。二、唐寅是否参与了作弊。三、程敏政是否知情。

要找到答案，我们必须回到案件的起点，此案的起因就是那道难倒天下才子的题目，遗憾的是，我也没有看到过那道题，不过这并不重要，像我这样连《三字经》都背不全的废才，即使事先知道题目估计也要交白卷。

但我们从中可以知道关键的一点：这是一道超级难题，天下没有几个人能做出来。

那么，徐经和唐寅能做出来吗？

只要考量一下这二位仁兄的实力，就能够得出如下结论：

唐寅是比较可能做出来的，徐经是比较不可能做出来的。

唐寅是全国知名的才子，学习成绩优秀，是公认的优等生，就好比拿到了奥林匹克竞赛金牌的高中生，要进北大、清华，不过是个时间问题。而徐经虽然是个土财主，也考中了举人，在全国范围内不过是个无名小卒，指望他的脑筋开窍，智商突然爆发，那是不现实的。

所以第一个问题的答案是，徐经很有可能确实买了考题。

第二个问题，相信很多人都认为不是个问题，以唐寅的实力，还需要作弊吗？

其实我也这样认为，但分析后就会发现，具体情况并非那么简单。

一年前，南京主考官梁储把唐寅的卷子交给了程敏政，之所以前面专门提到这件事情，是因为这个看似微不足道的细节极有可能蕴含着一种特殊的含义——潜规则。

而这种潜规则有一个特定的称谓——约定门生。

在明代，如果要评选最令人羡慕的官职，答案并不是尚书、侍郎，而是考官。今天的考官们主要工作不过是在教室里来回巡视监考，然后拿点监考费走人。可在当时，这实在是个让人抢破头的差事。

原因很简单，所有由这位考官点中的考生都将成为他的门生。

明代的官场网络大致由两种关系组成，一种是同学（同年），另一种是师生（门生）。官场风云变幻莫测，新陈代谢速度很快，今天还是正部级，鬼知道明天是不是就到阎王那儿报到了。要想长盛不衰，就得搞好关系。

如果你混得不好，那也不要紧，只要混到个考官，点中几个人才，到考试结束，你就是这几个人的座师了，这几位考中的兄弟就得到你家拜码头，先说几句废话，谈几句天气，最后亮底牌：从今以后，俺们就是您的人了，多多关照吧。

你也得客气客气，说几句话，比如什么同舟共济、同吃一碗饭、同穿一条裤子，等等，然后表明态度：今后就由老夫罩着你们，放心吧。

有一个时髦的词可以形容这一场景——双赢。

新官根基不稳，先要摸清楚行情，找个靠山接着往上爬；老官也要建立自己的关系网，抓几个新人，将来就算出了事还有个指望，实在不行也能拉几个垫背的一起上路。要知道，在官场里，养儿子是不能防老的，想要安安心心地活着退休，只能靠门生。

这就是所谓的门生体制，而这一体制有时会出现一种特例——约定门生。

这是一种比较罕见的现象，因为在科举前，可能会出现某位名震全国的天才，大家都认为这个人将来一定能够飞黄腾达。在这种情况下，某些考官就会私下与这位考生联系，透露题目给他，互相约为师生，这样无论将来是谁点中了此人的卷子，都不会影响事先已经确定的关系。

这是一种风险很大的交易，所以考官们轻易不敢冒这个险，只有当真正众望所归的人出现时，这笔买卖才有可能成交。

介绍完背景，再来看看关键问题：唐寅和程敏政之间有这种关系吗？

这是一个没有答案的问题，但是其中却仍然有蛛丝马迹可寻。

首先，程敏政已经在这两份卷子里选定了会元，而唐寅则在外面发话，说自己就是会元。更为关键的一点在于，当时所有的卷子都是密封的！也就是说，按照规定，即使是程敏政本人，也不会知道他选中的会元到底是谁。

所以这个疑问最终只能指向两个可能：一、唐寅做出了那道题，并且认为别人做不出来，因而口出狂言，不幸命中；二、程敏政事先与唐寅会面，并给了他考试的题目。

这是一个二选一的选择题，大家自己做主吧。

注：不要问我，题目虽然是我出的，但我没有标准答案。

弘治十二年礼部科考舞弊案

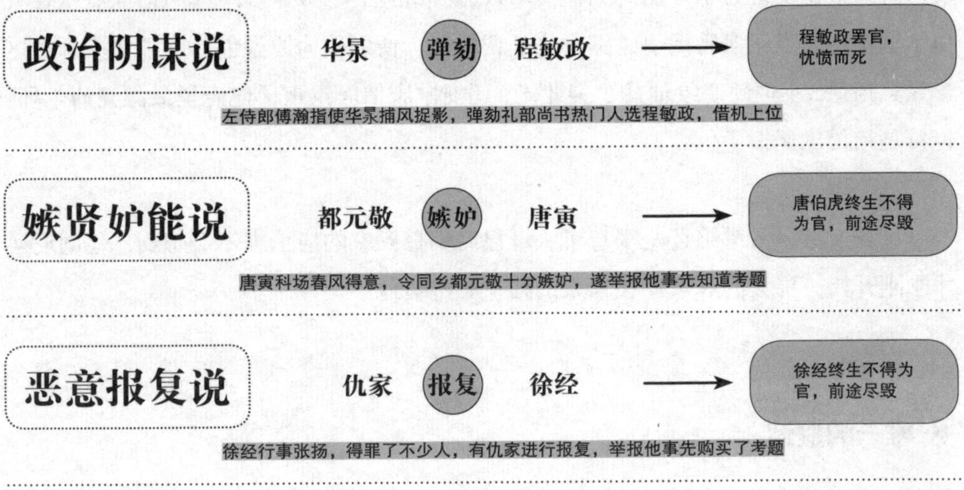

不管有多复杂，这件案子总归结案了，案中的两个倒霉鬼和一个幸运儿就此各奔东西。

倒霉的是程敏政和唐寅，一个好好的考官，三品大员，被迫拿了养老金退休回家。另一个才华横溢的天才，闭着眼睛写也能中进士的人，得了个不得为官的处分。

而那个幸运儿就是徐经，这位仁兄虽然也背了个处分，却实在是个走运的人。同志们要知道，今天高考考场上作弊被抓到，最严重的结果也就是成绩作废，回家待考。可在明代，这事可就大了去了，作弊的处罚一般是充军，若情节严重，没准儿还要杀头。

事情到这里就算了结了，程敏政被这个黑锅砸得七窍冒烟，回家不久就去世了。唐寅一声叹息之后，对前途心灰意冷，四处逛妓院，开始了他的浪子生涯。

而徐经功亏一篑，对科举也是恨之入骨，回家就开始烧四书五经，还告诫他的子孙，所谓“万般皆下品，唯有读书高”是一句屁话，还不如学点儿有用的好。

他的家教收到了良好效果，八十八年后，他的儿子的儿子的儿子出世，取名徐振之，此人不爱读书，只喜欢旅游，别号徐霞客。

一番折腾下来，大明王朝少了两个官僚，却多了一个浪荡才子和一个地理学家，倒也不见得是一件坏事。

说到这里,差点儿又漏了一个人,还是那位告状的给事中华昶,他也名留青史了,后来有人根据传说写了一出广为流传的戏,此戏俗名《三笑》,又称《唐伯虎点秋香》,由于这位仁兄当年多管闲事,编剧为了调侃他,便以他为原型创作了“华太师”这个经典角色,不但硬塞给他几个傻儿子,还安排唐伯虎拐走了他府里最漂亮的丫环,也算是给伯虎兄报了仇。

这场文坛风云最终还是平息了,可已经倒霉到家的唐伯虎不会想到,他的厄运才刚刚开始,更大的麻烦还在未来的路上等待着他。

◆ 唯一的遗漏

朱祐樘是个很实在的人。

他从小饱经忧患,好不容易才活下来,立为太子后又几经波折,差点儿被人废了,能熬到登基那天,实在是上天保佑,阿弥陀佛。

这个少年经历了太多的苦难,所以他憎恶黑暗和邪恶,他不顾身体健康,夜以继日工作,驱逐无用的僧人和道士,远离奸人,任用贤臣,为大明帝国献出了自己的一切。

可是过大的工作强度也彻底拖垮了他的身体,二十多岁脑袋就秃了一大半,面

参考消息 **秋香**

秋香,本名林奴儿,出身官宦人家,可惜未到及笄之年,父母双亡,被伯父卖做官妓。她容貌出众,又熟读诗书,且擅长书画,很快就成了金陵名妓。不过,她虽然置身风尘,却无时无刻不想着过清白日子,后来终于脱籍从良。后世有人根据唐寅的一首诗作(“我画蓝江水悠悠,爱晚亭上枫叶愁。秋月溶溶照佛寺,香烟袅袅绕经楼。”该诗被人猜测为“我爱秋香”的藏头诗)而乱点鸳鸯谱,将唐伯虎跟她配成了夫妻,完全不顾她比唐伯虎大二十岁的事实。

相十分苍老，看上去活像街边扫地的大叔，连大他好几轮的王恕和马文升都不如，马文升活到了八十五岁，而王恕更是创造了纪录，这位老大爷一直活到九十三岁才死，据说死的当天还吃了好几碗饭，吃完打了几个饱嗝儿后才自然死亡。

朱祐樘没有那样的运气，三十多岁的他已经重病缠身，奄奄一息，却仍然一如既往地拼命干活，身体自然越来越差，但他全不在乎。

在这歌舞升平的太平盛世背后，他似乎预感到了即将来临的危险。为了迎接那一天的到来，必须作好充分的准备。

此时王恕已经退休回家，吏部尚书几经变更，空了出来，朱祐樘想让马文升接替，但兵部也离不开这个老头子，一个人不能分成两个用。无奈之下，马文升只好就任了，他推荐一个叫刘大夏的人接替了他的位置。

马文升的眼光很准，刘大夏是一个十分称职的国防部长，在他的统领下，大明帝国的边界变得坚不可摧。

但事实证明，这位国防部长最大的贡献并不是搞好了边界的防务，而是推荐了一个十分关键的人。

弘治十五年（1502），兵部奏报，由于疏于管理，军中马匹不足，边防军骑兵战斗力锐减，急需管理。

这是个大事，朱祐樘立刻找来刘大夏，让他拿主意。刘大夏想了一下，回复了朱祐樘：

“我推举一人，若此人去管，三年之内，必可见功。”

“谁？”

参考消息 **这钱不该拿**

刘大夏初任广东布政使，照例到官库中视察时，发现余有一大笔银子。看守的库吏解释说，这是上缴朝廷赋税的余额，按照不成文的“规矩”，这笔钱是不入账的，一般都是由布政使收入私囊。面对这笔唾手可得的横财，刘大夏不动心那是假的，考虑多时，他突然大声喊道：“刘大夏平日读书，立志做好人，如何遇此一事，沉思许多时，诚有愧古人，非大丈夫也！”遂命库吏将这笔钱入库记账，作为官府的正式开销。

“杨一清。”

朱祐樘很快就在脑海中找到了对象，因为这实在是一个很有特点的人。

都察院左副都御史杨一清，一个快到五十岁的老头，不苟言笑，整日板着严肃的面孔，而且相貌出众——比较丑。

反正是去管马，又不是派去出使，就是他了！

于是干了二十多年文官的杨一清离开了京城，来到了陕西（养马之地），他将在这里的瑟瑟寒风中接受新的锤炼，等待着考验的到来。

此时的三人内阁能谋善断，马文升坐镇吏部，刘大夏统管兵部，一切似乎已经无懈可击，弘治盛世终于到达了顶点。但朱祐樘的身体却再也无法支撑下去了。

弘治十八年（1505）五月，告别的时刻终于到了。

年仅三十六岁的朱祐樘走到了人生的尽头，在这最后的时刻，面对着跪在地上哭泣的刘健、李东阳和谢迁，他回顾了自己几乎毫无缺憾的人生，终于意识到了他此生唯一的遗漏：

“到了这个地步，我也没有什么可说的了，只是有一件事放心不下。”

“太子是很聪明的，但年纪太小，喜欢玩，希望诸位先生劝他多读书，做一个贤明的人。”

阁臣们回应了他的担忧：

“誓不辱命！”

看着这三位治世能臣，朱祐樘笑着闭上了眼，永远离开了这个世界。

他这一辈子没有享过什么福，却遭了很多罪，受过无数恶毒的伤害，却选择了无私的宽恕，他很少体验皇帝的尊荣，却承担了皇帝的全部责任。

从黑暗和邪恶中走出来的朱祐樘，是一个光明正直的人。

所以我给了他一个评价，是他的祖先和后辈都无法得到的最高评价：

朱祐樘是一个好皇帝，也是一个好人。

◆ 明武宗朱厚照

现在让我们调整一下呼吸，明代三百年中最能闹的一位兄弟终于要出场了。

据说清朝的皇子们在读书时如果不专心，师傅就会马上怒斥一句：

“你想学朱厚照吗？！”

被几百年后的人们当做反面典型的朱厚照并不冤枉，单从学习态度上讲，他实在是太过差劲儿。

朱祐樘这辈子什么都忙到了，什么都惦记到了，就是漏了他的这个宝贝儿子。朱祐樘命不好，只生了两个儿子，还病死了一个，唯一剩下来的就是朱厚照，自然当成命根子来看待，加上他老兄幼年不幸，便唯恐自己的儿子受苦，无论什么事情都依着他，很少责罚，更别提打了。

这大概是世上所有父亲的通病。

朱厚照就在这样的环境中长大，天不怕地不怕，想要什么就有什么，也没有人管他，这很自然，连他爹都不管，谁敢管？

无数的败家子就是这样炼成的。

但朱厚照并不能算是真正的败家子，据史料记载，他的智商过人，十分聪明，也懂得是非好歹，只是这

朱厚照

1491年生人
曾用名:
朱寿、大庆法王、
妙吉敖兰……

正职
玩

兼职
皇帝、大将军、
正德商业集团
董事长

人生理念
我玩故我在

位大哥有一个终身不改的爱好——玩。

玩，怎么好玩怎么玩，翻过来覆过去，天翻地覆，鬼哭神嚎，也只是为了一个字——玩。

请诸位千万记住这个前提，只有理解了这些，你才能对下面发生的事情有充分的思想准备。

朱厚照就这么昏天黑地地玩到了十五岁。突然一天，宫中哭声震天，他被告知父亲就要不行了，而他将成为下一任皇帝。

朱厚照先生并不十分清楚这句话的含义，在他看来，这不过是加了个名誉头衔，该怎么活还怎么活，没什么变化。

可是不久之后，麻烦就来了，内阁首辅大学士刘健再也看不下去了，便上书希望朱厚照兄不要再玩下去，要好好地做皇帝，并且他还在书中列明了朱厚照的几条罪状，比如不在正殿坐着，却四处闲逛看热闹，擅自骑马划船，随便乱吃东西，等等。

这些是罪状吗？

应该说对于朱厚照而言，这些确实是罪状，刘健可是有着充足的理由的：

在家待着多好，干吗四处乱跑，万一被天上掉下的砖瓦砸到，那是很危险的，有个三长两短，大明江山怎么办？

骑马也不安全，摔下来怎么办？划船更不用说了，那年头还没有救生圈，掉进水里就不好了，为了大明江山，最好就不要随便干这些危险活动了。

东西更是不要乱吃，虽然毒大米、烂花生之类的还没有普及，万一吃坏肚子的话，大明江山……

参考消息　练武的好苗子

据说张皇后梦白龙入腹，这才生下朱厚照。按照传统的说法，白者乃主西方，为兵象。更神奇的是，这孩子的生辰八字为“辛亥、甲戌、丁酉、申时”，如果按照时、日、月、年的顺序读，就与地支中的“申、酉、戌、亥”的顺序巧合，这在命理学上有个专业术语，叫做“贯如连珠”，是大富大贵的征兆。更兼朱厚照生性好动，自幼贪玩骑射，朱祐樘于是觉得儿子是练武的好苗子，有希望培养成下一个朱元璋，结果画虎不成反类犬，竟然养出了一个上蹿下跳的活宝。

大概就是这个意思，刘健苦口婆心地说了很长时间，可朱厚照对此只有一个想法：

全是废话！

老子当太子的时候就没人敢管，现在做了皇帝，这个老头子竟然还敢来多管闲事！

但这个老头子毕竟是老爹留下来的头号人物，是不能得罪的。

于是朱厚照摆出了一副忠厚淳朴的表情，老老实实地说道：

"我明白了，今后一定改正。"

可是天真的刘健并不知道，如果相信了朱厚照先生的话，那是连春节都要过错的。

这之后，非但没有看见朱厚照兄悬梁刺股，勤奋努力，反而连早朝都不上了，更不要说什么午朝，整天连这位老兄的影子也找不着。

这下轮到人事部长马文升和国防部长刘大夏出马了，他们早就感觉到不对劲儿了，为了能够及早限制住这位少年皇帝的行为，把他往正道上引，他们准备奋力一搏。

很快，两人先后上书劝说朱厚照，并且表示如果皇帝不采纳他们的意见，他们会继续上书直到皇帝改正为止。

朱厚照终于遇到了他人生中的第一次考验，十六岁的他毕竟没见过二位部长这种不要命的架势，他第一次产生了畏惧感。

然而，这时耳旁一个声音对他说：

陛下，你不需要听命于他们，你有命令他们的权力！

朱厚照高兴地接受了这个意见，他当即对二位部长表示，你们也不用再上书了，因为我现在就不让你们干了，你们下岗了，收拾东西回家养老吧！

参考消息 **马文升下岗记**

在马文升的老家河南禹州有个传说。马文升棋艺精湛，有位后宫娘娘听说，便要与其对弈切磋。正当棋局胶着之时，在一旁侍奉的刘瑾心生歹意，故意将棋子碰落，其中一枚便掉到了娘娘的脚尖处。马文升慌忙去捡，不小心碰到了娘娘的鞋，马文升走后，刘瑾便添油加醋地向皇上打起了小报告。皇上听说，怒火中烧，就要寻马文升的晦气。而马文升这边呢，越想越觉得这种事情浑身是嘴也难说清，索性致仕返乡。不过这始终是传言，明代后宫管理严密，身为外臣的马文升同内廷女官说话的机会都很少，遑论与皇帝的女人坐在一起喝茶对弈了。

马文升和刘大夏万万想不到会是这样一个结果，不但没吓唬住，还被反咬了一口。辛辛苦苦干了几十年，竟然是这样一个结果，伤心之下，他们各自离职回家。

发出那个声音的人，叫做刘瑾。

刘瑾，陕西人，出生年月日不详，这也是个正常现象，家里有识字认数记得生日的，一般不会去做太监。

这位刘先生原本姓谈，是个很坚强而且胆子很大的人，为什么这么说呢？因为他是自宫的。

当然了，他自宫的动机并不是因为捡到了《葵花宝典》之类的武功秘籍，之所以走上这条路，只是因为他想找个工作。为了求职就拿刀子割自己，这样的人自然很坚强。

更悬的是，自宫也不一定有工作，当时想当太监的人多了去了，没点儿门路你还进不去，万一进不了宫，割掉的又长不回来，那可就亏大了。敢搞这种风险投资的人，是很有几分胆量的。

这位预备宦官还算运气好，一个姓刘的太监看中了他，便安排他进了宫，此后他就改姓刘了。

公正地讲，刘瑾是一个很有追求的太监，他进宫之后勤奋学习，发愤用功，很快具备了初级文化水平，这在宫里已经是很难得了，于是他被选为朱厚照的侍从。

从王振到刘瑾，他们的发家之路提醒我们，无论何时何地，即使当了太监，也应该坚持学习。还是俗话说得好：知识改变命运。

当刘瑾看到不爱读书、整日到处闲逛的朱厚照时，他意识到，一个千载难逢的机会出现了。只要能够哄住这个爱玩的少年，让他随心所欲地玩乐，满足他的需求，就可以得到自己想要的一切！

当然了，刘瑾并不是唯一的聪明人，还有七个人也发现了这条飞黄腾达的捷径。他们八人也因此被授予了一个极为威风的称号——八虎。

朱厚照很快发现，与那些整日板着脸训人的老头子相比，身边这些百依百顺的太监更让他感到舒服。于是他给予这些人充分的信任，将宫中大权交给了他们，还允许他们参与朝政，掌握国家大权。

有了皇帝的支持，刘瑾开始扩张自己的势力，这位刘先生实在是一个绝顶聪明

的人，他充分吸取了前几任太监的经验教训，将自己的手伸向了一个新的领域——文官集团。

刘先生很清楚，自己虽然得宠，归根结底也只是个太监，要想长治久安，稳定发展，就必须拉拢几个大臣，刘健、李东阳这些人自然不买他的账，但他知道，要在读书人中间找几个软骨头的败类并不困难。

经过仔细观察，他找到了一个合适的人选——吏部侍郎焦芳。接触一段时间后，双方加深了了解，达成了共识，决定从今以后狼狈为奸，共同作恶。

焦芳，河南泌阳人，进士出身，还是个翰林，但你要是把他当成文弱书生，那可就大错特错了。想当年，万安在内阁管事的时候，大学士彭华推荐晋升学士人选，漏了焦芳，这位兄台听到消息，当即表示，我要是当不上学士，就拿刀在长安道上等彭华下班，不捅死他不算完。

彭华听到消息，吓得不行，把焦芳的名字加了上去，事情这才了结。

这位焦兄弟如此彪悍，在中进士之前估计也是在道上混的，被拉入伙实在是一件情理之中的事。焦芳就这样成了刘瑾犯罪集团的骨干成员，考虑到投靠太监毕竟是一件不光彩的事情，焦芳并没有公开自己的身份，一切都在暗地里进行着。

刘瑾的行动终于引起了文官集团的警觉，马文升和刘大夏的离去也让他们彻底认识了即将到来的危险，必须动手了，先下手为强，后下手遭殃！

◆ 不同的选择

刘健是一个经验丰富的政治家，多年在官场滚打的经验告诉他，如果再不收拾局面，后果不堪设想，而想要除掉“八虎”，单靠内阁是绝对不够的。

要获得最后的胜利，必须发动文官集团的全部力量，发动一次足以致命的攻击。

基于这个认识，他找到了户部尚书韩文，布置了一个周密的计划。

第二天，进攻开始。

这一天，朱厚照收到了一份奏折，他并不在意地翻阅了一下内容，立刻被吓得胆战心惊！

这份奏折不但像账本一样，列举了他登基以来的种种不当行为，还第一次大胆地把矛头直接对准刘瑾等人，表示再也无法容忍，必须立刻杀掉“八虎”，如果朱厚照不执行，他们决不甘休。

此奏折的作者就是大名鼎鼎的文坛领袖李梦阳，要说他也确实名不虚传，写作水平极高，引经据典，短短的几千字就把刘瑾等人骂成了千古罪人、社会垃圾。

但是朱厚照害怕的并不是这份奏折的内容，也不是奏折的作者，类似这种东西他已经见过很多次，习以为常了，真正让他畏惧的，是这份奏折的落款——六部九卿。

六部大家都知道了。而所谓九卿，就是六部的最高长官——六位尚书，加上都察院最高长官、通政司最高长官和大理寺最高长官，共计九人，合称九卿。

这一举动，通俗地说，就是政府内阁全体成员发动弹劾，威胁皇帝答应他们的条件和要求。

刘健不愧是老江湖，他一眼就看穿了刘瑾等人的虚实，根本不与他们纠缠，而是发动内阁各部，直接威逼皇帝。他早已打好了算盘，虽然这位皇帝闹腾得厉害，

参考消息　彪悍的李梦阳

李梦阳生性耿直，疾恶如仇。当时张皇后之弟张鹤龄横行霸道，李梦阳写了一封五千字的奏折，指名道姓地痛斥这位炙手可热的国舅，惹得张皇后这边到朱祐樘面前哭诉，让他处罚李梦阳。不得已，朱祐樘让李梦阳蹲了一个月的监狱，也训斥了张鹤龄，可谓各打五十大板。谁知冤家路窄，一天李梦阳恰好碰到了趾高气扬的张国舅，立刻怒不可遏，破口大骂，越骂越觉得不解恨，索性抽出马鞭，张国舅躲闪不及，被打得满身是血，门牙也掉了两颗，但此后再没敢找过李梦阳的麻烦。

六部九卿

毕竟只是个小孩子，禁不住大人吓唬，只要摆出拼命的架势，他是会服从的。

刘健的想法是对的，他这一招把朱厚照彻底吓住了，刚上台没多久，下面的这帮人就集体闹事了，要是不答应他们的要求，万一再来个集体罢工，这场戏一个人怎么唱？

他准备屈服了。

刘瑾等人得知消息，吓得魂不附体，他们怎么也没想到，刘健竟然这么狠，一出手就要人命。八个人马上凑成一堆开会想对策，可是由于智商有限，谈了半天也没办法，只得抱头痛哭。

朱厚照的处境也好不了多少，和刘健相比，他还太年轻，面对威胁，他只好派出司礼监太监王岳去内阁见几位大人，以确定一个问题——你们到底要怎样才肯罢休？

王岳急匆匆地跑到内阁拜见三位大人，却意外地看到了两种不同的反应。

他小心翼翼地开始询问几位阁臣的意见，还没等他问完，刘健就拍案而起，说出了他的意见：

“没什么可说的，把那八个奴才抓起来杀掉就是了！”

本来就很能侃的谢迁也毫不客气，厉声说道：

“为国为民，只能杀了他们！”

然而，剩下的李东阳却保持了沉默，面对刘健和谢迁惊异的目光，他这才缓缓地表示，应该严惩违法的太监。

李东阳此时的奇怪表现并没有引起刘健和谢迁的重视，他们把所有的注意力放在了王岳的身上，等待着这位司礼监太监的表态。

也算刘瑾运气不好，因为王岳最讨厌的人正是他。大家要知道，太监行业的竞争是很激烈的，对这位抢饭碗的同行，王岳自然没有什么好感。

他对三位阁臣的意见表示完全接受，并立刻回到宫中向朱厚照转达了内阁的意见。

朱厚照想不到内阁竟然如此不留情面，他并不想失去这几个听话的宦官，便另派一人再去内阁谈判，这次他降低了自己的底线：同意赶走八人，但希望能够宽限一段时间执行。

内阁的答复很简单——不行。

同时更正了朱厚照的说法——不是赶走，是杀掉。

朱厚照真正是无计可施了，他只能继续派出司礼监太监前去内阁谈判。

此时“八虎”已经知道了情况的严重性，他们惊恐万分，竟然主动找到了内阁，表示他们愿意离开这里前往南京，永不干涉朝政。

内阁压根儿就不搭理他们。

刘瑾和其余七个人都哭了，他们是被急哭的。

这是匆忙混乱的一天，宫中的司礼监太监急匆匆地赶到内阁，又急匆匆地赶回宫里，朱厚照也无可奈何，“八虎”完全丧失了以往的威风，只是惶惶不可终日地等待着即将到来的命运的裁决。

出人意料的是，与此同时，内阁里却发生了一场争论。

计划的发起人刘健眼看胜利在望，便召集内阁和各部官员开会商讨下一步的对策。

刘健的急性子果然名不虚传，会议一开始，他就拍起了桌子，恨不得吃了刘瑾等人，谢迁、韩文也十分激动，一定要杀了“八虎”。此时，一直沉默不语的李东阳终于开了口，但他说出的话却着实让在座的人吃了一惊。

李东阳表示，只要皇帝能够疏远、赶走“八虎”就行了，没有必要一定把他们杀掉，否则事情可能会起变化。

他的建议引起了刘健和许多人的不满，与会的人众口一词地认为他过于软弱，对他的建议毫不理会。

李东阳没有多说什么，只是轻轻地叹了口气，在他看来，这些愤怒的人忽略了一个重要的问题，但他已经无能为力了。

就这样，内阁商定了最后的方针：除掉“八虎”，决不让步。

但刘健很清楚，要让这一方针得到朱厚照的批准是不容易的，为了达到目的，他决定寻求一个人的帮助——王岳。

在谈判的时候，刘健就敏锐地感受到了王岳对刘瑾的敌意，这样的细节自然逃不过阅历丰富的刘健的眼睛。他随即派人与王岳联系，希望得到他的支持。

这一提议正中王岳下怀，他立刻发动其余的司礼监太监，对朱厚照展开游说。

整整一天的折腾已经让朱厚照筋疲力尽，十六岁的他完全不是这些混迹官场多年的老狐狸的对手，所以当王岳等人向他进言的时候，他已经到了崩溃的边缘。

“就这样吧，把他们抓起来，我同意。”

朱厚照终于妥协了，王岳完成了他的使命，他派人通知刘健，今天天色已晚，明天一早就动手，彻底清除“八虎”。

紧张了整整一天的刘健终于轻松了，因为明天所有的问题都将得到解决，今晚可以睡个好觉了。

小学的时候，老师曾经反复教导过我们这样一句话：今天的事情要今天做完。

刘健所不知道的是，在那次会议上，除去情绪激动的多数派和犹豫的少数派外，还有着一个别有企图、冷眼旁观的人，这个人就是焦芳。

◆ 潜伏

刘瑾的工作终于有了效果,得到消息的焦芳连夜把内阁制订的计划告诉了“八虎”。

人被逼到了绝路上，即使没有办法也会想出办法的。

明天一早就会有人来抓了，而逃跑是不可能的，“普天之下，莫非王土”，还能跑到哪里去？事情到了这个地步，豁出去了！

刘瑾明白，现在只有一个方法可以挽救他们。于是，他和其余七人连夜进宫，去拜会他们最后的希望——朱厚照。

一见到朱厚照，八个人立刻振作提神，气沉丹田，痛哭失声。生死关头，八个人都哭得十分认真敬业，朱厚照被他们搞得莫名其妙，只得让他们先停一停，把话说完。

刘瑾这才开口说话，他把矛头指向了王岳，说王岳与文官们勾结一气，要置他们于死地。

刘瑾实在是一个聪明人，他没有直接指责攻击他们的文官，因为他十分清楚朱厚照的心理，对于这个少年而言，文官从来都不是他的朋友，他最信任的是身边的太监，因而具有深厚根基的王岳才是他们最可怕的敌人，只要把王岳归于文官一伙，朱厚照自然就会和他们站在一起。

朱厚照被打动了，他本来就极其讨厌那些文官，只不过是迫于形势，才屈服于他们的胁迫，听了刘瑾的话，他才发现自己是如此危险，连王岳也听从文官的指挥，将来的日子怎么过？

可我又能怎么办呢？

刘瑾看穿了他的心思，加上了关键的一句话:

“天下乃陛下所有，陛下所决，谁敢不从！”

参考消息 **一个有原则的人**

焦芳这个人心胸狭窄，睚眦必报。由于打压过他的官员多来自南方，他对南方人的歧视达到了无以复加的地步：只要一听到南方人倒霉，他就喜形于色；只要一写文章，就不忘诋毁南方人。江西人彭华曾得罪过他，他便从中作梗，削减了江西的乡试名额。余姚人谢迁曾打压过他，他便规定余姚人不得担任京官。与此相对的，由于刘瑾是陕西人，他就大幅度地增加陕西的乡试名额，河南、山东、山西也没少跟着沾光，直到刘瑾倒台，这些心理扭曲的做法才被取消。

朱厚照终于醒悟了，原来最终的解释权一直都在他的手中，做皇帝和做太子其实并没有任何不同之处，只要他愿意，就可以一直玩下去。

他即刻下令，免除王岳等人的司礼监职务，由刘瑾接任，而东厂及宫中军务则由“八虎”中的谷大用和张永统领。

事情就这样结束了，刘瑾完成了逆转，成为了最后的胜利者。

刘瑾充分领会了时间宝贵的精神，他没有等到第二天，而是连夜逮捕了王岳等人，把他们发往了南京。

然后他穿好了司礼监的衣服，静静地等待着清晨的到来。

第二天。

兴奋的刘健和谢迁兴冲冲地赶来上朝，有了皇帝的首肯和王岳的接应，他们信心百倍，准备听这几个太监的终审结果。

可他们最终听到的却是几份出人意料的人事调令，然后就看到了得意洋洋的司礼监刘大人。

强打精神回到家中的刘健再也支撑不住了，他立刻向朱厚照提出了辞职申请，与他一同提出辞呈的还有李东阳和谢迁。

很快，刘健和谢迁的辞职要求得到了批准，而李东阳却被挽留了下来。

那天晚上，焦芳将会议时的一切都告诉了刘瑾，包括刘健、谢迁的决断和李东阳的犹豫不决。

刘瑾根据这一点作出了判断，在他看来，犹豫的李东阳是站在他这一边的。

就这样，弘治年间的三人内阁终于走到了终点，“断”和“侃”离开了，“谋”留了下来。

离别的日子到了，李东阳在京城郊外为他的两个老搭档设宴送行，在这最后的宴会上，李东阳悲从心起，不禁痛哭起来。可是另两个人却没有他这样的感触。

刘健终于忍不住了，他站了起来，严肃地对李东阳说:

“你为什么哭！不要哭！如果当时你态度坚决，今天就可以和我们一起走了！”

李东阳无言以对。

谢迁也站起身，用鄙夷的目光注视着李东阳，然后和刘健一同离席而去，不再看他一眼。

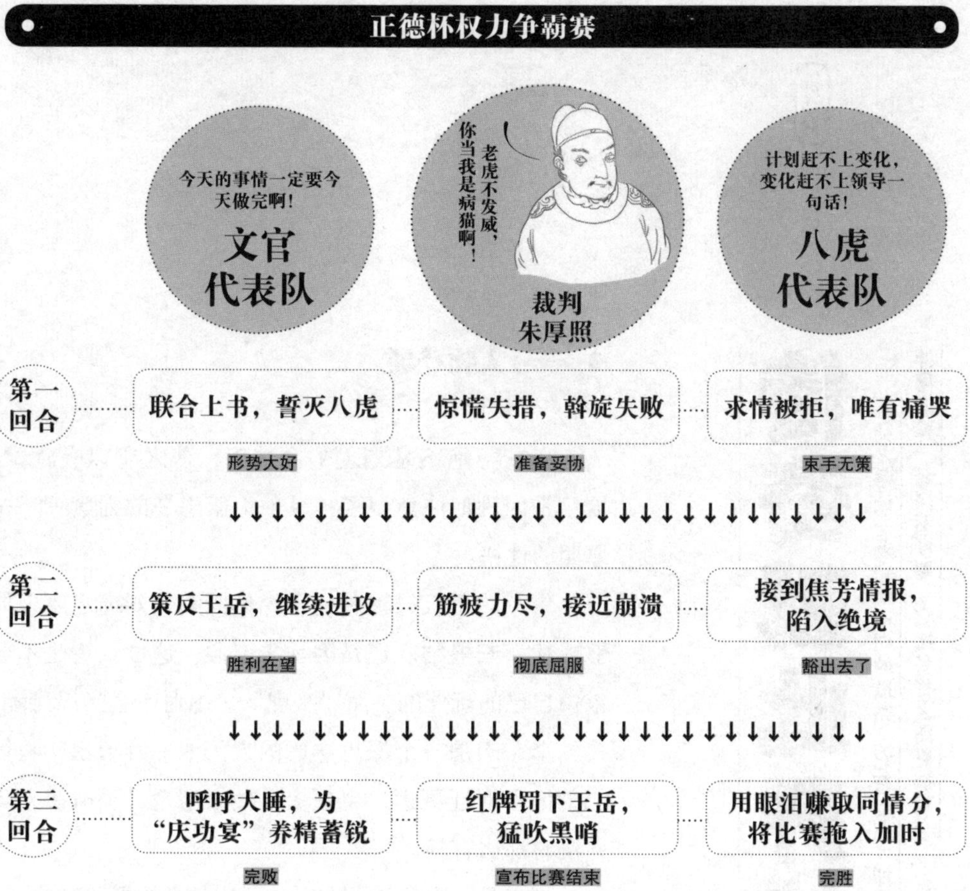

沉默的李东阳看着两人的背影，举起了杯中的残酒，洒之于地。

劝君更尽一杯酒，西出阳关无故人！

有时候，屈辱地活着比悲壮地死去更需要勇气。

第三章

传奇就此开始

○圣贤之路是一条完全不同的道路 它有起点 却似乎永远看不到终点 它神秘诡异 又深不可测 它比名将之路更加艰辛

◆ 一号人物登场

李东阳绝不是刘瑾的同情者，他之所以会犹豫，恰恰是因为他注意到了被其他大臣忽视的因素——朱厚照的性格。

焦芳的背叛只不过是个偶然因素，刘瑾之所以能够成功，归根结底还是因为朱厚照，这位玩主是不会杀掉自己的玩伴的，而“八虎”也绝对不会坐以待毙。

李东阳是一个深思熟虑的人，他思维缜密，看得比刘健和谢迁更远，也更多，他很清楚，要解决刘瑾并没有那么容易。

刘瑾是一个可怕的对手，远比想象中要可怕得多，要打倒这个强大的敌人，必须等待更好的时机。

是的，现在还不是时候。

但是其他官员似乎不这么想，他们为刘健、谢迁的离去痛惜不已，纷纷上书挽留，第一批上书的官员包括监察院御史薄彦征、南京给事中戴铣等二十多人，刘瑾对这件事情的处理十分果断——廷杖。

二十多人全部廷杖，上书一个打一个，一个都不能少！

最惨的是南京给事中戴铣，他居然被活活打死了，而为了救戴铣，又有很多人第二批上书，刘瑾对这些人一视同仁，全部处以廷杖。

在这一批被拉出去打屁股的人中，有一个叫王守仁的小官，与同期被打的人相比，他一点儿也不起眼。但此次廷杖对他却有着非同寻常的意义，这位三十四岁的小京官即将踏上历史舞台的中央，传奇的经历就此开始。

兵部武选司主事、六品芝麻官王守仁，他的光芒将冠绝当代，映照千古。

◆ 传奇

1905 年，日本海军大将东乡平八郎回到了本土，作为日本军事史上少有的天才将领，他率领装备处于劣势的日本舰队在日俄战争中全歼俄国太平洋舰队和波罗的海舰队，成为了日本家喻户晓的人物。

由于他在战争中的优异表现，日本天皇任命他为海军军令部部长，将他召回日本，并为他举行了庆功宴会。

在这次宴会上，面对着与会众人的一片夸赞之声，东乡平八郎默不作声，只是拿出了自己的腰牌，示与众人，上面只有七个大字：

一生伏首拜阳明。

王守仁，字伯安，别号阳明。

参考消息　天机不可泄露

王守仁原名王云。据说他的母亲怀胎十四个月未产，后来家人梦见仙女驾彩云送子而来，这才分娩，于是爷爷王伦给他起名叫王云。但是，王云到了五岁还没有开口说话，一家人尽管着急却都不明所以。一天，王云在外玩耍时，见到了一个古怪的和尚。那和尚盯着他看了半天后，长叹了一声：“好个孩儿，可惜道破！”说罢便扬长而去。王伦知道这件事后，猛然醒悟：难道孙子的名字起得不好？不论是不是，暂且改了名字：守仁。说来也怪，刚一改名，小孙子便开口说话。从此，“王云”这个名字就彻底被弃之不用，成了历史。

王守仁

1472 年生人
大明第一牛人

伟大的思想家

创立阳明心学，配享孔庙

伟大的军事家

用兵神出鬼没，屡次平定战乱

伟大的政治家

明代官场第一魔咒——千万不要去惹王守仁！

伟大的文学家

诗文造诣深厚，《古文观止》选录三篇

成化八年（1472），王守仁出生在浙江余姚。大凡成大事者往往出身贫寒，小小年纪就要上山砍柴，下海捞鱼，家里还有几个生病的亲属，每日以泪洗面。这差不多也是惯例了。可惜王守仁先生的情况恰好完全相反。

王守仁家是远近闻名的大地主，十分有钱，而且他还有一位非常有名的祖先——王羲之。是否属实不知道，但以他家的条件，就算是也不奇怪。

王家的先辈们大都曾经做过官，据说先祖王纲曾经给刘伯温当过跟班的，最高混到了四品官，后世子孙虽然差点儿，但也还凑合。而到了王守仁父亲王华这里，事情发生了变化。

成化十七年（1481），十岁的王守仁离开了浙江，和全家一起搬到了北京，因为他家的坟头冒了青烟，父亲王华考中了这一年的状元。

这下王家更是了不得，王华的责任感也大大增强，毕竟老子英雄儿好汉，自己已经是状元了，儿子将来就算不能超过自己做个好汉，也不能当笨蛋。于是他请了很多老师来教王守仁读书。

十岁的王守仁开始读四书五经了，他领悟很快，能举一反三，其聪明程度让老先生们也备感惊讶，可是不久之后，老师们就发现了不好的苗头。

据老师们向王状元反映，王守仁不是个好学生，不在私塾里坐着，却喜欢舞枪弄棍，读兵书，还喜欢问一些稀奇古怪的问题，写一些莫名其妙的东西，有诗为证：

山近月远觉月小，便道此山大于月。
若人有眼大如天，当见山高月更阔。

在先生们看来，这是一首荒谬不经的打油诗，王华看过之后却思索良久，叫来了王守仁，问了他一个问题：

“书房很闷吗？”

王守仁点了点头。

“跟我去关外转转吧。”

王华所说的关外就是居庸关，敏锐的他从这首诗中感觉到了一种难以言喻的玄妙，他第一次认识到，自己的这个儿子非同寻常，书房容不下他，王华便决定带他出关去开开眼界。

这首诗的名字是《蔽月山房》，作者王守仁，时年十二岁。这也是他第一首流传千古的诗作。

此诗看似言辞幼稚，很有打油诗的味道，但其中却奥妙无穷。山和月到底哪个更大？这个十二岁的少年用他独特的思考观察方式，给出了一个似是而非的答案。

他的这种思维模式，后世有人称之为辩证法。

王华作出了一个不寻常的承诺。当时的居庸关外早已不是朱棣时代的样子，蒙古骑兵经常出没,带着十几岁的儿子出关是一件极其冒险的事情。但王华经过考虑，最终兑现了自己的承诺。

不久之后，他就为自己的这个决定追悔莫及。

在居庸关外，年少的王守仁第一次看到了辽阔的草原和大漠，领略了纵马奔腾的豪情快意，洪武年间的伟绩，永乐大帝的神武，那些曾经的风云岁月，深深地映入了他的心中。

一颗种子开始在他的心中萌芽。

王华原本只是想带着儿子出来转转，踩个点而已，可王守仁接下来的举动却让他大吃一惊。

不久之后的一天，王守仁一反常态，庄重地走到王华面前，严肃地对他爹说：

“我已经写好了给皇上的上书，只要给我几万人马，我愿出关为国靖难，讨平鞑靼！”

参考消息 **王守仁的偶像**

从居庸关回来的当晚，王守仁就做了个梦，梦见自己拜谒了汉代伏波将军马援的祠庙，有感于马援“马革裹尸”的豪言，他居然在梦中赋诗一首：“卷甲归来马伏波，早年兵法鬓毛皤。云埋铜柱雷轰折，六字题文尚不磨。”字里行间，洋溢着他对马援的追慕和对建功立业的渴望。一晃四十年过去了，嘉靖七年，王守仁广西平叛归来，在归途中意外路过一处伏波庙，他不顾重病在身，执意前去拜谒。当年意气风发的少年，如今已垂垂老去，王守仁遂叹道：“四十年前梦里诗，此行天定岂人为！”感慨中，再也没有了当年的踌躇满志。没过多久，他便溘然长逝了。

据查，发言者王守仁，此时十五岁。

王华沉默了，过了很久，才如梦初醒，终于作出了反应。

他十分激动地顺手拿起手边的书（一时找不到称手的家伙），劈头盖脸地向王守仁打去，一边打还一边说：

“让你小子狂！让你小子狂！”

王守仁先生第一次为国效力的梦想就这样破灭了。但他并没有丧气，不久之后他就有了新的人生计划，一个更为宏大的计划。

王华的肠子都悔青了，他万万想不到，自己这个宝贝儿子还真是啥都敢想敢干。

也许过段时间，他就会忘记这些愚蠢的念头。王华曾经天真地这样想。

也许是他的祈祷产生了效果，过了不久，王守仁又来找他，这次是来认错的。

王守仁平静地说道：

“我上次的想法不切实际，多谢父亲教诲。”

王华十分欣慰，笑着说道：

“不要紧，有志向是好的，只要你努力读书，将来也不是不可能的。”

“不用了，出兵打仗我就不去了，现在我已有了新的志向。”

“喔，你想干什么？”

“做圣贤！”

这次王华没有再沉默，他迅速作出了回复——一个响亮的耳光。

完了，完了，一世英名就要毁在这小子手里了。

王华终于和老师们达成共识，如果再不管这小子，将来全家都要败在他的手里。经过仔细考虑，他决定给儿子谈一门亲事。他认为，只要这小子结了婚，有老婆管着，就不会再做什么出格的事情了。

王华是状元，还曾经给皇帝当过讲师，位高权重，王守仁虽然喜欢闹事，但小伙子长相还是比较帅的（我看过画像，可以作证），所以王家要结亲的消息传出后，很多人家挤破头来应征。

出于稳妥考虑，也是不想这小子继续留在京城惹事，王华挑选了江西洪都（南昌）的一个官家小姐，然后叫来了刚满十七岁的王守仁，告诉他马上收拾行李，去江西结婚，少在自己跟前晃悠。

王华给王守仁安排这么个包办婚姻，无非是想图个清静，可他没有料到，他的这一举动将给自己带来更大的麻烦。

愣头愣脑的王守仁就这么被赶出家门，跑到了江西洪都。万幸的是，他的礼仪学得还算不错，岳父大人对他也十分满意。一来二去，亲事订了下来，结婚的日期也确定了。

这位岳父大人估计不常上京城，没听过王守仁先生的事迹，不过不要紧，因为很快，他就会领略到自己女婿的厉害。

结婚的日子到了，官家结婚，新郎又是王状元的儿子，自然要热闹隆重一点儿，岳父大人家里忙碌非凡，可是等大家都忙完了，准备行礼的时候，才发现少了一个关键的人——新郎官儿。

这可不是闹着玩儿的，结不成婚还在其次，把人弄丢了怎么跟王华交代?

岳父大人满头冒汗，打发手下所有的人出去寻找，可怎么找也找不到，全家人急得连寻死的心都有了。直到第二天早晨，他们才在城郊的一所道观里找到了王守仁，大家都十分激动。

可是失踪一天的王守仁却一点儿都不激动，他惊讶地看着这些满身大汗的人，说出了他的疑问:

“找我干啥？”

原来这位兄弟结婚那天出来闲逛，看见一个道观，便进去和道士聊天，越聊越起劲儿，就开始学道士打坐，这一坐就是一天。直到来人提醒，他才想起昨天还有件事情没有做。

无论如何，王守仁还是成功地结了婚，讨了老婆成了家，他的轶事也由此传遍

参考消息　王守仁的书法心得

王守仁在岳父家住下后，百无聊赖，开始练习起书法。不过，他练字的方式十分奇特：看得多，想得多，真正动笔的次数却很少。但让周围人纳闷的是，没过几天，这位新姑爷的书法水平就有了很大的提升。于是便有人向他请教书法之道，王守仁也不谦虚，侃侃而谈道：“我刚开始学习书法时，对着古帖临摹，却只能学到字形，收效甚微。之后我再不肯轻易下笔，而是凝思静虑，拟形于心，直到贯通其法，之后再提笔落纸，便如有神助了。”

了洪都，大家都认为他是一个怪人。

王守仁不是一个怪人，那些嘲笑他的人并不知道，这个看似怪异的少年是一个意志坚定、说到做到的人，四书五经早已让他感到厌倦，科举做官他也不在乎，十七岁的他就这样为自己的人生定下了唯一的目标——做圣贤。

有理想是好的，可是王兄弟挑的这个理想可操作性实在不高，毕竟之前除若干疯子、精神病自称实现了该理想之外，大家公认的也就那么两三个人，如孔某、孟某等。

王守仁自己也摸不着头脑，所以他出没于佛寺道院，希望从和尚道士身上寻找成为圣贤的灵感。但除了学会念经打坐之外，连圣贤的影子也没看到。他没有灰心丧气，仍然不断地追寻着圣贤之道。

终归是会找到方法的，王守仁坚信这一点。

或许是他的诚意终于打动了上天，不久之后，它就给王守仁指出了那条唯一正确的道路。

弘治二年（1489），十八岁的王守仁离开江西，带着他的新婚妻子回老家余姚，在归途之中，他认识了一个书生，便结伴而行，闲聊解闷。

交谈中，他提出了心中的疑问：

“怎样才能成为圣贤呢？”

这位书生思虑良久，说出了四个字的答案：

“格物穷理。”

参考消息 **许仙**

王守仁在大婚之日去的道观，乃南昌名胜西山万寿宫，是专为奉祀许逊而建的。许逊，东晋南昌人，曾拜著名道士吴猛为师，尽得真传，后前往四川任旌阳县令，因不满官场黑暗而弃官。相传他回家不久，恰逢鄱阳湖水灾泛滥，他便铸铁为柱，下施八索，勾锁地穴，力斩兴风作浪的孽龙，最终消除了水患。之后，他在西山结庐而居，修炼长生之术，最终在其一百三十六岁那年大功告成，全家四十二口拔宅升空，鸡犬也同日升天。当地人感念他的恩德，便亲切地称他为“许仙”、“许真君”，并修建了铁柱观。到了宋代，宋徽宗御赐匾额“玉隆万寿”，铁柱观遂改名为万寿宫，并一直沿用至今。

“何意？”

书生笑了：

“你回去看朱圣人的书，自然就知道了。”

王守仁欣喜若狂，他认为自己终于找到了答案。

◆ 圣贤之路

朱圣人就是朱熹。要说起这位仁兄，那可真算得上是地球人都知道，知名度无与伦比，连高祖朱元璋都想改家谱，给他当孙子。

可关于他的争论几百年也没消停过，骂他的人说他是败类，捧他的人说他是圣贤，但无论如何，双方都承认这样一点：他是一个影响了历史的人。

朱熹到底是一个怎样的人？

支持者认为，他是宋明理学的标志性人物，是一个伟大的哲学家。

反对者认为，他是宋明理学的标志性人物，是禁锢思想的罪魁祸首。

其实朱熹先生远没有人们所说得那么复杂，在我看来，他只是一个有追求的人，不过他的目标有些特殊罢了。

他追求的是这个世界上最为深邃的秘密。

（提示：下面的内容将叙述一些比较难以理解的哲学问题，相信按本人的讲述方式，大家是能够理解的，如果实在不行的话，就去翻书吧。）

自古以来，有这样一群僧人，他们遵守戒律，不吃肉，不喝酒，整日诵经念佛，而与其他和尚不同的是，他们往往几十年坐着不动，甚至有的鞭打折磨自己的身体，痛苦不堪却依然故我。

有这样一群习武者，经过多年磨炼，武艺已十分高强，但他们却更为努力地练习，坚持不辍。

有这样一群读书人，他们有的已经学富五车，甚至功成名就，却依然日夜苦读，不论寒暑。

他们并不是精神错乱、平白无故给自己找麻烦的白痴，如此苦心苦行，只是为了寻找一样东西。

传说这个世界上存在着一种神奇的东西，它无影无形，却又无处不在，轻若无物，却又重如泰山，如果能够获知这样东西，就能够了解这个世界上所有的奥秘，看透所有伪装，通晓所有知识，天下万物皆可掌握！

这不是传说，而是客观存在的事实。

这样东西的名字叫做“道”。

所谓道，是天下所有规律的总和，是最根本的法则，只要能够了解道，就可以明白世间所有的一切。

这实在是一个太大的诱惑，所以几千年来，它一直吸引着无数人前仆后继地追寻。更为重要的是，事实证明，道不但是存在的，也是可以为人所掌握的。

对于不同种类的追寻者而言，道有着不同的表现方式，对于和尚们来说，道的名字叫做“悟”；对于朱熹这类读书人而言，它的名字叫“理”。

和尚们梦寐以求追寻的“悟”，并不是虚无缥缈的，事实上，它是一种极为玄妙的快感，远远胜过世间所有的欢悦和一切精神药品，到此境界者，视万物如无物，无忧无虑，无喜无悲，愉悦之情常驻于心，佛法谓之“开悟”。

最著名的“开悟”者就是“六祖”慧能，之后的德山和尚与临济和尚也闻名于世。

穷诸玄辨，若一毫置于太虚；竭世枢机，似一滴投于巨壑。

此即所谓佛者之道。

而关于武者的道，大致可以用这样一个故事来说明：

按照武术中的说法，兵器是越长越好，即所谓“一寸长，一寸强”。但据说五代年间，有一位高手用剑，却是越用越短。到后来，他五六十岁，剑法出神入化之时，居然不用剑了，每逢打架都是光膀子上阵，却从未被打败过。

当我看到这个故事时，才真正开始相信小说中的一句常用语：

“手中无剑，心中有剑。”

朱熹的道源自儒家，又叫做“理”，既不是开悟，也不是练习武术，这玩意儿是从书中读出来的，而且还是能够拿出去用的，一旦通理，便尽知天下万物万事，胸怀宽广，宠辱不惊，无惧无畏，可修身，可齐家，可治国，可平天下！

唯天下至诚，能尽其性；能尽其性，则能尽人之性；能尽人之性，则能尽物之性；能尽物之性，则可赞天下之化育；可以赞天下之化育，则可以与天地参矣！

此即儒家之道。

上面大致解释了道的意思，如果某些文言看不大懂的话，也不用去找翻译了，概括起来，只要你懂得三点就够了：

一、道是个稀罕玩意儿，是很多人一生追求的；

二、无论什么职业、什么工种，悟道之后都是有很多好处的；

三、悟道是很难的，能够悟道的人是很牛的。

也就这样了，能看明白就行。

说了这么多，还有一个关键问题没有解决，既然道这么好，那怎样才能悟道呢？

还是按照职业来划分，如果你去问一个已经开悟的和尚，得到的回答会十分有趣。

对于这个问题，守初和尚的答案是：麻三斤。

丹霞禅师的答案是：把佛像烧掉取暖。

清峰和尚的答案是：火神来求火。

德山和尚的答案是：文殊和普贤是挑粪的。（罪过罪过）

他们并不是在说胡话，如果你有足够的悟性，就能从中体会到“酒肉穿肠过，佛祖心头坐”的真意。所谓目中无佛，心中有佛，正是佛法的最精髓之处。

而佛家悟道的唯一途径，也正隐藏在这些看似荒谬的语言中，简单说来就是三个字——靠自己。

他们以各种耸人听闻的话来回答问题，只是想要告诉你，悟道这件事情，不能教也是教不会的，除了你自己之外，没有人可以帮你。

可是高僧们的答案可操作性实在不强，一般人干不了，很难让我们满意，我们再来看看武者。

对于练武的人而言，这个问题的答案更加简单，丢给你一把剑，你就慢慢练吧，

悟道经验交流大会

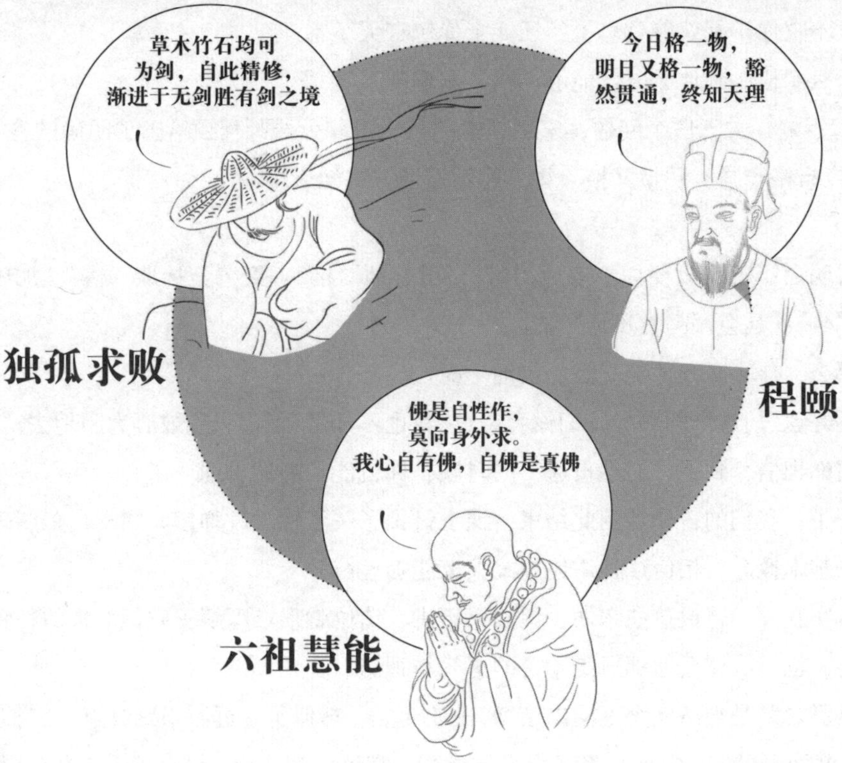

至于要练多久才能达到“手中无剑，心中有剑”的最高境界，不要问师傅，也不要问你自己，鬼才知道。

毕竟一本几十万字的长篇武侠小说里，绝顶高手一般也就一两个人，如果你没有练出来，那也是很正常的，所以诸位一定要端正心态。

现在我们的期盼都寄托在儒家的朱圣人身上，希望这里有通往圣贤之路的钥匙。

朱圣人确实不负众望，用四个字给我们指出了一条金光大道：格物穷理。

好，现在我们终于回到了起点，和王守仁先生站在同一起跑线上了，那么这四个字到底有什么魔力，又是什么意思呢？

朱圣人还是很耐心的，他告诉我们，“理”虽然很难悟到，却普遍存在于世间万事万物之中，你家耕地的那头黄牛是有理的，后院的几口破箱子是有理的，你藏在床头的那几贯私房钱也是有理的。

理无处不在，而要领会它，就必须“格”。

至于到底怎么格，那就不管你了，发呆也好，动手也好，愿意怎么格就怎么格，朱圣人不收你学费就够意思了，还能帮你包打天下？

那么“格”到什么时候能够“格”出理呢？

问得好！关于这个问题，宋明理学的另一位伟大导师程颐给出了明确的答案：

“今日格一物，明日又格一物，豁然贯通，终知天理。”

看明白了吧，只要你不停地“格”，用心地“格”，聚精会神地“格”，加班加点地“格”，是会“豁然贯通”的。

那么，什么时候才能“豁然贯通”呢？

不好意思，这个问题导师们没有说过，我也不知道，但你只管放心大胆地去“格”吧，请你相信，到了“豁然贯通”的时候，你就能“豁然贯通”了。

好了，我们的哲学课到此结束，课上讨论了关于佛学、禅宗、儒学、宋明理学的一些基本概念，相信这种讲述方式大家能够理解。

其实我并不愿讲这些东西，但如果不讲，诸位就很难理解王守仁后来的种种怪异行为，也无法体会他那冠绝千古的勇气与智慧。

圣贤之路是一条完全不同的道路，它有起点，却似乎永远看不到终点。它神秘、诡异，又深不可测，它比名将之路更加艰辛。在这条道路上，没有帮手，没有导师，你不知道什么时候会成功，不知道什么时候会失败，甚至不知道什么时候应该放弃。

然而，十八岁的王守仁义无反顾地踏上了这条道路，他最终成功了，在十九年后的那个地方，那个夜晚，那个载入历史的瞬间。

第四章 悟道

○这是载入史册的一瞬 几乎所有的史书都用了相同的词语来描述这一瞬——顿悟 中华文明史上一门伟大的哲学——心学 就此诞生

◆ 踌躇

在外面混了一年的王守仁终于带着老婆回到了北京。刚一回来，父亲王华就用警惕的眼睛审视着他，唯恐他继续干那些奇怪的事情，但经过一段时间的观察，他发现自己的儿子变了，回家之后除了看书还是看书。

他十分满意，终于放下了心头的大石。

王华犯了一个天真的错误，因为王守仁读的只是朱熹的书，他读书的动机也一如既往——做圣贤。

不久之后，另一件怪事发生了。

王华突然发现，王守仁从书房失踪了，他怕出事，连忙派人去找，结果发现这位怪人正待在自家的花园里，看着一根竹子发呆，一动不动。

参考消息 **竹痴**

王家的祖先王徽之就是个狂热的竹痴，每天都要看见竹子才安心，到了王守仁的祖父王伦那里就更夸张了：房前屋后，只要有点地方，他就会见缝插针地种上竹子；只要见到有人砍伐竹子，他就心痛不已，并横加阻挠，还振振有词——这是我直谅多闻的朋友，我怎么能忍心让人伤害它呢？由于爱竹成癖，他便有了一个雅号，叫“竹轩先生”。

他走上前去，奇怪地问道:

“你又想干什么？”

王守仁压根儿就没有看他,眼睛依然死盯着那根竹子,只是挥了挥手,轻声说道:

“不要吵，我在参悟圣人之道。”

王华气得不行，急匆匆地走了，一边走一边大叫:

“我不管了，我不管了！”

王守仁依然深情地注视着那根竹子，在他的世界中，只剩下了他和这根不知名的竹子。

王华不理解王守仁的行为，但是大家应该理解，有了前面的哲学课打底，我们已经知道，王守仁先生正大踏步地前进在圣贤之路上，他在“格”自己家的竹子。

“格”竹子实在是一件很艰苦的事情，王守仁坐在竹子跟前，不顾风吹雨淋，不吃不喝，呆呆地看着这个有“理”的玩意儿。

“理”就在其中，但怎么才能知道呢？

怀着成为圣贤的热诚和疑惑，王守仁在竹子面前守了几天几夜，没有得到“理”，却得了感冒。

王守仁病倒了，在病中，他第一次产生了疑问：朱圣人的话是对的吗？

这就是中国哲学史上著名的“守仁格竹”，但这绝不仅仅是一个故事，在故事背后，还有着一个人对未知的执著和探索。

王华受够了自己儿子的怪异行为，他下达了最后通牒，你想研究什么我都不管，但你必须考中进士，此后的事情任你去做。

王华没办法，毕竟他自己是状元，如果儿子连进士都不是，也实在丢不起这个人。

王守仁考虑了一下，认为这个条件还不错，便答应了。从此他重新捡起了四书五经，开始备考。

聪明人就是聪明人，王守仁确实继承了王华的优良遗传基因，他二十一岁第一次参加乡试，就中了举人。老爹终于露出了笑脸，打发了前来祝贺的人们之后，他高兴地拍着儿子的肩膀说道：

“好小子，明年必定金榜题名！”

可是事实证明，平时不烧香、临时抱佛脚毕竟是靠不住的，王守仁先生长年累月干那些杂七杂八的事情，临考前恶补只能糊弄省级考官，到了中央，这一招就不灵了。

之后，弘治六年（1493）和弘治九年（1496），王守仁两次参加会试，都落了榜，铩羽而归。

父亲王华十分着急，王守仁自己也很沮丧，他没有料到，自己想当圣贤，却连会试都考不过，心里十分难过。

换了一般人，此刻的举动估计是在书房堆上一大堆干粮，在房梁上吊一根绳子，再备上一把利器，然后拼命读书备考。

可惜王守仁不是普通人，他经过痛苦的思索，终于有所感悟，并作出了一个决定。

为了得到父亲的支持，他又一次去找父亲谈话。

“我确实错了。”

听到这句话，王华欣慰地笑了：

“以你的天分，将来必成大业，落榜之事无须挂怀，今后用功读书就是了，下次必定中榜。”

发完了感慨的王华高兴地看着自己的好儿子，按照通常逻辑，王守仁应该谢礼，然后去书房读书，可是意外出现了。

王守仁不但没有走，反而向父亲鞠了一躬说道：

“父亲大人误会了，我想了很久，适才明白，落榜之事本来无关紧要，而我却为之辗转反侧，忧心忡忡，为此无关紧要之事烦恼不已，实在是大错。”

王华又一次发蒙了，可是王守仁却毫不理会，继续说道：

“我以为，书房苦读并无用处，学习兵法，熟习韬略才是真正的报国之道，今后我会多读兵书，将来报效国家。”

说完这几句话后，他才不慌不忙地行了一个礼，飘然而去。

面对着王守仁离去的背影，刚刚反应过来的王华发出了最后的怒吼：

“你要气死老子啊！”

王守仁没有开玩笑，在二十六岁这年，他开始学习兵法和谋略，甚至开始练习武艺，学习骑射。

当然了，最终他还是给了自己老爹几分面子，四书五经仍旧照读，也算是对父亲的些许安慰。

就在这日复一日的学习中，王守仁逐渐掌握了军事的奥秘和非凡的武艺，此时武装他头脑的，再不仅仅是四书五经、圣人之言。文武兼备的他已悄悄地超越了很多人，对于他们而言，王守仁已经变得过于强大。

就这么过了两年，王守仁迎来了他人生的第三次会试，这一年他二十八岁。

要说王守仁的智商真不是白给的，他这么瞎糊弄三年，竟然还是中了榜，而且据他父亲调查，他的卷子被评为第一名，可是有人走了后门（招生黑幕），一下把他挤到了二甲。

不过这也无所谓了，王守仁总算是当了官，没给他老爹丢脸，可惜他没有混上翰林，直接被分配去了工部（建设部），但根据工作日志记载，王守仁不算是个积极的官员，他从来都不提什么合理化建议，也不当岗位能手，却认识了李梦阳，整天一起研究文学问题。

这是一种令人羡慕的生活，但在光鲜的外表下，王守仁的痛苦却在不断地加深。

他的痛苦来源于他的追求，因为他逐渐感到，朱圣人所说的那些对他似乎并不起作用，他今天“格”一物，明天又“格”一物，“格”得自己狼狈不堪，却毫无收获。

而一个偶然的事件让他发现，在朱圣人的理论中，存在着某些重大的问题。

这里先提一下朱圣人理论中最为重要的一个观点，说起来真可谓是家喻户晓、鼎鼎大名——“存天理，去人欲”，这句话在实际生活中的运用则更为著名——“饿死事小，失节事大”。

这句话曾经被无数人无数次批倒批臭，我就不凑这个热闹了，但还是有必要解释一下这句话的真实意思，因为很多人可能并不知道，这也是一个深奥的哲学原理。

大家要知道，朱圣人的世界和我们的世界是不同的，这位哲学家的世界是分裂成两块的，一块叫做“理”，另一块叫做“欲”。

朱圣人认为“理”是存在于万物中的，但有一个大敌，那就是“欲”。所谓“理”，是宇宙万物的根本规律和准则，只要人人都遵循了“理”，幸福的生活就来了，那好处多了去了，天下安定了，世界和平了，宇宙也协调了。换在今天，这玩意儿还能降低犯罪率，稳定社会，那些翻墙入室的、飞车抢包的、调戏妇女的张三李四王二麻子，会统统的消失，最终实现和谐社会。

可是，“欲”出来捣乱了，人心不古啊，人类偏偏就是有那么多的欲望，吃饱

参考消息 **威宁剑**

王守仁到工部后的第一件差事，就是督造前兵部尚书王越的坟墓。王越生前战功卓著，这让王守仁很是仰慕，年轻时甚至还梦见王越将自己的佩剑赠送给他。出于对英雄的一片敬意，王守仁十分出色地完成了这一任务。等到他要返回北京复命时，王越的家属前来送行，并带了不少财物作为酬谢，但被王守仁拒绝了。于是家属又取出了一个布囊给他，王守仁打开一看，一柄宝剑赫然映入眼帘，正是王越生前佩带的威宁剑！王守仁激动万分，认定这是冥冥中的天意，就收下了。此后的岁月里，王守仁保国安邦，屡立奇功，王越地下有知，也应感到欣慰了。

了不好好待着，就开始思考一些乱七八糟的问题，搞得社会不得安宁。

所以朱圣人的结论是，要用客观世界的“理”，去对抗主观人心的“欲”，而这才是世界的本原。

通俗地说就是，为了追求理想中的崇高道德，可以牺牲人的所有欲望，包括人性中最基本的欲望。

这是一个对后世产生了极大（或者说极坏）影响的理论。到了明代，这套理论已经成了各级教育机构的通用教材，也是大明王朝各级官僚的行为法则和指导思想，在那个时候，朱圣人的话就是真理，没有多少人敢于质疑这套理论。

可是王守仁开始怀疑了，这源于一件事情的发生。

弘治十四年（1501），王守仁调到了刑部（司法部），当时全国治安不好，犯罪率很高，大案要案频发，他便从此远离了办公室的坐班生活，开始到全国各地出差审案。

但是审案之余，王大人还有一个爱好，那就是四处登山逛庙找和尚、道士聊天，因为他“格”来“格”去，总是“格”不出名堂，只好改读佛经道书，想找点儿灵感。

不久之后，他到了杭州，在这里的一所寺庙中，他见到了一位禅师。

据庙中的人介绍，这位禅师长期参佛，修行高深，而且已经悟透生死，看破红尘，是各方僧人争相请教的对象。

王守仁即刻拜见了禅师，他希望得到更多的启示。

可是他失望了，这位禅师似乎没有什么特别，只是与他谈论一些他早已熟知的佛经禅理，他慢慢地失去了兴趣。而禅师也渐渐无言，双方陷入了沉默。

在这漫长的沉默之中，王守仁突然有了一个念头。

他开口发问，打破了沉寂。

“有家吗？”

禅师睁开了眼睛，答:

“有。”

“家中尚有何人？”

“母亲尚在。”

“你想她吗？”

这个问题并没有得到即刻的回应，空荡荡的庙堂又恢复了寂静，只剩下了窗外凌厉的风声。

良久之后，一声感叹终于响起：

“怎能不想啊！”

然后禅师缓缓地低下了头，在他看来，自己的这个回答并不符合出家人的身份。

王守仁站了起来，看着眼前这个惭愧的人，严肃地说道：

“想念自己的母亲，没有什么好羞愧的，这是人的本性啊！”

听到这句话的禅师并没有回应，却默默地流下了眼泪。

他庄重地向王守仁行礼，告辞而去。第二天，他收拾行装，舍弃禅师的身份，还俗回家去探望自己的母亲。

寺庙的主持怎么也没有想到，这个上门求佛的人竟然把自己的禅师劝回了家，要让他再待上几天，只怕自己这里就要关门了，便连忙把王大人请出了庙门。

王守仁并不生气，因为在这里，他终于领悟了一条人世间的真理：

无论何时，何地，有何种理由，人性都是不能、也不会被泯灭的，它将永远屹立于天地之间。

◆ 转折

正是从那一天起，王守仁意识到：朱熹可能是错的。

他开始明白，将天理和人心分开是不对的，人虽然有着种种的欲望，但那是正常的，也是合乎情理的，强行用所谓的天理来压制绝不可能有任何效果。

王守仁并不知道，经过十几年的思考和求索，他已经在无意识中突破了朱圣人的体系，正向着自己那宏伟光辉的目标大踏步地前进。

可要想走到这条圣贤之路的终点，他还必须找到最后，也是最为关键的疑团的答案——“理”。

虽然他不赞成朱熹的“存天理，去人欲”，也不认可人心和天理的分离，但“理”毕竟还是存在的，只有找到这个神秘的“理”，他才能彻底击溃朱熹的体系，成就自己的圣贤之路。

可是“理”在哪里呢？

这又不是猪肉排骨，上对门王屠户那里花几文钱就能买到，奇珍异宝之类的虽然不容易搞到，但毕竟还有个盼头。可这个“理”看不见摸不着，连个奋斗方向都没有，上哪儿找去？

于是唯一的方法只剩下了“格”。王守仁只能相信程颐老师的话了，今天“格”一个，明天“格”一个，相信总有一天能“格”出个结果的。

日子就这么一天天地过去，啥都没有“格”出来，王守仁十分苦恼，他开始意识到可能是方法不对，可他也没有别的法子，只能整日冥思苦想，但无论如何，他依然坚定地相信，只要坚持下去，是能够成功的。

因为他隐约地感觉到，自己已经接近了那个最终疑团的谜底。

成功确实就要到来了，可是老天爷偏偏不做亏本买卖，在将真相透露给王守仁之前，它还要给他一次沉重的打击，考验他的承受能力，以确认他是否有足够的资格来获知这个最大的秘密。

这就是之前提到过的六部九卿上书事件，事实证明，哲学家王守仁先生不是一个只会整日空想漫谈的人，他有着强烈的正义感和勇气。南京的言官戴铣上书被廷杖，大家都上书去救，由于刘瑾过于强势，很多人的奏折上都只谈从宽处理，唯独这位仁兄，不但要救人，还在奏章中颇有新意地给了这位司礼监太监一个响亮的称呼——权奸。

刘瑾气坏了，在当时众多的上书者中，他特别关照了王守仁，不但打了他四十廷杖，还把他贬为贵州龙场驿的驿丞。

这个职位用现在的话说，就是贵州龙场招待所的所长。龙场就在今天的贵州省修文县（贵阳市管辖）境内，在改革开放的二十一世纪，那地方都还算不发达地区，在明代就更不用说了，压根儿就没什么人，那里的招待所别说人，连鬼都不去住。

王守仁原先大小也是个六品主事，结果一下子变成了王所长，那么龙场招待所所长是几品呢？

答案是没品。也就是说大明国的官员等级序列里根本就没这一号人物，基本算是清除出高级公务员队伍了。

于是，天资聪慧、进士出身的王哲学家就此落到了人生的最低谷，可这还没完，还有一场更为严峻的生死考验在等待着他。

刘瑾是一个办事效率很高，做事很绝的人，他罢了王守仁的官，打了他的屁股，却并不肯就此罢休，为了一解心头之恨，他特地找来了杀手，准备在王守仁离开京城赴任途中干掉他。

这一招确实出人意料，一般说来很难防备，可惜刘瑾并不真正了解王守仁。这位兄台虽然平日研究哲学，每天“格”物，看起来傻乎乎的，其实他还有着另外不为人知的一面。

王守仁从小就不是一个安分的人，他应该算是个人精，连他那考上状元的爹都被折腾得无可奈何，初中文化的刘瑾就更不是他的对手了。

他早就料到刘瑾不会放过他，便在经过杭州时玩了一个把戏，把自己的帽子和鞋子丢进了钱塘江，为了达到此地无银三百两的目的，王哲学家做戏也做了全套，还留了封遗书，大意是我因为被人整得很惨，精神压力太大，所以投江自尽了。

这一招很绝，杀手们听说这人已经自尽，就回去交差了，更搞笑的是连杭州的官员们也信以为真，还专门派人在江边给他招魂。

而与此同时，魂魄完好的王守仁已经流窜到了福建，他虽然保住了命，却面临着一个更为麻烦的问题——下一步该怎么办？

不能回京城了，更不想去贵州，想来想去也没出路，看来只能继续流窜当盲流了。

可盲目流动也得有个流动方向才行，往南走，还是往北走？

在武夷山，王守仁找到了问题的答案，因为在这里，他遇到了一位老朋友。他乡遇故知，王守仁高兴之余，便向对方请教自己下一步该怎么办。

他的这位朋友思考了很久，给了他一个天才的建议：

“还是算一卦吧。”(似曾相识)

于是，一百多年前老朱同志参加革命前的那一幕重演了，在王守仁紧张的注视下，算卦的结果出来了：利在南方。

那就去南方吧。

王守仁告别了朋友，踏上了新的征途，但他仍然不愿意去贵州，便选定了另一目的地——南京。

此时他的父亲王华正在南京做官，而且还是高级干部——吏部尚书。但王守仁此去并非是投奔父亲，而且是秘密前往的，因为他已经在中央挂了号，稍有不慎，可能会把父亲也拉下水。他之所以要去南京，只是因为还有一件事情没有了结。

王守仁十分清楚，自己的父亲是一个传统古板的读书人，他并没有什么伟大的梦想，只希望儿子能够追随自己的足迹，好好读书做人，将来混个功名，可现实是残酷的，自己从小胡思乱想就不说了，十几年来他都没消停过，好不容易考中了个进士，现在还被免了官。

事到如今前途已经没有了，要想避祸，看来也只能去深山老林隐居，但在这之前，必须给父亲一个交代。

于是他连夜启程赶往南京，见到了他的父亲。

父亲老了。

经过二十多年的岁月磨砺，当年那个一本正经板着脸训人的中年人已经变成了白发苍苍、满面风霜的老人。

见到儿子的王华十分激动，他先前以为儿子真的死了，悲痛万分，现在见到活人，高兴得老泪纵横，一句话也说不出口，只是不断地抹着眼泪。

王守仁则生平第一次用愧疚的语气向父亲致歉：

“我意气用事，把功名丢了，对不起父亲大人。”

可是他听到的却是这样一个意外的答案：

“不，这件事情你做得很对。”

王守仁诧异地抬起头，看着欣慰颔首的父亲，他这才明白，那个小时候刻板地管束自己，看似不通情理的父亲，是一个善良宽容的人。

经过与“劣子”长达十余年的不懈“斗争”，王华终于了解了儿子的本性和追求，他开始相信，这个“劣子”会成就比自己更为伟大的事业，他的未来不可限量。

父子交谈之后，王华问出了一个关键的问题：

“你今后打算怎么办？”

王守仁叹了口气:

“我在这里只会连累父亲，京城也已回不去，只能找个地方隐居。”

这看来已经是唯一的方法，但王华却摇了摇头。

“你还是去上任吧。”

上任？到哪里上任？去当所长？

“毕竟你还是朝廷的人，既然委任于你，你就有责任在身，还是去吧。”

王守仁同意了，他是一个负责任的人。

就这样，拜别了父亲，王守仁带领着随从，踏上了前往贵州龙场驿站的道路。在那里，他将经受有生以来最沉重的痛苦，并最终获知那个秘密的答案。

◆ 悟

王所长向着他的就职地前进了，由于他的父亲是高级干部，所以多少还给了他几个随从下人陪他一起上路，但这些人并不知道他们此行的目的地，只知道是跟王大人的儿子去就任官职。

这么好的差事大家积极性自然很高，一路上欢歌笑语不断，只有王守仁不动声色，因为只有他知道要去哪里，去干什么。

走着走着，随从们发现不对劲儿了，好地方都走过了，越走越偏，越走越远，老兄你到底要去哪里啊？

王守仁还是比较实诚的，他说了实话:

参考消息 **王华沉银**

“三岁看大，七岁看老。”这句话至少在王华身上是应验的。王华六岁时，有次在河边玩耍。一个醉醺醺的大汉在河边洗了洗脚后便离开了，结果把身上的提囊落下了。王华无意间捡到后，打开一看，里面竟全是白花花的银子！他觉得醉汉酒醒后肯定会来找，又怕被人抢走，于是便把提囊扔到了水中，自己则坐在一旁守候失主。没过多久，就看见大汉哭着回来了。王华问他：“你是在找银子吧？”遂给他指了指沉银之处。大汉下水一摸，银子果然分文不少。出于感激，他取出一锭银子作为酬劳，王华却坚决不要。小小年纪就懂得拾金不昧，这件事很快在当地传为美谈。

“我们要去贵州龙场。”

随从们的脸立马就白了，王大人你太不仗义了，那里平时可是发配犯人的地方啊！

面对着随从们的窃窃私语，王守仁十分坦然：

“如果你们不愿意去，那就回去吧。”

看着犹豫不决的随从，王守仁没有多说什么，只是默默地拾起行李，向前方走去。

夕阳之下，王守仁那孤独的身影越来越远，突然，远处传来了王守仁的大声吟诵：

客行日日万锋头，山水南来亦胜游。
布谷鸟啼村雨暗，刺桐花暝石溪幽。
蛮烟喜过青扬瘴，乡思愁经芳杜洲。
身在夜郎家万里，五云天北是神州！

“天下之大，虽离家万里，何处不可往！何事不可为！”王守仁大笑着。

在这发聋振聩的笑声中，随从们开始收拾行装，快步上前，赶上了王守仁的脚步。

王守仁的革命浪漫主义情怀是值得钦佩的，可是真正说了算的还是革命现实主义。当他来到自己的就职地时，才真正明白了为什么这个地方叫做龙场——龙才能住的场所。

此地穷山恶水，荆棘丛生，方圆数里还是无人区，龙场、龙场，是不是龙住过的场所不知道，反正不是人待的地方。

不久之后，王守仁就发现了一个更为严重的问题——驿站。

当他来到此地，准备接任驿站职位的时候，只看到了一个老弱不堪的老头，他十分奇怪，便开始问话：

“此地可是龙场？”

“回王大人，这里确是龙场。”

“驿丞在哪里？”

“就是我。”

“那驿卒（工作人员）呢？”

“也是我。”

“其他人呢？”

“没有其他人了，只有我而已。”

王守仁急了：

“怎么会只有你呢？按照朝廷律令规定，这里应该是有驿卒的！”

老头双手一摊：

“王大人，按规定这里应该是有的，可是这里确实没有啊。”

看着眼前这个一脸无辜的老头，王守仁无可奈何地瘫坐在地上。

想到过惨，没想到会这么惨。

要说这世上还是好人多，老头交接完走后没多久，又折转了回来：

“王大人，如果你在这里碰到了汉人，那可千万要小心！”

“为什么？”

“这里地势险恶，要不是流窜犯，或是穷凶极恶之徒，谁肯跑到这里来啊！”

“那本地的苗人呢？”

“喔，这个就不用操心了，他们除了时不时闹点儿事，烧个房子外，其余时间是不会来打扰王大人的，他们的问题基本都是内部解决。”

“为什么？”

“因为他们不懂汉话啊！”

王守仁快晕过去了，他终于明白自己面对的是一个怎样的局面。

老头走了，临走前留下了一句十分“温暖人心”的话：

“王大人多多保重，要是出了什么事，记得找个人来告诉我一声，我会想法给大人家里报信的。”

好了，王所长，这就是你现在的处境，没有下属，没有官服，没有编制，甚至连个办公场所都没有，你没有师爷，也没翻译，这里的人听不懂你说的话，能听懂你说话的人都不是什么好人。

官宦出身、前途光明的王守仁终于落到了他人生的最低谷，所有曾经的富贵与美梦都已经破灭，现在他面对着的是一个人生的关口。

坚持，还是退却？

王守仁卷起了袖子，召集了他的随从们，开始寻找木料和石料，要想长住在这里，必须建一所房子。

然后他亲自深入深山老林，找到了当地的苗人，耐心地用手语一遍又一遍地解释，得到他们的认同，让他们住在自己的周围，开设书院，教他们读书写字，告诉他们世间的道理。

当随从们苦闷不堪、思乡心切的时候，他主动去安慰他们，分担他们的工作。

王守仁用自己的行动作出了选择。

士不可以不弘毅，任重而道远！仁以为己任，不亦重乎！死而后已，不亦远乎！

面对着一切的困难和痛苦，仍然坚定前行、泰然处之的人，才有资格被人们称为圣贤。

王守仁已经具备了这种资格。

但是他还有最后一个问题没有找到答案——“理”。

必须找到，并且领悟这个“理”，才能懂得天地大道的秘密。除此之外，别无他路。

可是“理”到底在哪里呢？十余年不间断地寻找、沉思，不断地“格”，走遍

参考消息 **王所长的产业**

王守仁初到龙场时，连个住处都没有，只得找了个天然溶洞住下，当起了“山顶洞人”。由于他经常在这里研究《易经》，便给溶洞起了个名字叫“玩易窝”。随后他移居龙岗山，山腰有一洞，当地人称为“东洞”。王守仁在此栖身后，将此洞改成“阳明小洞天”，习称“阳明洞”。不过，阳明洞虽然宽敞，却十分潮湿，不太适宜居住。不得已，他便在洞口右下方搭了个小窝棚，取名“何陋轩”。又在洞口左上方建了一个小亭子，周围遍植翠竹，取名作“君子亭”。

五湖四海，却始终不见它的踪影！

为了冲破这最后的难关，他制造了一个特别的石椁，每天除了干活、吃饭之外，就坐在里面，沉思入定，苦苦寻找“理”的下落。

格物穷理！格物穷理！可是事实让他失望了，怎么“格”，这个理就是不出来，在一次又一次的失败中，他逐渐变得急躁、愤怒，脾气越来越差，随从们看见他都要绕路走。

终于，在那个宿命的夜晚，他的不满达到了顶点。

黑暗已经笼罩了寂静的山谷，看着破烂的房舍和荒芜的崇山峻岭，还有年近中年、一事无成、整日空想的自己，一直以来支撑着他的信念终于崩溃了，他已经三十七岁，不再是当年的那个风华少年，他曾经有着辉煌的仕途、光荣的出身、众人的夸耀和羡慕。

现在这一切都已经离他而去。

最让人痛苦和绝望的折磨方法，就是先赐予，然后再一一拿走。

十几年来，唯一支撑着他的只有成为圣贤的愿望。但事实是残酷的，多年的努力看来已付之流水，除了日渐稀少的头发，他什么也没有得到。到底出了什么问题呢？

矢志不渝，追寻圣贤，错了吗？

仗义执言，挺身而出，错了吗？

参考消息 **三个外乡人之死**

正德四年的一个秋日，一名从北京来的吏目带着一个儿子、一个仆人，在赴任途中经过龙场，投宿在一户苗族人家中。王守仁本想跟他打听一下北方的情况，无奈阴雨昏黑，只得作罢。第二天早晨，派人去探视，发现人已经走了。后来王守仁接到报告：中午时有人看见一个老人死在蜈蚣坡下，旁边两人哭得很伤心；到傍晚时儿子也死了，仆人则坐在一旁叹息；到了第二天时，坡下已经堆了三具尸体了。想到这三个人很可能要曝尸荒野，王守仁便带了两个童仆，拿着畚箕和铁锹，把三人埋在了山脚下，随即供上一只鸡和三碗饭。看到三人的悲惨遭遇，再联想起自己的处境，主仆三人悲不能已，顿时痛哭起来。

没有错，我相信我所做的一切都没有错。

那上天为何要夺走我的荣华，羞辱我的尊严，使我至此山穷水尽之地步？

既然你决意夺去我的一切，当时为何又给予我所有？

夺走你的一切，只因为我要给你的更多。

给你荣华富贵，锦衣玉食，只为让你知晓世间百态。

使你困窘潦倒，身处绝境，只为让你通明人生冷暖。

只有夺走你所拥有的一切，你才能摆脱人世间之一切浮躁与诱惑，经受千锤百炼，心如止水，透悟天地。

因为我即将给你的并非富甲一方的财富，也不是号令天下的权势，却是这世间最为珍贵神秘的宝物——终极的智慧。

王守仁在痛苦中挣扎着，一切都已失去，"理"却依然不见踪影。

竹子里没有，花园里没有，名山大川里没有，南京没有，北京没有，杭州没有，贵州也没有！

存天理，去人欲！

天理，人欲！

理！欲！

吃喝拉撒都是欲，"欲"在心中，"理"在何处？"理"在何处？！

王守仁陷入了极度的焦虑与狂躁，在这片荒凉的山谷中，在这个死一般宁静的夜晚，外表平静的他，内心正在地狱的烈火中煎熬。

答案就在眼前！只差一步！只差一步而已！

忽然，一声大笑破空而出，打碎了夜间山谷的宁静，声震寰宇，久久不绝。

在痛苦的道路上徘徊了十九年的王守仁，终于在他人生最为痛苦的一瞬获知了秘密的答案。

空山无人，水流花开。

万古长空，一朝风月。

此一瞬已是永恒。

我历经千辛万苦，虚度十九年光阴，寻遍天涯海角，却始终找不到那个神秘的“理”。

现在我终于明白，原来答案一直就在我的身边，如此明了、如此简单，它从未离开过我，只是静静地等待着我，等待着我的醒悟。

“理”在心中。

我竟如此愚钝啊，天地圣贤之道并非存于万物，也无须存于万物，天人本是一体，何时可分？又何必分？

随心而动，随意而行，万法自然，便是圣贤之道！

存天理，去人欲？

天理即是人欲。

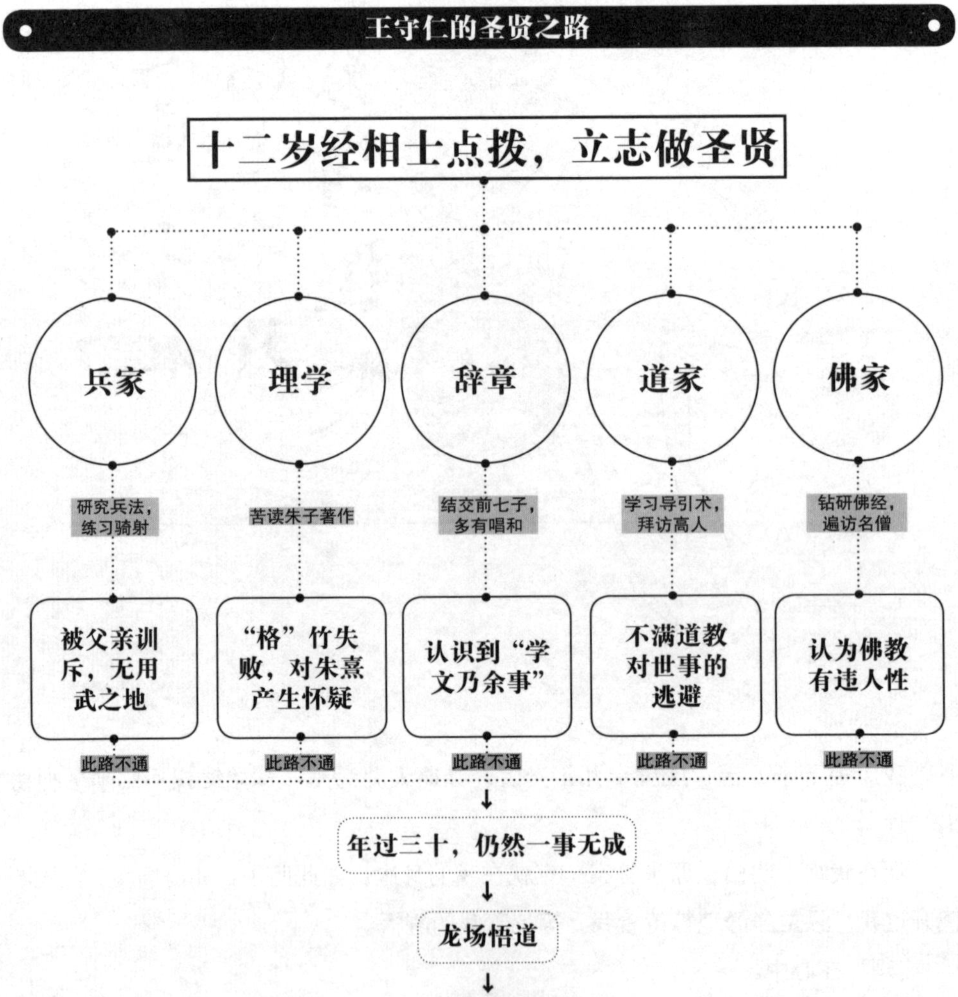

这是载入史册的一瞬，几乎所有的史书都用了相同的词语来描述这一瞬——“顿悟”，中华文明史上一门伟大的哲学——心学，就此诞生。

它在这个幽静的夜晚，诞生于僻静而不为人知的山谷，悄无声息，但它的光芒终将照耀整个世界，它的智慧将成为无数人前进的向导。

王守仁成功了，历史最终承认了他，他的名字将超越所有的帝王，与孔子、孟子、朱子并列，永垂不朽。

第五章

机会终于到来

○即使全天下的人都误解了你 我也理解你的言行 明了你的用心 我知道你一直在屈辱中等待着

◆ 预谋

恭喜你，王守仁先生，可是也就到此为止了，生活是很现实的，悟道让人兴奋，但你还是早点儿洗了睡吧，因为明天一早，你还要拿起锄头去耕你那两块破地，哲学是伟大的、重要的，但你应该清楚，吃饱饭才是最大的哲学。

根据历史导演的安排，王守仁先生还要在这里待一段时间，直到一件事情的发生改变他的命运，这中间还有几年，我们就不陪王圣人开荒了。因为，与此同时，一场好戏正在北京开演。

王守仁在荒山耕地受累，吃尽了苦头，可李东阳比他还苦，自从谢迁和刘健走后，他一个人留了下来，但刘瑾毕竟是一个警惕性很高的人，他怀疑李东阳别有企图，便不断安排人时不时整他一下。

比如李东阳先生编了本叫《通鉴纂要》的书，这事情让刘瑾知道了，就让人去书里挑毛病，想搞点儿文字狱玩玩，可是李东阳早有防备，一篇文章写得密不透风，没有什么把柄可以抓。

刘瑾听到汇报，反而产生了更加浓厚的兴趣（这是他的性格特点），明知山有虎，偏向虎山行！一定要整一下李东阳，为此目的，他找来许多人，日夜翻查，终于找到了破绽。

什么破绽呢？原来李东阳先生在书中写了几个别字，刘瑾据此认为他的工作态度不认真（逻辑相当严密），准备借机会好好地消遣他一下。

李东阳得知了这个消息，他立刻准备了应对的措施。

正当刘瑾准备下手时，出人意料的事情发生了，焦芳竟跑来为李东阳说情，原来李东阳给他送了礼，和他称兄道弟，两人关系一直不错，碍于面子，刘瑾就放了李东阳一马，事情就算了了。

在这个回合里，初中生刘瑾兄到底还是没有玩过老谋深算的李东阳博士，可见多读书还是很有用的。

在展开艰苦斗争的同时，李东阳的地下工作也有条不紊地进行着，战果如下：

正德二年（1507），刘瑾打算整死刘健和谢迁，一了百了，李东阳出面营救。

同年，御史姚祥、主事张伟被诬陷，李东阳出面营救。

正德三年（1508），御史方奎骂了刘瑾，刘瑾准备安排他去阎王那里工作，李东阳出面营救。

类似的情况还有很多，可是李东阳万万没有想到，他的这些行为却换来了一个十分尴尬的结局。

有一天，李东阳上朝途中，正好遇见了自己的门生罗玘，李东阳很是高兴，连忙上去打招呼，可是罗玘竟然不理他，扭头就走，唯恐和他多说一句话。李东阳十分奇怪，想找个机会问个究竟。

可还没等到他去拉拢感情，晚上就收到了罗玘的一封信，李东阳看完之后，眼

参考消息 **伴食宰相**

李东阳选择向刘瑾屈服，大失人心，时人便讽刺他为“伴食宰相”。这是什么意思呢？原来在唐朝的时候，有个叫卢怀慎的人，与姚崇同为宰相，他自知才能不及姚崇，因此遇事儿不敢做主，都推给姚崇决定。按照当时的惯例，大臣们上朝议事完后，就由宰相带队，一起到尚书省都堂吃饭。卢怀慎虽然贵为宰相，但在朝政中所起的作用，不过是陪着大家一起吃饭而已。很多人嘲笑他，私下里就给他起了这么一个外号。

珠子差点儿没掉出来。

这封信的大致意思是：人家（刘健、谢迁）都走了，你留下来有什么意思呢，拜托你还是早点儿退休吧，不要在这里丢人了，今后我也不再是你的门生，就当咱俩没认识过，也不要和我打招呼了，实在没空搭理你。

李东阳气得吐了血。

可是李东阳先生，吐完之后擦擦嘴你还得接着干啊，要知道，忍辱负重、卧薪尝胆从来就不是个轻松的工作。

在这样的环境下，李东阳仍然坚持着自己的信念，他坚信胜利终会到来。

刘瑾是一个狡猾的人，他有皇帝的支持，还有一个消息灵通的焦芳，而自己这边，除了几个只会空谈气节的白痴外，并没有智勇双全、决胜千里的人物。

忍耐吧，忍耐吧，在适当的人选出现之前，必须忍耐。

相比而言，刘瑾可就风光得多了，自从重新改组内阁之后，他的派头是一天大过一天，当时的大臣送奏章都要准备两份，一份给皇帝，一份给刘瑾。

当然了，给皇帝的那份是没有回音的，这是相当明智的，你要指望朱厚照先生按时上班批奏章，那就是白日做梦。大家只能指望刘瑾努力干活，毕竟有人管总比没人管要好。

换句话说，在那几年里，大明王朝的皇帝基本姓刘，朱厚照本人都没意见，谁还愿意管闲事？

可问题在于刘瑾先生读书不多，水平不高，处理不好国家大事，时不时还搞点儿贪污受贿，搞得朝政乌烟瘴气。

但这些都是小儿科，之前的很多太监先辈都干过，刘瑾先生之所以恶名远扬，其实是因为他的记性好。

所谓记性好，就是但凡骂过他的，就算过几年他也记得一清二楚，比如骂过他的刘健、谢迁，已经回家养老了，他还打算把他们抓回来游游街。尚书韩文曾经弹劾过他，被免职后，刘瑾还不放过他，明知他家里穷，还要罚款，一直罚到他倾家荡产方肯罢休。

同时他还是一个在整人方面很有创意的人，明代有一种刑罚叫枷刑，和什么扒人皮、杀千刀之类的比起来，这玩意儿也就算是个口头警告，最多就是戴着枷站在城门口或是去街上游两圈，虽然挺丢人的，但总算皮肉不吃亏。所以这一刑罚十分受大臣们的欢迎。

但如果你得罪了刘瑾，听到枷刑判决后就先别高兴了，还是马上让家里赶着买一口棺材吧，因为当行刑的时候，你会惊奇地发现，给你配发的那个枷具相当特别。

特别在哪里呢？

根据史料记载，刘瑾兄为了达到用小刑、办大事的目的，灵机一动，把枷具改造成了重达一百多斤的大家伙，这就好比在你身上挂了一个超大的哑铃，让你举着这么个宝贝四处练举重，不压死你不算完。

此外，刘公公还是一个疑心很重的人，他连自己手下的特务也信不过，别出心裁，设置了一个内行厂，这个厂连老牌特务组织东厂也不放过，经常跑到东厂上演特务抓特务的好戏。

更让人啼笑皆非的是，刘瑾还实行了一条潜规则，所有大小官员，只要你进出北京城，外省到中央汇报的也好，中央去下面扶贫的也好，甭管办什么事，走了多远，都得去给他送礼。

要是没钱送礼，那你就麻烦了，后果可是很严重的。比如一个叫周钥的言官，有一天出差办事，也没走多远，回来的时候按规矩要送礼，可他家里穷，没钱。

没钱？没钱就把命留下吧。

这位穷官迫于无奈，最后竟然被逼自杀。

参考消息　**匿名信事件**

正德三年七月的一天，有人在朝堂上投匿名信揭发刘瑾。刘瑾暴怒，就罚当天上朝的三百多位大臣在奉天门集体下跪。时值酷暑，很多官员接连中暑倒下。太监李荣不忍，派小太监带着冰好的西瓜给众人解渴。刘瑾发现后，十分生气。一旁的太监黄伟出于义愤，故意对众官喊道：“信中所书，都是为国为民之事，好男儿一人做事一人当，何必连累他人！”刘瑾听他话里有话，怒道：“什么为国为民，太平盛世竟敢写匿名信，好男儿能作出这种事吗？”说罢，拂袖而去，李荣、黄伟随即被免职，众官全部被扔进了锦衣卫大狱。第二天，刘瑾得知匿名信乃是后宫太监所为，才将众官释放。

明朝特务机构

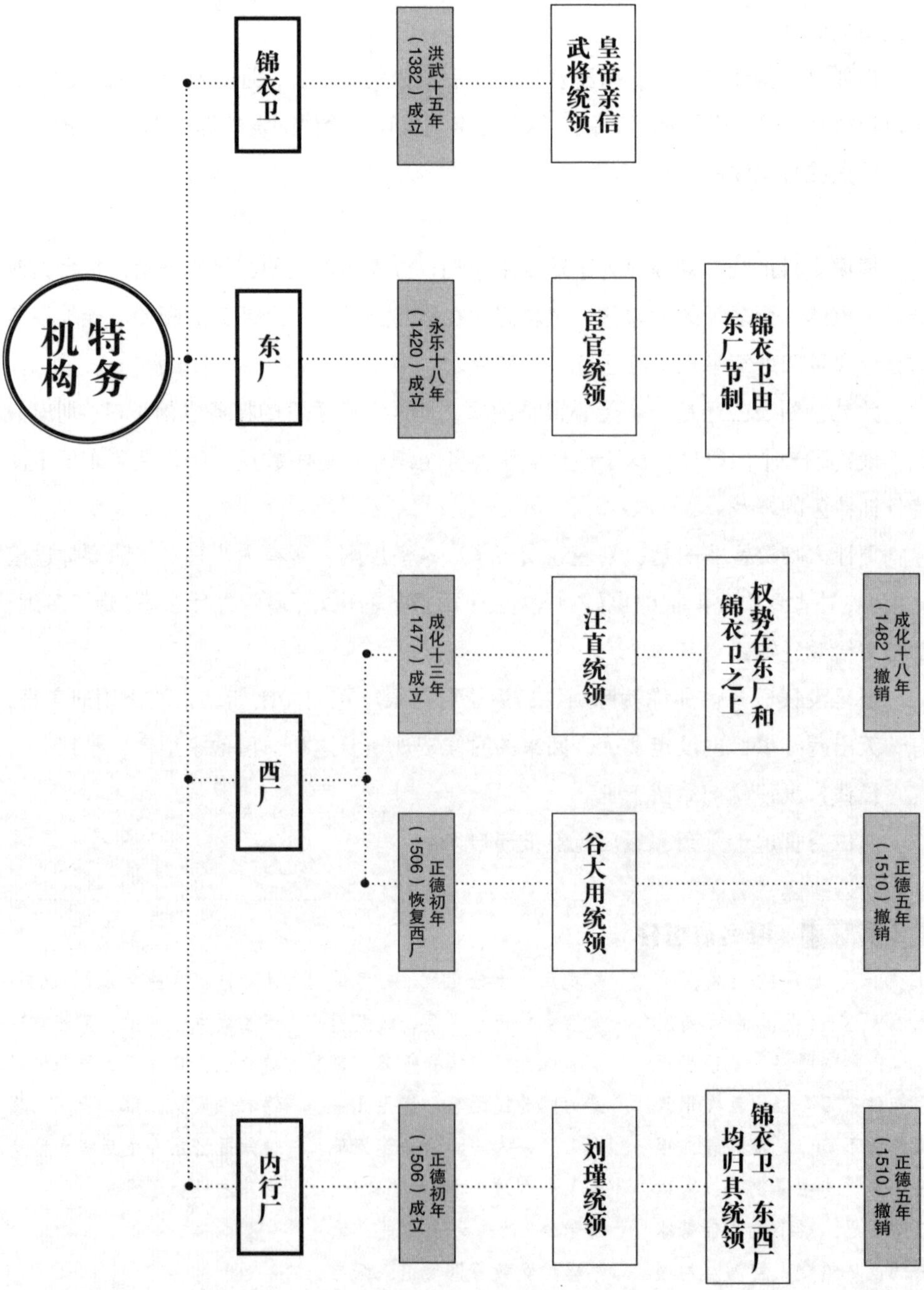
特务机构
锦衣卫
洪武十五年（1382）成立
皇帝亲信武将统领
东厂
永乐十八年（1420）成立
宦官统领
锦衣卫由东厂节制
西厂
成化十三年（1477）成立
汪直统领
权势在东厂和锦衣卫之上
成化十八年（1482）撤销
正德初年（1506）恢复西厂
谷大用统领
正德五年（1510）撤销
内行厂
正德初年（1506）成立
刘瑾统领
锦衣卫、东西厂均归其统领
正德五年（1510）撤销

刘瑾就这么无法无天地搞了几年，越来越嚣张，皇帝老大，他老二，可是老大不管事，所以基本上是他说了算，投靠他的大臣越来越多，势力也越来越大；反对他的则是杀头的杀头，充军的充军，几乎都被他干净利落地解决掉了。李东阳也只能苟且偷生。

天下之大，刘太监当家！

但请注意，上面我说反对刘瑾的大臣是“几乎”被解决了，并不是“全部”，这是由于有两个人例外。

事实上，这两个人刘瑾不是不想解决，而是不能解决，因为这两个人，一个他搞不定，另一个他整不死。

社会是残酷的，竞争是激烈的，既然刘瑾先生搞不定，整不死，他最后的结果也只能是被这两位仁兄搞定，整死。

先说说这个搞不定，这位“搞不定”兄的真名叫做杨廷和。

我们之前提到过他，现在也该轮到这位猛人上场了，他已经在后台站了很久。

我们经常把很小就会读书写字、聪明机灵的小孩称为神童，要是按照这个标准，杨廷和就是一个超级神童。

杨廷和，四川新都人，生于官宦之家，如果你翻开他的履历表，就会发现杨廷和先生保持着一项惊人的纪录——考试纪录。

杨廷和小时候实在太过聪明，八岁就通读四书五经，吟诗作对，搞得人尽皆知，当地的教育局长认为让他去当童生、读县学实在是多此一举，浪费国家纸张资源，于是大笔一挥直接让他去考举人。

中国考试史上的一个奇迹就此诞生。

成化七年（1471），杨廷和第一次参加四川省乡试就中了举人，这年他十二岁。要是范进先生知道了这件事情，只怕是要去撞墙自尽的。

第二年，十三岁的杨廷和牵着他爹的手，到北京参加了会试，同期考试的人看到这一景象，倒也不怎么奇怪，只是聊天的时候经常会问他爹:

“你考试怎么把儿子也带来了？”

事实证明，中国到底是藏龙卧虎、浪大水深，在四川省出了名的杨廷和到了全国就吃不开了，这次考试名落孙山。可这位杨兄实在很有性格，他不信邪，居然就不走了，就地进了国子监读书，放话说，不考上就不回去。

杨廷和就这样待在北京，成了一名北漂，但他漂得很有成就，六年后他中了进士，读书期间还顺便勾走了他的老师、国子监监丞黄明的女儿。

六年时间不但解决了工作问题，连老婆都手到擒来，真是不服都不行啊。

之后杨廷和的经历更是让人瞠目结舌，他二十岁被选为翰林，二十一岁翰林院毕业，三十二岁开始给皇帝讲课（经筵讲官），四十三岁就成为了大学士。他升官的速度用今天的话说，简直就是坐上了直升机。

到了正德二年（1507），刘健和谢迁被赶走后，他正式进入了内阁，帮整天玩得不见人影的皇帝代写文书，当时的圣旨大都出自于他的手笔。

杨廷和不但脑筋灵活，人品也还不错，他很看不惯刘瑾那帮人，但又不方便明讲，有一次给皇帝讲课时，他突然冒出来这样一句话：

"皇上应该学习先帝，远离小人，亲近贤臣，国家才能兴盛。"

朱厚照哪有心思听课，"嗯嗯"两句就过去了。

这句话从朱厚照的左耳朵进去，从右耳朵飞走了，却掉进了刘瑾的心里。

小人不就是我，贤臣不就是你吗？

这就是刘瑾先生的对号入座逻辑。

他勃然大怒，连夜写好调令，把杨廷和调到南京当户部侍郎，南京户部哪有什么事情做，只是整天坐着喝茶，这种调动其实就是一种发配、打击报复。

可是杨廷和的反应却大大出乎刘瑾的意料。

这位仁兄接到调令后，一点儿也不生气，乐呵呵地收拾东西就去了南京。这下子刘瑾纳闷了：这杨廷和贬了官还高兴，到底盘算啥呢？

肯定有阴谋！

刘瑾又用上了当年对付王守仁那一招，派人暗中跟着杨廷和，看他到底玩什么花样！

可是接下来发生的事情更加让人摸不着头脑，跟踪的人发现，杨廷和一路去南京，不但没干啥事，连一句怨言都没有。刘瑾听到汇报，也觉得有点儿不好意思，就没有再找杨廷和的麻烦。

刘瑾同志，你的道行还是太浅了点儿啊。

答案终于揭晓了，不久之后的一天，朱厚照先生退朝时，突然问了刘瑾一句话:

“杨学士人呢？”

刘瑾蒙了，连忙回答:

“在南京！”

朱厚照一听就火了:

“他不是入阁了吗？！怎么又跑去南京了，赶紧把他给我叫回来！”

于是没过几天，杨廷和又回到了北京，继续当他的内阁大臣，还是和以往一样，啥也没说，也就当是公费旅游了一趟。

杨廷和得意了，刘瑾却丈二金刚摸不着头脑，这是怎么一回事呢？

刘先生应该调查过杨廷和，可他看档案不仔细啊，这位仁兄哪里知道，杨廷和曾经当过一个重要的官——詹事府的詹事。

大家要知道，詹事府可不是一般的地方，它的主要工作是辅导皇子读书，当年朱厚照做太子的时候，对杨廷和的称呼是“杨师傅”。

人家“杨师傅”根基牢固，还有皇帝撑腰，刘公公连河有多深都不知道，就敢往里蹚浑水。失策，失策！

此后刘瑾对这位“杨师傅”敬而远之,再也没敢难为他。而经历了这件事情后，杨廷和与刘瑾彻底撕破了脸，他转向了李东阳一边，开始筹备计划，解决刘瑾。

这个“搞不定”的杨廷和已经让刘瑾丢了面子,可下一个“整不死”却更为生猛，也更加厉害，刘瑾的这条老命就断送在他的手上。

这位“整不死”兄也在后台等了很久了（没办法，演员太多），他就是之前被派去陕西养马的杨一清。

说来让人难以理解，养马的杨一清怎么会和刘瑾闹矛盾呢，他俩前世无冤，杨一清也没跟刘瑾借过高利贷，怎么就闹得不可开交呢？

这事，要怪就只能怪刘瑾，因为他太有理想和追求了。

刘太监的烦恼

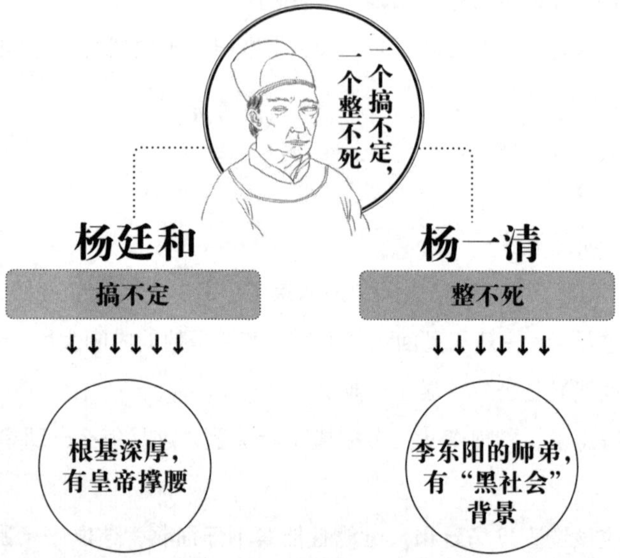

大家知道，养马在一般人看来不是个好工作，就连在天上这也是个下贱活，学名“弼马温”，连不读书的孙猴子都不愿意干。

但在明代，这却是一个重要的职位，道理很简单，没有马，难道你想骑驴去跟蒙古兵打仗？

千万不要小看杨一清，这位兄弟的级别是很高的，他当年可是带着都察院副都御史（三品）的头衔来养马的，这位副部级干部没准儿之前还干过畜牧业，他在这里干得很好，不久之后，朝廷决定提升他为右都御史（正二品）。

参考消息 **疯狂的茶叶**

中原少良马，明朝为了得到优质军马，便采取开设马市和以盐、茶易马等措施进口马匹，这其中，又以茶马贸易最为重要。对此，国家专门在川陕等地设立茶马司，垄断对外茶叶贸易。但是，到了明中后期，很多人受暴利驱使走私茶叶，西北少数民族有了茶源，也就不常赶马交易了，军马的供应量急剧下降。杨一清深知军马对于军队作战的重要性，他一上任，便严厉打击茶叶走私行为，成绩显著。四年后，官府囤积茶叶达到四十万斤，西北的马大批赶来，明朝的茶马贸易迎来了黄金时期。

更重要的是，朝廷还给了他一个前所未有的职务——三边总制。

请各位注意，这个官实在不同寻常，可以说是超级大官，他管理的并非一个省份，而是甘肃、宁夏、延绥三个地方，连当地巡抚都要乖乖听话，可谓位高权重。

虽然杨一清十分厉害，但毕竟他还是守边界的，和刘瑾应该搭不上线，问题在于刘瑾这个人与以往的太监不同，他除了贪污受贿、残害人命外，倒也想干点儿事情。

可他自己又没文化，所以为了吸引人才，他也会用一些手段去拉拢人心，比如写奏折骂他的那个李梦阳，刘瑾恨得咬牙切齿，但是此人名气太大，为了博一个爱才的名声，人都关进牢里了，硬是忍着没动手，最后还请他吃了顿饭，光荣释放。

因为他老底太滥，这招没能骗到多少人，却也吸引了一个十分厉害的人前来投奔，这个人后来成为了刘瑾的军师，也是李东阳、杨一清等人的强力敌手，他的名字叫做张彩。

在刘瑾犯罪集团中，焦芳虽然地位很高，但能力一般，最多也就算个大混混。但张彩却不同凡响，此人工于心计，城府很深，而且饱读诗书，学问很好，连当年雄霸一时的马文升、刘大夏也对他推崇备至，有了他的帮助，刘瑾真正有了一个靠得住的谋士，他的犯罪集团也不断壮大发展。

但刘瑾并不知足，他很快把目标对准了杨一清。

刘瑾希望能够把杨一清拉过来，当自己的人，可杨一清哪里瞧得起这个太监，严词拒绝了他，刘瑾十分恼火，想要整他一下，不久之后，机会到了。

当时杨一清一边养马，一边干着一项重要的工程——修长城，这并不是开玩笑，今天宁夏一带的长城就是当年他老人家修的，杨一清担任包工头，兼任监工。

杨一清是个靠得住的包工头，从不偷工减料，但意想不到的是，当时天气突变，

参考消息 **张彩好色**

张彩眉目清秀、身材修伟，是有名的美男子，再加上他打扮得体、谈吐优雅，在当时的官场是个很受欢迎的人物。但是，人不可貌相，张彩虽然长得一表人才，却十分好色。抚州知府刘介跟他是同乡，张彩知道他有一美妾，特意提拔他为太常少卿。之后，张彩便冠冕堂皇地到刘府贺喜："你打算怎么报答我呀？"刘介惶恐道："我一身之外，皆是恩公之物！"话音刚落，张彩便径直进入刘介后房，手牵其妾而出，洋洋自得地载之而去。刘介目瞪口呆，彻底傻眼了。

天降大雪，几个带头的建筑工商量好了准备闹事逃跑。杨一清当机立断，平定了这件事，刘瑾却抓住机会，狠狠告了他一状。

这下子杨一清倒霉了，只能自动提出辞职。可是刘瑾没有想到的是，准备走人的杨一清却提出了一个匪夷所思的要求：

“请让张彩接替我的职位吧。”

刘瑾郁闷了，他想破了脑袋也没有弄明白，杨一清葫芦里面到底卖的什么药，是出于公心？还是他和张彩关系非同寻常？

刘瑾对张彩产生了怀疑。

但无论如何，他还是没有放过杨一清，一年后（正德三年），刘瑾借口杨一清贪污军饷，把他关进了监狱，这一次，他决心把杨一清彻底整死。

可是刘瑾并不清楚，看似单纯的杨一清和杨廷和一样，绝不是个简单的人物，他也有着深厚的背景。

四十年前，十五岁的杨一清被地方推荐，来到京城做了著名学者黎淳的学生，在这里他遇到了一位才华横溢的师兄，两人惺惺相惜，相约共同发奋努力，为国尽忠。在后来的几十年中，他们一直私下保持着紧密的联系。

他的这位师兄就是李东阳。

所以当杨一清被关进监狱后，李东阳立刻找到了刘瑾和焦芳，希望能够通融一下，罚点儿款了事，刘瑾开始还不肯，但禁不住李东阳多次恳求，加上杨一清是带过兵的，手下有很多亡命之徒，没准儿哪天上班路上自己就不明不白地被人给黑了，思前想后，刘瑾决定释放这个人。

走出牢狱的杨一清深深地吸了一口气，看着前来接他的李东阳，会意地点了点头。

“你有什么打算？”

“先在京城待着，看看再说吧。”

“不，”李东阳突然严肃起来，“你必须马上离开这里，不要回家，找个地方隐居起来。”

然后他停了下来，意味深长地看着杨一清：

“等到需要你的时候，我自然会去找你的。”

杨一清笑了，几十年过去了，当年那两个意气风发的少年早已不见踪影，但这位深谋远虑的师兄却似乎从未变过。

“好吧，我去镇江隐居，时候到了，你就来找我吧。”

即使全天下的人都误解了你，我也理解你的言行，明了你的用心，我知道，你一直在屈辱中等待着。

◆ 变数

刘瑾打算做几件好事。

这倒也不稀奇，因为他坏事做得太多，自然就想干点儿好事了，一个人干一件坏事不难，但要一辈子只干坏事，真的很难很难。

更重要的是，他逐渐发现自己的名声越来越臭，而张彩和他的一次谈话也坚定了他的决心。

“刘公公，你不要再收常例了。”

所谓常例，是刘瑾的一个特殊规定，每一个进京的省级官员，汇报工作完毕后必须向他缴纳上万两银子，如果有没交的，等他回家时，没准儿撤职文书已经先到了。

进京汇报工作的各位高官虽然很有钱，但几万两银子一时之间到哪里去弄呢？可是刘公公是不能得罪的，无奈之下，很多人只有向京城的人借高利贷，回去再用国库的钱来还。

可是张彩直截了当地告诉刘瑾，这是一个极其愚蠢的捞钱方法。

刘瑾又蒙了，用此方法，每次都可以收很多钱，而且简单快捷，怎么能说愚蠢呢？

看着这个不开窍的家伙，张彩气不打一处来，他明确地指出，你收每个官员几万两，似乎很多，可你要知道，这些家伙都是贪污老手，他们不会自己出这笔钱，却可以借机在自己的省里收几倍的钱，当然了，都是打着你的名号，说是给你进贡，这样刘公公你的恶劣名声很快就会传遍全国。

刘瑾这才恍然大悟。

“这帮混蛋，打着我的名号四处捞钱，真是岂有此理！”

刘公公的愤怒是有道理的，小贪官们借用了他这个大贪官的名誉权，却不交使用费和专利费，应该愤怒，确实应该好好地愤怒一下。

愤怒之余的刘公公立刻下令，取消常例，并且追查地方贪污官员。

这算是刘公公干的第一件“好事”。

不久之后，刘公公决定搞点儿创新，他分析了一下国家经济状况，意外地找到了一个漏洞，他灵机一动，决定再干一件“好事”。

也许是对这件事情太有把握，他决定直接上奏皇帝，不再如往常那样，先听听张彩的意见。

于是，他最终死在了这件事上。

第二天，他独自上朝，在文武百官面前向朱厚照提出了这件事情：

“陛下，应该整理军屯了。”

一切就此开始。

所谓军屯，是明代的一种特殊政策，通俗点儿说就是当兵的自己养活自己，打仗的时候当兵，没事干的时候当农民，自己种菜种粮，还时不时养几头猪改善伙食，剩余的粮食还能交给国家。

这个制度是当年老朱费尽心思想出来的，可到了如今，已经很难维持下去了。

因为要想让军屯开展下去，必须保证有土地，虽说地主恶霸不敢占军队的地，但军队的高级腐败干部是不会客气的。一百多年下来，土地越来越少，粮食也越来越少，很多士兵都填不饱肚子。

刘瑾发现了这个问题，便公开表示，要清查土地，重新划分，增加国家粮食收入，

参考消息 **刘公公总有好创意**

作为一个当红的太监，刘瑾总是能随心所欲地作出一些创举：首先，他认为京师之地不宜有太多外来人口，城内所有外来务工人员，不管是不是紧缺人才，全部被驱逐出城；接着，他下令所有寡妇改嫁，鼓励她们勇敢地寻找自己的第二春；随后，他开始搞起了火葬——但凡停丧未葬者，全部一把火烧掉，至于骨灰，那就不属于他的考虑范围了。在他的这一番折腾下，京城内一时间鸡飞狗跳，险些激起民变。

改善士兵生活。

刘瑾这么干，自然不是为士兵着想，无非是要搞点儿政绩工程而已，大臣们心知肚明，鸦雀无声。

朱厚照却听得连连点头，手一挥，发了话:

“好主意，你就去办吧！”

然而，站在一边的杨廷和准备出来讲话了，经验丰富的他已经发现了这个所谓计划的致命漏洞。

可就在他准备站出来的时候，一只手从背后紧紧拉住了他的衣襟。

杨廷和回过头，看到了沉默的李东阳。

他又站了回去。

散朝了，刘瑾急匆匆地赶回了家，他准备开始实施自己的计划。

杨廷和却留了下来，他还拉住了想开路的李东阳，因为他的心中有一个疑问:

“你刚才为什么要拉住我？”

李东阳看着他，露出了神秘的笑容:

“你刚才为什么要说话？”

原来如此，我明白了。

第六章

必杀刘瑾

○刘瑾先生的生命终于走到了尽头　以前有很多人骂他杀千刀的　现在终于实现了　据说还不止　因为凌迟的标准刀数是三千多刀　刘兄弟不但还了本　还付了息

◆ 祸福由命

回到家中的刘瑾见到了满脸怒气的张彩，听到了他的责问:

“这件事为什么不先跟我商量一下？”

“这是一举两得的好事，办成了足可百世流芳！还商量什么？”

然而张彩皱起了眉头:

“我总觉得这件事情有点儿问题。”

可是有什么问题，他一时也说不出来，于是他向刘瑾提出了另一个警告:

“杨一清这个人不简单，你要小心。”

“我已经教训过他了，不用担心。”

张彩看着自信的刘瑾，轻蔑地笑了:

“我与他同朝为官十余年，深知此人权谋老到，工于心计，且为人刚正，绝不可能加入我们，你教训他又有何用？”

刘瑾愤怒了，他最不能忍受的，就是这种蔑视的态度。

“我已经把他削职为民，即使有心作乱，又能如何？！”

可他等来的，却是张彩更为激烈的反应:

“杨一清此人，要么丝毫不动，要么就把他整死，其胸怀大志，若放任不管，必成大患！”

刘瑾终于爆发，他拍着桌子吼道：

“为何当年他要推举你为三边总制？！我还没问你呢！你好自为之吧！”

张彩愣住了，他坐回了椅子，呆呆地看着刘瑾离去的背影，再也说不出一句话。

祸福各由天命，就这么着吧！

◆ 微光

正德五年（1510）四月，宁夏。

“真的下定决心了吗？”

“周东如此胡来，我们已经没有活路了，绝不能束手待毙，就这样吧！”

“那就好，何指挥，现在动手吧！”

正德五年五月，镇江。

土财主杨一清正坐在大堂看书，屋外斜阳夕照，微风习习，这种清闲的日子他已经过了一年，但所有的平静都将在今天被打破。

屋外突然传来了急促的脚步声，杨一清立刻抬起头，紧张地向外望去。

他看见了一个急匆匆走进来的人，而此人身上穿着的飞鱼服也已告知了他的身份——锦衣卫。

在那年头，锦衣卫上门，基本都没有什么好事，杨一清立刻站了起来，脑海中紧张地思考着应对的方法。

可这位锦衣卫看来是见过世面的，他没有给杨一清思考的时间，也不费话，直接走到杨一清的面前，严厉地高喊一声：

“上谕，杨一清听旨！”

杨一清慌忙跪倒，等待着判决的到来。

“钦命！杨一清，起复三边总制！”

魂都走了一半的杨一清定下了神，脑袋是保住了，还成了二品大员。

而宣旨的锦衣卫此刻已经变了一副嘴脸，满面春风地向杨一清鞠躬:

“杨大人，恭喜官复原职，如有不敬，请多包涵。”

要知道，干特务工作、专横跋扈的锦衣卫有时也是很讲礼貌的，至少在高级别的领导面前总是如此。

杨一清拍拍身上的尘土，他已经意识到了这一任命隐含的意义。

李东阳，我们约定的时刻终于来到了。

他转进内室，准备收拾行装。

可是笑脸相迎的锦衣卫却突然站了出来，拦住了他的去路。

“杨大人，就不用收拾行李了，即刻出发吧，军情十分紧急！”

杨一清呆住了:

“军情？！”

“是的，杨大人，安化王叛乱了。”

安化王朱寘𫔍，外系藩王，世代镇守宁夏，这个人其实并不起眼，因为他祖宗的运气不好，当年只摊到了这么一片地方，要钱没钱，要物没物，连水都少得可怜。

树挪死，人挪活，待在这鬼地方，天天吃沙子，他早就想换块地方，可谁也不肯跟他换，他也想到北京去，但朱厚照先生虽然爱玩，却还不傻，亏本的买卖是不做的。

急于改变命运的朱寘𫔍不能选择读书，只能选择造反，可他的实力太差，造反就是自寻死路。关键时刻一个人帮了他的忙，给他送来了生力军，这个人就是刘瑾。

刘瑾又犯了老毛病，由于文化水平低，他总是把问题想得太简单，整理军屯虽

参考消息 **都是鹦鹉惹的祸**

朱寘𫔍虽然野心勃勃，把造反当事业，但他所倚仗的谋士，只有宁夏的两个秀才，一个叫孙景文，一个叫孟彬，都是夸夸其谈的平庸之辈。这两人没什么能力，胆量却不小，他们反复撺掇朱寘𫔍起兵造反，幻想着自己有朝一日也能成为靖难功臣。最终促使朱寘𫔍下定决心的，是一个叫王九儿的萨满女巫，她别有用心地驯养了一只鹦鹉，每次见到朱寘𫔍，这只鹦鹉就大叫“老天子”。朱寘𫔍认为连鸟都知道自己是“天子”，更加自命不凡，遂决定起兵谋反。

适得其反的改革

	预期效果		实际效果
军阀	交出侵占土地	→	抵制改革
地方官	重新划分土地	→	把多出来的公粮压在士兵身上
士兵	改善生活	→	负担加重，引发叛乱
刘瑾	增加政绩	→	引火烧身

然看上去简单，实际上却根本实行不了。要知道，那些占据土地的可不是一般土财主，他们都是手上有兵有枪的军事地主。

这种人我们现在称之为军阀，接到指令的地方官只有几个打板子的衙役，又没有武松那样的厉害都头，除非是喝多了神志不清，否则谁也不敢去摸这个老虎屁股。

地是收不回来了，但是按照规定整顿土地后，应该多收上来的粮食却是一颗也不能少。百般无奈之下，官员们只好拣软柿子捏。

军阀欺负我们，我们就欺负小兵。就这样，那莫名其妙多出来的公粮压在了苦大兵的身上。

而大理寺的周东就是欺负士兵的官员中最为狠毒的一个，他不但责骂士兵，还打士兵们的老婆。

这就太过分了，宁夏都指挥使何锦义愤填膺，准备反抗，正好朱寘𨱔也有此意，两人一拍即合，发动了叛乱。

由于这件事情是刘瑾挑起来的，加上刘瑾本身名声也不好，他们便顺水推舟，充分使用资源，定下了自己的造反理由——杀死刘瑾，为民除害（这个口号倒没错）。

事情出来后，刘瑾急得不行，毕竟事情是他闹出来的，责任很大，人家还指明要他的脑袋，他立刻派人封锁消息，并找来李东阳、杨廷和商量。

李东阳和杨廷和先对事情的发生表示了同情和震惊，然后明确告诉刘瑾，要想平定宁夏叛乱，只要一个人出马就可以了。

不用说，这个人只能是杨一清。

"那就是他了，快派人去叫他即刻上任！"关键时刻，啥恩怨也顾不上了。

杨一清就此结束了闭关修炼生涯，重新出山。

按照明代规定，但凡军队出征必须有一个监军，而这次担任监军的人叫做张永。

张永成了杨一清的监军，对此，我一直有个疑问——这个天才的主意到底是谁提出来的？为此我还专门在史料中找过，可惜一直未能如愿。

刘瑾将在这对黄金搭档的帮助下一步步走向黄泉之路。

张永，保定人，原先是"八虎"之一，此人脾气暴躁，而且专横跋扈，有时候比刘瑾还要嚣张。

但张永还是比较有良心的，他觉得刘瑾干的事情太过分了，经常会提出反对意见。

对于这种非我族类，刘瑾自然是不会放过的，他决定安排张永去南京养老。可惜这事干得不利落，被张永知道了。

下面发生的事情就很能体现他的性格了，张永先生二话不说，做了会儿热身运动就进了宫，直接找到朱厚照，表达了他的观点：刘瑾这个人不地道，想要坑我，大哥你看着办吧。

朱厚照一听这话，便拿出了黑社会老大的气势，叫刘瑾马上进宫和张永谈判。

刘瑾得到消息，连忙赶到，也不管旁边的张永，开始为自己辩解。

刘瑾说得唾沫横飞，朱厚照听得聚精会神，但他们都没发现，张永兄正在卷袖子。

当刘瑾刚说到情绪激动的时候，突然一记拳头落在了他的脸上，耳边还传来几句真人配音——“打不死你！”

要知道，张永兄没有读过多少书，自然也不喜欢读书人的解决方法，他索性拿出了当混混时的处世哲学——打。

他脾气不好，也不管朱厚照在不在场，抡起拳头来就打，打起来就不停，可要说刘瑾也不愧是在道上混过的，反应十分快，挨了一下后，连忙护住了要害部位，开始反击。

朱厚照虽然喜欢玩，可看见这两位兄台竟然在自己的地盘开打，也实在是不给面子，立马大喝一声：住手！

老大的话还是要听的，两位怒发冲冠的小弟停了手，却握紧了拳头，怒视着对方。

朱厚照看到两个手下矛盾太深，便叫来了“八虎”中的谷大用，摆了一桌酒席，让两个人同时参加，算是往事一笔勾销（这一幕在黑社会电影中经常出现）。

两人迫于无奈，吃了一顿不得已的饭，说了一些不得已的话，什么你好我好大家好，叫几声哥哥，流几滴眼泪，然后紧握拳头告别，明枪暗箭，涛声依旧。

没办法，感情破裂了。

怀着刻骨的仇恨，张永踏上了前往宁夏的道路。在那里，他将找到一个同路人，一个为自己报仇雪恨的帮手。

◆ 试探

杨一清并不喜欢张永。

他知道这个人也是“八虎”之一，是刘瑾的同党。所以他先期出发，日夜兼程，只是不想和这位仁兄打交道。

可是当他赶到宁夏的时候，却惊奇地发现，叛乱竟然已经被平定了！

原来他的老部下仇钺听到消息，第一时间带兵打了过去，朱寘鐇也真是太差，完全不是对手，一下子就全军覆没了。

杨一清没事做了，他找了个地方安顿下来，等待着张永的到来，他知道自己迟早要面对这个人的。

不久之后，张永的先锋军进了城，但张永还在路上，杨一清实在闲得无聊，只好上街散步，然而就在他闲逛的时候，却发现了一件十分奇怪的事情。

他看见张永的部队分成数股，正在城内四处贴告示，而告示的内容竟然是颁布军令，严禁抢劫。很明显，士兵们也确实遵守了这个规定。

这件事情十分有趣。

这是杨一清的第一个感觉，这个臭名昭著的太监为什么要发安民告示，严肃军纪呢？他开始对张永产生了好奇。

应该见一见这个太监。

很快，他就如愿见到了张永，出人意料的是，张永完全没有架子，对他也十分客气，杨一清很是吃惊，随即有了这样一个念头：此人是可以争取的。

但接下来发生的事情却让他收回了这个念头。

很快，他们谈到了这次叛乱，此时，张永突然拍案而起，声色俱厉地大声说道："这都是刘瑾这个浑蛋搞出来的，国家就坏在他的手里！"

然后他转过头，目不转睛地看着杨一清。

参考消息 **有勇有谋的仇钺**

安化王发动叛乱后，仇钺虽被解除兵权，却在暗中积蓄力量。不仅如此，他还假装积极，煽动叛军死守渡口。叛将何锦等人不知是计，居然真就率主力出城守渡口去了，只留下周昂等少数人马在城中。后来，安化王要出城祭神，想让仇钺陪同，仇钺称病不出，安化王不知是计，回来后还派周昂去探视。可怜的周昂刚一进门，就被仇钺击杀。随后，仇钺披坚执锐，带着一百多名临时拼凑的队伍，直奔安化王府杀去，由于王府内守备空虚，仇钺等很快擒获了朱寘鐇父子。紧接着，仇钺又假传安化王之命，召何锦火速返程。何锦率军行至半路，士兵变节哗变，他只身逃亡，不久被擒获。历时十八天的安化王之乱，遂告结束。

话说到这份儿上，老兄你也表个态吧。

然而，杨一清没有表态，他只是不慌不忙地拿起了茶杯，低头不语，独自喝起茶来。

初次会面，就发此狂言，此人不可轻信。

张永没有等到回应，失望地走了，但临走时仍向杨一清行礼告别。

看着张永消失在门外，杨一清立刻收起了微笑的送别面孔，皱紧了眉头，他意识到，眼前似乎已经出现了一个机会，或是陷阱。

正当杨一清迟疑不定的时候，他的随从告诉了他一条看似不起眼的新闻。

原来张永进城时，给他的左右随从发了一百两银子，这笔钱每人都可以拿，只是有一个条件——不允许以任何名义再拿老百姓一分钱。

这件被随从们引为笑谈的事情，却真正触动了杨一清，他开始认识到，张永可能确实是一个可以信任的好人。

而不久之后发生的事情，让他更加坚定了自己的想法。

张永又来拜访杨一清了，这次他不是空手来的，手里还拿着几张告示。

他一点儿也不客气，怒气冲冲地把告示往桌上狠狠地一甩，径自坐了下来。

“你看看吧！”

从张永进来到坐下，杨一清一直端坐着纹丝不动，几十年的阅历让他变得深沉稳重。

他瞥了一眼告示，便放下了：

“这是朱寘鐇的反叛文书，我早已经看过了。”

然而，杨一清的平淡口气激起了张永的不满：

“他之所以反叛，只是因为刘瑾，上面列举的刘瑾罪状，句句是实！你也十分清楚，刘瑾此人，实在是罪恶滔天！”

杨一清终于站了起来，他慢慢地踱到张永的面前，突然冷笑一声：

“那么张公公，你又能如何呢？”

张永愣住了，他转念一想，有了主意：

“朱寘鐇的告示就是证据，只要拿回去向皇上告状，说明他造反的原因，刘瑾罪责必定难逃！”

杨一清又笑了，他语重心长地说道:

“张公公，你还是想清楚的好。”

“杨先生，难道你以为我会怕他吗？”

杨一清看着愤怒的张永，顿住了笑容，他把手指向地图上京城的方向，做了一个动作。

他画出了一条直线，在宁夏和北京之间。

张永明白了，他在宁夏，刘瑾在北京，他离皇帝很远，刘瑾离皇帝很近，他是告不倒刘瑾的。

他抬头看着杨一清，会意地点点头。

这是一次不成功的会谈，张永又一次失意而去。

但是张永不知道，自己的举动已经在杨一清的心中播下了火种，他已下定了决心。

◆ 杀机

杨一清已经连续几晚睡不好觉了。

他一直在苦苦思考着对策，现在的局势十分明了，张永确实对刘瑾不满，而朱寘镭的告示无疑也是一个极好的契机，但问题在于，张永不一定会听自己的话，去和刘瑾玩命，更重要的是，即使张永答应了，又怎样才能说服皇帝，除掉刘瑾呢？

事到如今，只有用最后一招了。

正德五年（1510）七月，宁夏。

杨一清将所有的犯人交给了张永，并亲自押送出境，他将在省界为张永饯行，并就此分手，返回驻地。

最后的宴会将在晚上举行，最后的机会也将在此时出现。

杨一清发出了邀请，张永欣然赴宴，经过两个多月的接触，他们已经成为了朋友。

双方按照常例，喝酒聊天，一直闹到很晚，此时，杨一清突然做了个手势，让其他人都退了出去。

张永看见了这个手势，却装作不知道，他已经预感到，杨一清要和他说一些极为重要的话。看似若无其事的外表下，他的手已经紧紧地握住了衣襟。

杨一清十分紧张，经过两个多月的试探和交往，事情到了这一步，虽然很多事还没有计划完备，但机不可失，今晚已是最后的机会。

摊牌的时候到了，亮牌吧！

“张公公，我有话要跟你说。”

慢慢来，暂时不要急。

“这次多亏了您的帮助，叛乱才能平定，如今外部藩王作乱已经平息，可是朝廷的内贼才是社稷江山的大患啊。”

张永浑身一震，他很清楚这个“大患”是谁，只是他没有想到，眼前这位沉默了两个月的人，竟然会在这个时候提出此事，看来还是知识分子厉害，不出手则已，一出手就要人命。

看来是要动真格的了，但还不能大意，要干，也要让他说出口！

“杨先生，你说的是谁？”

好样的，不愧是“八虎”中人，真是精明到了极点，但事到如今，已经没办法回头了，小心，千万小心，不能让他抓住把柄。

杨一清用手指蘸了酒水，摊开自己的手掌，一笔一画地写下了一个字——“瑾”。

既然已经图穷匕见了，索性就摊开讲吧！

“杨先生，这个人可是皇上身边的红人，他的同党遍布朝野，不容易对付吧。”

看着疑惑的张永，杨一清自信地笑了：

“这件事天下人都做不成，但张公公可以做，您是皇帝身边的红人，此次出征立下大功，皇上必定召见，到时将朱寘鐇造反的缘由告知皇上，刘瑾必死无疑！”

但张永仍然犹豫不决。

已经动心了，再加上一句就成了，这个诱惑他绝对无法拒绝！

“刘瑾一死，宫中大权必然全归您所有，斩杀此奸恶之徒，除旧布新，铲除奸党，公公必能名留千古！”

至此，张永终于把账算明白了，这笔生意有风险，但做成了就前途无量。他决定冒这个险，但行动之前，他还有最后一个疑惑。

“如果皇上不信我的话，那该怎么办？”

没错，这就是最关键、最重要的问题所在——怎样说服皇帝？但没有关系，这个难题，我已经找到了答案。

“别人的话，皇上是不会相信的，但张公公你是唯一例外的人，皇上一定会信你。万一到时情况紧急，皇上不信，请张公公一定记住，绝不可后退，必须以死相争！”

“公公切记，皇上一旦同意，则立刻派兵行动，绝对不可迟疑，如按此行事，大事必成！”

杨一清终于说完了，他静静地等待着张永的回答。

在一阵令人难以忍受的寂静后，枯坐沉思的张永突然站了起来，发出了一声怒吼：“豁出去了！我干！这条命老子不要了！”

此时，京城的刘瑾正洋洋自得，他没有想到，叛乱竟然如此快就被平定，当然了，在报功的奏折上，只有他的名字。而为了纪念这次胜利，他打算顺便走个后门，给自己的哥哥封个官，就给他个都督同知吧。

可惜的是，他哥哥没福气当官，干了两天就死了。

刘瑾十分悲痛，他决定为哥哥办一场规模宏大的葬礼，安排文武百官都来参加，为自己的哥哥送葬。

这一举动用俗话来讲就是，死了还要再威风一把！

为了保证葬礼顺利进行，刘瑾反复考虑了举行仪式的日期，终于选定了一个他理想中的黄道吉日：正德五年八月十五日。

这确实是一个黄道吉日，但并不适合出丧，而是除奸！

这之后的日子，刘瑾和他的部下日夜劳碌，为葬礼的顺利举行作好了准备，只等待着约定日子的到来。

八月十五日，晴。

天气是如此适宜，刘瑾正感叹着上天的眷顾，一群骑马的人已来到了德胜门。

张永到了，他从宁夏出发，日夜兼程，终于赶到京城，在这个关键的日子。

此时的他已经没有了疑虑和顾忌，因为就在密谋后的那个清晨，临走时，杨一清向他交出了所有的底牌。

“杨先生，我此去即使能够说服皇上，你有把握一定能置刘瑾于死地吗？”

这意思很明白，我豁出命去干，但你也要把你的后台说清楚，万一你是皮包公司，个体经营，兄弟我就算牺牲了也是无济于事的。

杨一清笑了：

“张公公尽管放心，刘瑾一旦失势，到时自然有人找你，十日内必杀刘瑾！”

张永松了口气，拍马准备走人，杨一清却拦住了他。

“张公公准备如何向皇上告状？”

“朱寘𬭎的反叛告示足够了。”

杨一清却摇了摇头，从自己的衣袖里拿出一份文书：

“那个是不行的，用我这个吧。”

张永好奇地打开了文书，一看之下不禁目瞪口呆。这份文书上不但列明了刘瑾的所有罪状，还有各种证据列举，细细一数，竟然有十七条！而且文笔流畅，逻辑清晰，语言生动，实在是一篇难得的好文章。

他倒抽一口凉气，看着泰然自若的杨一清，不再多言，收好了文书，调转马头就此上路。

娘的，读书人真是惹不起啊！

◆ 夜宴（晚饭）

张永准备进城，闻讯赶来的一帮人却拦住了他，原来刘瑾得知此事，十分慌张，对危险即将到来的预感帮助了他，他立刻下令，张永改日入城，今天的葬礼如期举行。

可他太小看张永了，对这些阻拦者，张永的答复非常简单明了—— 马鞭。

“刘瑾老子都不放在眼里，你们算是什么东西，竟敢挡路？！”

张公公一边打一边骂，就这么堂而皇之地进了城。没人再敢上前阻拦。

刘瑾听说之后，对此也无可奈何，只好垂头丧气地告诉手下人，葬礼延期举行，改在第二天，也就是八月十六日。

其实刘瑾大可不必铺张浪费，他也就只能混到八月十五了，为节约起见，他的丧事可以和他的兄弟一起办。

张永将捷报上奏给了皇帝，朱厚照十分高兴，立刻吩咐手下准备酒宴，晚上他要请张永吃饭，当然了，刘瑾也要在一旁作陪。

张永得知了这个消息，他没有去找朱老大闲聊，却回到了自己的住处，静静地坐在床上，闭目养神，等待着夜晚的来临。

今晚，就是今晚，最后的时刻即将到来。

一股不祥的预感缠绕着刘瑾，他虽然文化不高，却也是个聪明人，张永早不来迟不来，偏偏今天来，一定有问题。

但他能干什么呢？

向皇帝告状？还是派人暗算？

刘瑾想了很久，对这两个可能出现的情况，作出了自己的准备，他相信这样就可以万无一失。

然后，他自信十足地去参加了晚宴。

较量正式拉开序幕。

晚宴开始，由朱厚照宣读嘉奖令，他表扬了张永无私为国的精神，夸奖了他的显赫战功，当然，他也不忘夸奖刘瑾先生的后勤工作做得好。

两边夸完，话也说完了，开始干正事——吃饭。

朱厚照只管喝酒，刘瑾心神不宁地看着张永，张永却不看他，只顾着低头大吃。

不久更为奇怪的一幕出现了，众人歌舞升平，你来我往，很快就有人不省人事，张永似乎情绪很高，也喝了很多酒，而刘瑾却滴酒不沾，他似乎对宴会没有任何兴趣，只是死死盯着张永。

宴会进行到深夜，朱厚照还没有尽兴，这位仁兄还要接着喝酒作乐，张永似乎也很高兴，陪着朱厚照喝，刘瑾不喝酒，却也不走。

这正是他的策略，只要看住张永，不给他说话的机会，就能暂时控制局势。

但很快刘瑾就发现，自己不能不走了。

我明天还要去送葬啊！

看这样子，一时半会儿是散不了了，总不能一直待在这里，陪着这二位兄弟玩通宵吧。

于是，他起身告辞，征得朱厚照的同意后，刘瑾看着喝得烂醉的张永，放心地离开了这里。

但在走之前，他吩咐手下办了一件事情：加派兵力，全城宵禁，严禁任何部队调动！

这就是刘瑾的万全之策，堵住张永的嘴，看住张永的兵，过两天，就收拾张永本人。

可是刘瑾失算了，他不知道，其实在这场混乱的酒宴上，张永也一直暗中注视着他。因为在这个夜晚，有一场真正的好戏，从他离开宴会的那一刻起，才刚刚开演。

张永等待了很久，当他发现刘瑾不吃不喝，只是呆呆地看着自己时，就已经明白了这位老兄的打算——今天跟你耗上了。

那就耗吧，看看到底谁怕谁！

在酒宴上行为失态的他，终于麻痹了刘瑾的神经，当他看见刘瑾走出大门后，那醉眼惺忪的神态立刻荡然无存，所有的智慧和勇气一瞬间都回到了他的身上。

动手的机会到了！

"陛下，我有机密奏报！"

◆ 拼死一搏！

喝得七荤八素的朱厚照被这声大喊吓了一跳，他好奇地看着跪倒在地的张永，打开了那封杨一清起草的文书。

文书上的罪名大致包括企图谋反、私养武士、私藏兵器、激起兵变等，反正是哪条死得快往哪条上靠。

看见朱厚照认真地看着文书，跪在下面的张永顿时感到一阵狂喜，如此罪名，还怕整不倒你！

可他等了很久，却一直没有任何回音。

张永纳闷儿地抬起头，发现那封文书已经被放在一旁，朱厚照的手中又端起了酒杯。

朱厚照发现张永看着自己，便笑了笑，说了几句话，也算给了张永一个答复。

这是一个载入史书的答复，也是一个让张永不敢相信自己耳朵的答复。

“这些事情不去管它了，改天再说，接着喝酒吧！”

事前，张永已经对朱厚照的反应预想了很久，但他做梦也没有想到，等到的竟然是这样一个答复！

张永怀疑自己听错了，可当他看见自斟自饮的朱厚照时，才确知自己面对的是一个怎样的处境！

话已经说出口了，宫中到处都是刘瑾的耳目，明天一早，这番话就会传到刘瑾的耳朵里，到时必定死无葬身之所！

怎么办？！怎么办？！

张永终于慌乱了，他浑身都开始颤抖，然而就在这关键时刻，他想起了半个月前密谋时听到的那句话。

“绝不可后退！以死相争！”

都到这份儿上了，拼了吧！

他突然脱掉帽子，用力向朱厚照磕头，大声说道：

“今日一别，臣再也见不到皇上，望陛下保重！”

朱厚照终于收起了玩闹的面容，他知道这句话的分量。

“你到底想说什么？”

“刘瑾有罪！”

“有何罪？”

“夺取大明天下！”

好了，话已经说到头了，这就够了。

然而张永又一次吃惊了，因为他听到了这样一句回答：

“天下任他去夺！”

这下彻底完了，这世上竟然有如此没有心肝的人啊！

张永绝望了，一切看来已经不可挽回，一个连江山社稷都不放在心上的人，还有什么是不可割舍的呢？

不！还有一样东西！

霎时，浑身所有的血液都冲进了张永的大脑，有一个回答，可以挽救所有的一切！

“天下归了刘瑾，陛下准备去哪里？！”

朱厚照的笑容僵在了脸上，他这才意识到了一样自己绝不能不要的东西——性命。

刘瑾夺了天下，自己要去哪里？能去哪里？！

玩了五年、整日都没有正经的朱厚照终于现出了原形，他的脸上第一次浮现出杀气：

“去抓他，现在就去！”

其实那天晚上，刘瑾并没有回家，他就近睡在了内值房，为的也是能够随时对可能出现的情况作出应对。

应该说，他的这一举措还是收到了一定的效果——起码方便了抓他的人。

正当他睡得安稳之时，忽然听见外面喧嚣一片，他立刻起身，大声责问道：

“谁在吵闹？”

刘公公确实威风，外面顿时安静下来，只听见一个声音回答道：

“有旨意！刘瑾速接！”

刘瑾这才穿好衣服，不慌不忙地打开了门。

然后他看见了面带笑容的张永。

第二天，权倾天下的刘瑾被抄家，共计抄出白银五百多万两，奇珍异宝文人书画不计其数，连朱厚照闻讯也特意赶来，一开眼界。

参考消息 **史上最有钱的太监**

《华尔街日报》曾经评选过全球一千年来最富有的五十人，有六名中国人上榜，他们分别是：横扫欧亚大陆的成吉思汗、元帝国的建立者忽必烈、明朝太监刘瑾、清朝巨贪和珅、晚清商人伍秉鉴、民国财政部长宋子文。这其中，刘瑾的上榜尤其惹人注目，这位既无背景、又无过人之才的太监，却凭借着手段，逐渐积累了数额惊人的财富，竟富可敌国。

但朱厚照并未因为刘瑾贪污的事实而愤怒，恰恰相反，过了一个晚上，他倒是有点儿同情刘瑾了，毕竟这个人伺候了他这么久，又没有谋反的行动，就这么关进牢里，实在有点儿不够意思。

于是他特意下令，给在牢中的刘瑾送几件衣服。

这是一个危险的信号，张永开始忐忑不安起来，万一刘瑾咸鱼翻生，自己就完了。

可是只过了一天，他就彻底地放心了，因为有一个人如约前来拜会了他——李东阳。

张永总算知道了杨一清的厉害，他不但说动了自己，料定了皇帝的犹豫与对策，还安排了最后的杀招。

李东阳办事很有效率，他告诉张永，其实要解决刘瑾，方法十分简单。

第二天，六部六科（吏、兵、礼、工、刑、户）、十三道御史（全国十三布政司）同时上书，众口一词弹劾刘瑾，罪名共计十九条，内容包括贪污受贿、教育司法腐败、控制言论等，瞬息之间，朱厚照的办公桌被铺天盖地的纸张淹没。

更为致命的是，有关部门本着认真负责的态度，重新审查了刘瑾的家，他们极其意外地发现了上千副盔甲武器（上次是疏忽了），同时还发现，原来在刘瑾经常使用的一把扇子的背后，有暗藏的兵器（上次也疏忽了），这么看来刘瑾应该是一个绝世武林高手，随时准备亲自刺杀皇帝陛下，过一把荆轲的瘾。

看着满桌的文书和罪状，还有那把扇子，朱厚照断绝了所有的慈念：

“狗奴才，你真的要造反啊！”

可是，刘瑾就是刘瑾，即使是到如此地步，他还是作出了令人惊讶的举动。

刑部按照朱厚照的指示，召集众官会审，刘瑾上堂之后，不但不行礼，反而看着周围的官员们冷笑，突然大喝一声：

“你们这些人，都是我推举的，现在竟然敢审我？！”

这句话一出口，周围的官员们顿时鸦雀无声，连坐在堂上的刑部尚书（司法部部长）都不敢出声。

刘瑾这下子来劲儿了，他轻蔑地看着周围的官员，又发出了一句狂言：

“满朝文武，何人敢审我？！”

刘瑾兄，以后说话前还是先想想的好。

话音刚落，一个人就走了上去，站在刘瑾面前大吼一声：

“我敢！”

还没等刘瑾反应过来，他又一挥手，叫来两个手下：

“扇他耳光！”

刘瑾就这么结结实实地挨了两下，被打得眼冒金星，本来火冒三丈的他睁眼一看，立刻没有了言语。

因为这个人确实敢打他，此人名叫蔡震，官虽然不大，却有一个特殊的身份——驸马。

而且这位驸马等级实在太高，他的老婆是明英宗朱祁镇的女儿，朱祁镇是朱厚照的曾祖父，朱厚照该怎么称呼老先生，这个辈分大家自己去算。

这就没啥说的了，刘瑾收起了嚣张的势头，老老实实地被蔡震审了一回。

经过会审（其实也就蔡震一个人审），最后得出结论：

刘瑾，欲行不轨，谋反罪名成立。

朱厚照批示处理意见：凌迟。

刘瑾先生的生命终于走到了尽头，以前有很多人骂他杀千刀的，现在终于实现了，据说还不止，因为凌迟的标准刀数是三千多刀，刘兄弟不但还了本，还付了息。

我一直认为凌迟是中国历史上最不人道、最黑暗的刑罚，但用在曾害得无数人家破人亡的刘瑾身上，我认为并不为过。

因为正义最终得到了伸张。

此后，刘瑾的同党也一一得到清算，足智多谋的张彩先生也很不幸，陪着刘瑾

参考消息 **永不满足的英雄**

正德五年，张永的事业达到了顶峰，先是平定了安化王之乱，接着又除掉了炙手可热的刘瑾，一时间，张永成了官员和百姓心目中的英雄。明武宗也开出了丰厚的奖赏：封张永之兄张富为泰安伯；封其弟张容为安定伯；赐张永金牌、银币，岁禄加至三百担，同时提拔他为司礼监掌印太监，过去的职务照兼。按说这样的封赏已经够丰厚了，可张永并不知足，他不断向内阁发出暗示，希望内阁奏请武宗为他的家人封侯，但内阁最终顶住压力，驳回了这一请求。

刘瑾的职业生涯

职业	太监
偶像	王振
荣誉称号	“八虎”之首、“立皇帝”、史上最有钱太监

辛酸求职期：为了找工作，挥刀自宫，幸遇伯乐，光荣地成为一名太监

↓

快速上升期：坚持学习，被选为朱厚照的侍从，成为“八虎”之一
感言：知识，改变命运

↓

短暂的低谷期：遭文官集团弹劾后，完成惊险逆转，接任司礼监
感言：笑到最后，才笑得最好

↓

事业巅峰期：排除异己，疯狂敛财，成为名副其实的“立皇帝”

↓

急速落败期：军屯改革引发叛乱，遭“倒刘”派算计倒台，被凌迟
感言：伴君如伴虎，好人没好报啊！

先生去了阴曹地府，继续去当他的谋士。朝堂上下的刘党一扫而空。

一个月后，杨一清被调入中央，担任户部尚书，之后不久又接任吏部尚书，成为朝中的重量级人物。焦芳等人被赶出内阁，刘忠、梁储成为新的内阁大臣。

经过殊死拼争，正直的力量终于占据了上风，大明王朝再次回到了正常的轨道上。

李东阳终于解脱了，他挨了太多的骂，受了太多的委屈，吃了太多的苦，等了太久太久。在那些艰苦的岁月里，所有人都指责他的动摇，没有人理会他的痛苦。

知我者谓我心忧，不知我者谓我何求！

李东阳完成了他的事业，实现了他的心愿，用一种合适的方式。与刘健和谢迁相比，他付出了更多，他的一切行为都对得起自己，对得起天地良心。

李东阳，难为你了，真是难为你了。

正德七年（1512），李东阳申请退休，获得批准，他的位置由杨廷和接替。

四年后，他于家乡安然去世，年七十。

第七章

皇帝的幸福生活

○他就如同现在所谓的反叛一代　你越让他干什么　他越不干　他不残暴　不杀戮　作出种种怪异的行为　其实只是表达一个愿望——做自己想做的事情

◆ 玩是最重要的

其实对于朱厚照而言，刘瑾先生是死是活倒也不怎么重要，只不过是换了一个玩伴而已，找谁玩不是玩啊？

之后不久，他就挑上了一个叫钱宁的人，关于这个人，就不说什么了，他身世不详，是一路拍马屁拍上来的，大家只要记住他是个坏人就行了。

刘瑾是个老头子，除了百依百顺之外，也没有什么长处。钱宁可就不同了，他那时年纪还不老，能够紧跟时代潮流，什么新鲜就玩什么。

在他的帮助下，朱厚照玩得是相当厉害，野史上对这位仁兄的记载很多，也有很多骇人听闻的事情，这里就不多说了，毕竟此文是以正史为主体的，不敢随便误人子弟，而对于朱厚照兄这么一位有性格的兄弟，还是很有必要把他的传奇事迹传扬一下的。

以下事件大都为朱厚照先生的真人真事，请诸位批判吸收，切勿模仿，出了事本人负不起责任。

首先说说那个闻名中外的“豹房”，一般人听到这个名字就会产生类似儿童不宜之类的感觉，事实上，这个豹房，也确实是有点儿童不宜。

大明“玩主”朱厚照

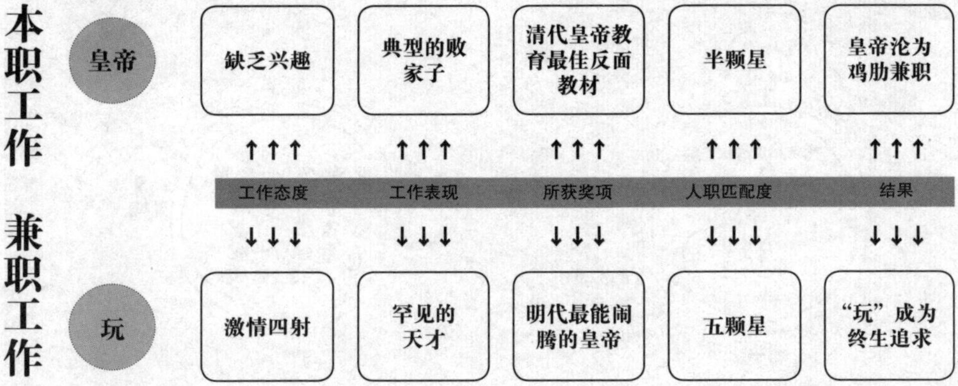

先说明，豹房，并不是包房，而是朱厚照修的一座宫殿，就在西华门附近，这位老兄每天就泡在这里，所谓三千佳丽云集的后宫也不去，那么豹房里到底有什么东西能够吸引这位老兄呢？

因为这座豹房里不但养了很多朱厚照从全国各地找来的美女和乐工，还是他的野生动物园，里面养了各种各样的动物，最多的是豹子。

为什么养豹子呢？要知道这可是朱厚照先生经过千挑万选、反复试验才决定的，他经常把野兽养在地牢里，然后把肉吊在竹竿上，让野兽来咬，久而久之，许多野兽也被他玩残了。通过仔细观察和科学实践，他发现只有豹子的积极性最高、扑咬动作最凶狠，所以他最喜欢养豹子。

参考消息　**形影不离**

钱宁本不姓钱，只因幼时被卖到宦官钱能家中为奴，因此改姓为钱。后来，他靠巴结刘瑾而接近皇帝。由于他的箭法十分高超，能左右开弓，这让从小就喜欢骑射的朱厚照十分欣赏，不久便收他为义子，对他几乎言听计从。朱厚照喜欢通宵玩乐，有时候玩累了，便直接拿钱宁当枕头，呼呼大睡起来。这可害惨了那些上朝的官员，百官一大早就候在殿门外等着上朝，却常常等到中午还不见皇帝的踪影。久而久之，百官们总结出了经验：一旦找不到皇帝，就派人悄悄地打探钱宁的消息，一看到他打着哈欠走出豹房，就知道朱厚照也快要出来了。

豹房勇士铜牌

正面

背面

豹房的功能

① 娱乐功能：明朝最大的综合游乐园

② 政治功能：正德年间的政治中心和军事总部

选择豹房的理由

① 皇宫气氛沉闷，让人备感压抑

② 临近闹市，便于微服私访

③ 靠近内校场，方便骑射

④ 远离朝廷办公区，可以避开大臣的监视

有这么个好地方，可以玩音乐、玩人、玩动物，朱厚照自然不愿离开了。

再说说女人问题，他在这方面，名声是很不好的（或者说是很好）。经多方史料反映，朱厚照先生确有可能是逛过妓院的。当然，他是换掉那套上班的黄色制服才去的，而且他也确实比较守规矩，据说从来没有赖过账。

而对于“家花不如野花香”这个法则，朱厚照也是颇有心得，他有皇后，也有数不清的妃嫔宫女，可奇怪的是，朱厚照对这些似乎并不满意。对此，我也比较纳闷，可能是那几年入宫的妃嫔素质不好，或者说是朱厚照厌倦了这种按部就班的生活。

于是他作出了一些让理学家们瞠目、老头子们叹气，甚至是他的祖辈们想都不敢想的事情。

他不喜欢年方二八、刚选入宫的少女，却喜欢结过婚的女人，汉族的看厌了，就挑少数民族的。总之，跟别人不一样就是了。

比如当时的延绥总兵马昂，因为在任时候出了点儿事，官被免了，这位仁兄是个比较无耻的人，他灵机一动，把自己的妹妹送进了宫，这本来没有什么奇怪的，可是问题在于，他的这个妹妹是结过婚的，而且丈夫还健在！

朱厚照非但不感到有什么问题，反而照单全收，十分高兴。

没过多久，他又找来了马昂：

“听说你的小老婆很漂亮？”

马昂大喜（确实无耻）：

“皇上喜欢就好。”

于是马昂的小老婆进了宫，这件事情被杨廷和知道了，据说气得差点儿用头去撞墙。

看来杨先生的心理素质还是太差，因为下面发生的事情才真可谓是前无古人，后无来者。

不久之后，杨廷和听到了一个传闻：有一个孕妇被朱厚照召进了宫。

他定了定神，然后告诉自己这不是真的，一定是谣传，一定是谣传！

可当他来到朱厚照的面前，看见这位小祖宗漫不经心地点头时，他彻底崩溃了。

这算是哪门子事儿啊！孕妇进宫，要是真生下个孩子来，那可怎么办？算谁的？想想这位大爷一向干事情没谱，他自己又不喜欢后宫那些有名分的女人，现在也没有孩子，万一心血来潮，把这个孩子收为已有，没准儿到时候大明王朝就会由这个来历不明的孩子来继承！这可怎么得了！

杨廷和越想越怕，只得吩咐手下人日夜盯紧这位小祖宗，生怕他干出更加过分的事情。

还好，在女人方面，这位大爷也就到此为止了，但杨廷和没高兴多久，因为精力充沛的朱厚照真的干出了一件惊世骇俗的事情。

根据《水浒传》记载，在古代，要想一举成名，有条最快的捷径——上山打老虎。成功人士如武松、李逵等都是光荣的好榜样，而朱厚照先生虽然已很有名，倒也想过一把打老虎的瘾。

有一天，他专门叫人弄来了一只老虎，本想自己制伏它，想了想又没胆子干，于是他朝钱宁挥了挥手，让他代劳一下。

钱宁快疯了。

他虽然一直带着朱厚照玩，可也没想到他真的玩得那么过分，连老虎都玩！

要知道，老弟我混碗饭吃也不容易，拍马屁陪着玩，那也是为了讨生活，现在竟然要豁出性命去逗老虎玩！不干！打死也不干！

他摇了摇头。

朱厚照看见了，他又向钱宁挥手，钱宁接着摇头。

钱宁不够意思，老虎却很够意思，它对朱厚照的挥手作出了友好的反应——猛扑过来。

朱厚照也立刻作出了反应——逃跑，但他自然是跑不过老虎的，在这关键时刻，一个武官站了出来，挡住了老虎，众人这才上前，控制住了老虎。

这要放在一般人身上，估计吓得不轻，可站在一边的朱厚照却毫不慌张，笑着说了这样一句话：

“我自己就够了，不用你们。”

这次杨廷和没有作出过激的反应，因为他再也承受不住更多的刺激。

这就是朱厚照先生的私生活，从以上种种表现来看，我们似乎可以给他戴上一个荒淫无耻的帽子，但我们不得不说，这种结论未必是正确的。

如果仔细分析这位先生的举动，就能发现，在他的种种反常行为背后似乎隐藏着一种独特的动机。

这种动机的名字叫反叛。

朱厚照不是一个适合做皇帝的人，因为皇帝这份工作是个苦差事，要想干好，必须日以继夜地干活，必须学会对付大臣、太监和自己身边的亲人，要守太多的规矩，有太多的事情不能做。

朱厚照做不到，因为他只是一个任性的孩子。

他就如同现在所谓的反叛一代，你越让他干什么，他越不干，他不残暴、不杀戮，作出种种怪异的行为，其实只是想表达一个愿望——做自己想做的事情。

可是一个合格的皇帝是不能做自己想做的事情的。

所以，朱厚照不是一个合格的皇帝，他也不可能成为一个好皇帝。

这才是那种种历史怪状背后的真相。朱厚照，不过是一个投错了胎、找错了工作的可怜人。

朱厚照穷尽自己的一生去争，想要的无非是四个字——自由自在。

他一直在努力。

参考消息 **尼禄二世**

朱厚照喜欢热闹，春节爱观灯又爱放烟花。正德九年正月，宁王朱宸濠趁着元宵，特意献上穷极奇巧的花灯数百盏。朱厚照十分开心，命人将这些灯挂在乾清宫里。此时乾清宫堆满了烟花爆竹，为防潮，都用毛毡覆盖着。由于防范措施不到位，灯火引燃火药，酿致宫中大火，乾清宫很快便化为灰烬。此时朱厚照正要赶往豹房取乐，得到消息后，他非但不下旨救火，反而饶有兴趣地欣赏起了火景，还拍手大笑道：“好一棚大烟火啊！”他的这一事迹，堪比在罗马大火中吟诗弹琴的尼禄，都是典型的败家子行为。

◆ 夜奔

正德十二年（1517），八月甲辰，夜。

朱厚照努力控制住自己颤抖的双手，他很少这么紧张，因为很快，他将要做一件极为冒险刺激的事情，人们都将被他蒙在鼓里，包括那些不开窍的老头子。

一个武官来到他的身边，提醒他准备出发，这个陪同者的名字叫做江彬，他就是当年那个为朱厚照挡住老虎的人。今晚的这件事情，正是他提议的。

在夜幕中，朱厚照纵马飞奔，冲出德胜门。

一场伟大的冒险即将开始，再也无人能够阻拦我！

朱厚照对老头子们的忍耐已经到了极限，这些古板的人总是阻拦他的行动，也不让他自由活动，然而他也明白，治理国家不能离开这些人，所以他一直在妥协与反叛之间摇摆。

他之所以下定决心，要私自跑出来，却与一个人的离去有着莫大的关系。这个人就是杨廷和。

正德九年（1514），杨廷和的父亲去世了，他是个孝子，所以请求回家守孝。但出人意料的是，朱厚照竟然不放他走。

朱厚照和杨廷和一直以来都保持着奇特的关系，他很反感杨廷和，因为他经常会管着自己，但他更尊重杨廷和，两人有着深厚的感情，因为杨廷和不但是他的老师，还是一个得力的助手，每当他不知道如何处理国家大事的时候，都会哀叹：

“如果杨先生在就没有问题了。”

但杨廷和实在是一个孝子，他坚持一定要回家守孝三年，朱厚照不得已同意了。

杨廷和的离去让朱厚照失去了最后一个束缚，之后的日子他经常换上老百姓的衣服，到京城附近闲逛，随着活动范围的扩大，他的胆子也越来越大。

终于，在这个夜晚，他决定去一个极其危险的地方，以证明他的勇气。

他选择的目的地是关外。

第二天一早，内阁大臣梁储、蒋冕准备进宫见朱厚照，被告知皇帝今日不办公，但很快他们就得到了宫中的可靠消息：皇帝昨天晚上已经跑了！

跑了？！

梁储的脑筋彻底乱了，他呆呆地看着蒋冕，一句话也说不出来。皇帝也会跑？跑到哪里去？去干什么？

片刻，他终于反应过来，猛拍了同样呆住的蒋冕一巴掌，大喊一声：

“愣着干什么！快吩咐备马，我们马上去追！”

祖宗！你可千万别出事，有啥意外，剐了我也承担不起啊！

这两个老头子急得眼泪都快掉下来了，叫上几个随从，快马加鞭去追朱厚照。

那边急得要死，这边朱厚照却是心情愉快，一路高歌，他终于感受到了真正的自由。很快,他们到达了北京郊区的昌平,在这里,朱厚照停了下来，发布了一道命令。

他的这道命令是发给居庸关巡守御史张钦的，意思只有一个：开关放我出去。

这位张钦实在不是个普通人，他接到命令后，不予回复，却找到了守关大将孙玺，问他对这道命令的看法。

孙玺同样无可奈何。

“既然皇上发话，那就开门让他出去吧。”

张钦听后沉默不语,孙玺松了口气,正准备去照办时,却听到了一声响亮的呵斥：

“绝对不行！”

此时的张钦突然换了一副凶狠的面孔，抓住了孙玺的衣襟：

“老兄你还不明白吗，我俩的性命就快保不住了！如果不开关，就是抗命，要杀头；开了关，万一碰上蒙古兵，再搞出个土木之变，我和你要被千刀万剐！”

孙玺的汗立马就下来了。

“那你说该怎么办啊？”

张钦坚定地答复道：

“绝不开关！死就死，死而不朽！”

事到如今，就照你说的办吧。

在昌平的朱厚照等到花儿也谢了，也没有等到开关的答复，他派人去找孙玺，孙玺装糊涂，回复说御史（张钦）在这里，我不敢走开。他无可奈何，去找张钦，张钦就当不知道，什么答复也不给他。

朱厚照没办法了，只能叫镇守太监刘嵩，刘嵩倒是很听话，趁人不备就抽了个空子想偷偷出关，他顺利到了关口无人阻拦，正暗自庆幸，却看见门口坐着个人，手里还拿着一把亮闪闪的剑。

“张钦兄，你还没休息啊？”

张钦笑了，他扬了扬手里的剑，只说了一句话:

“回去！出关者格杀勿论！”

朱厚照百般无奈，又派出了一个使者，以他的名义向张钦传达旨意：皇帝下令，立即开关放行！

张钦也很直接，他拔出了剑，指着使者大吼:

“这是假的（此诈也）！”

听到使者的哭诉，朱厚照也只有苦笑着叹气了，他不过是喜欢玩，不要人管，可守门的这位仁兄却真是不要命。

正在此时，上气不接下气的梁储和蒋冕终于赶到了，上下打量一下朱厚照，看看这位仁兄身上没有少啥部件，这才放了心。于是又是下跪，又是磕头，说我们两个老家伙再也折腾不起了，大哥您就跟我们回去吧。

前有围堵，后有追兵，朱厚照感觉不好玩了，他闷闷不乐地答应了。

所有的人都彻底解脱了，守关的回去守关，办公的回去办公，玩的回去接着玩。

◆ 再奔

梁储和蒋冕都是由李东阳推荐的，也算是历经宦海，阅历丰富了，一般的主儿他们都能伺候得了，但这回他们就只有自认倒霉了，因为要论捣乱闹事，朱厚照先生实在可以说是五百年难得一遇的混世魔王。

这二位兄弟毕竟年纪大，经验多，他们估计到朱厚照不会就这么善罢甘休，派人紧盯着他，可几天过去了，这位顽童倒也没什么行动。他们这才稍微放松了点儿。

其实朱厚照这几天不闹事，只是因为他在等待着一个消息。

很快，江彬带来了他想要的信息——张钦出关巡视了。

就在那个夜晚，他又一次骑马冲出了德胜门。

第二天，蒋冕进宫，正准备去见皇帝，却看见一个人影朝自己飞奔过来，他定睛一看，才发现原来是梁储。

这老头也顾不上他，只是一边跑一边气喘吁吁地喊：

"又跑了，又跑了！"

真是倒了血霉，怎么就摊上了这么个主儿。啥也别说了，兄弟一起去追吧。

抱着上辈子欠过朱厚照的钱的觉悟，梁储和蒋冕再次发动了追击。可是这一次，他们没有追上。

朱厚照吃一堑长一智，到了居庸关，并没有贸然行动，却躲在民房里，确定张钦不在关卡里，这才一举冲了出去，为防止有人追来，他还特意安排贴身太监谷大用守住关口，不允许任何人追来。

张钦和大臣们事后赶来，却只能望关兴叹。

至此，朱厚照斗智斗勇，历经千难万险，终于成功"越狱"。

这是一次历史上有名的出奔，其闻名程度足可与当年伍子胥出奔相比。在很多人看来，这充分反映了朱厚照的昏庸无能、不务正业、吃饱了没事干等，总之一句话，他是个不可救药的昏君。

但是很多人都忽略了这样一个细节：他躲避了张钦。

怎样才能出关？答案很简单，杀掉张钦就能出关。

其实以他的权力，杀掉一个御史十分简单，而曾驱逐大臣、杀掉太监的他也早已意识到了自己手中的权力，但他却没有这样做，而是选择了躲避。

为什么？

因为他是明白事理的，他知道张钦没有错，追他的梁储、蒋冕也没有错，错的只是他自己而已。

他懂得做皇帝的规则，并且也基本接受这个规则，但他实在无法按照这个规则去做，他只想自由自在地玩。

于是他选择了钻空子，和大臣们捉迷藏。

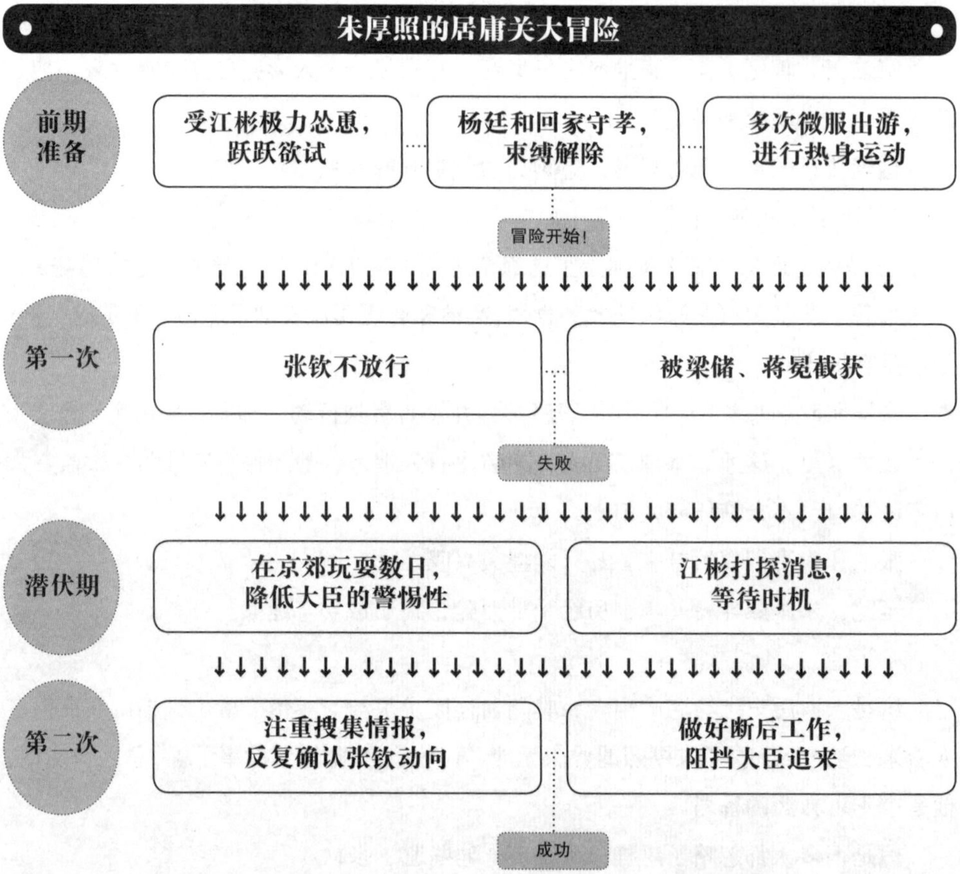

◆ 关外

一望无垠的平原，萧瑟肃杀的天空，耳边不断传来呼啸的风声，陌生的环境和景物提醒着他，这里已经是居庸关外，是蒙古士兵经常出没的地方，是一个极其危险的地方。

然而朱厚照兴奋了，因为这正是他所要的，一个埋藏在他心底多年的愿望将在这里实现。

事实上，朱厚照之所以如此执著，锲而不舍地坚持出居庸关，很大程度上是为了做一件事，见一个人。

这个人在《明史》中的称谓叫小王子。

第八章

无人知晓的胜利

○在明代的所有战役中 被故意忽视的应州之战本就不显眼 但这场被忽视的战役 却是朱厚照勇猛无畏的唯一证明

◆ 小王子

下面我们介绍一下这位小王子兄弟的丰功伟绩，不用报户口，列一下他干过的事就行了：

正德六年（1511）三月，小王子率部五万入侵河套，击败边军而去。

十月，小王子率部六万入侵陕西，抢夺人口牲畜万余。

十二月，小王子率部五万进攻宣府，杀守备赵瑛、都指挥王继。

正德七年（1512）五月，小王子率部进攻大同，攻陷白羊口，守军难以抵挡，抢劫财物离去。

正德九年（1514）九月，小王子率部五万进攻宣府，攻破怀安、蔚州，纵横百里，肆意抢掠，无人可挡。

郑重声明，这只是随便摘出来的，在历史中，很多人的名字都只是出现一两次，可这位兄弟的出镜率实在不是一般的高，每年他都要露好几次脸，不是抢人就是抢东西，再不然就是杀某某指挥、某某守将，实在是威风得紧。

这位小王子是从哪个石头缝里蹦出来的呢？那还要从也先说起。

也先自从在土木堡占了便宜，在北京吃了亏后，

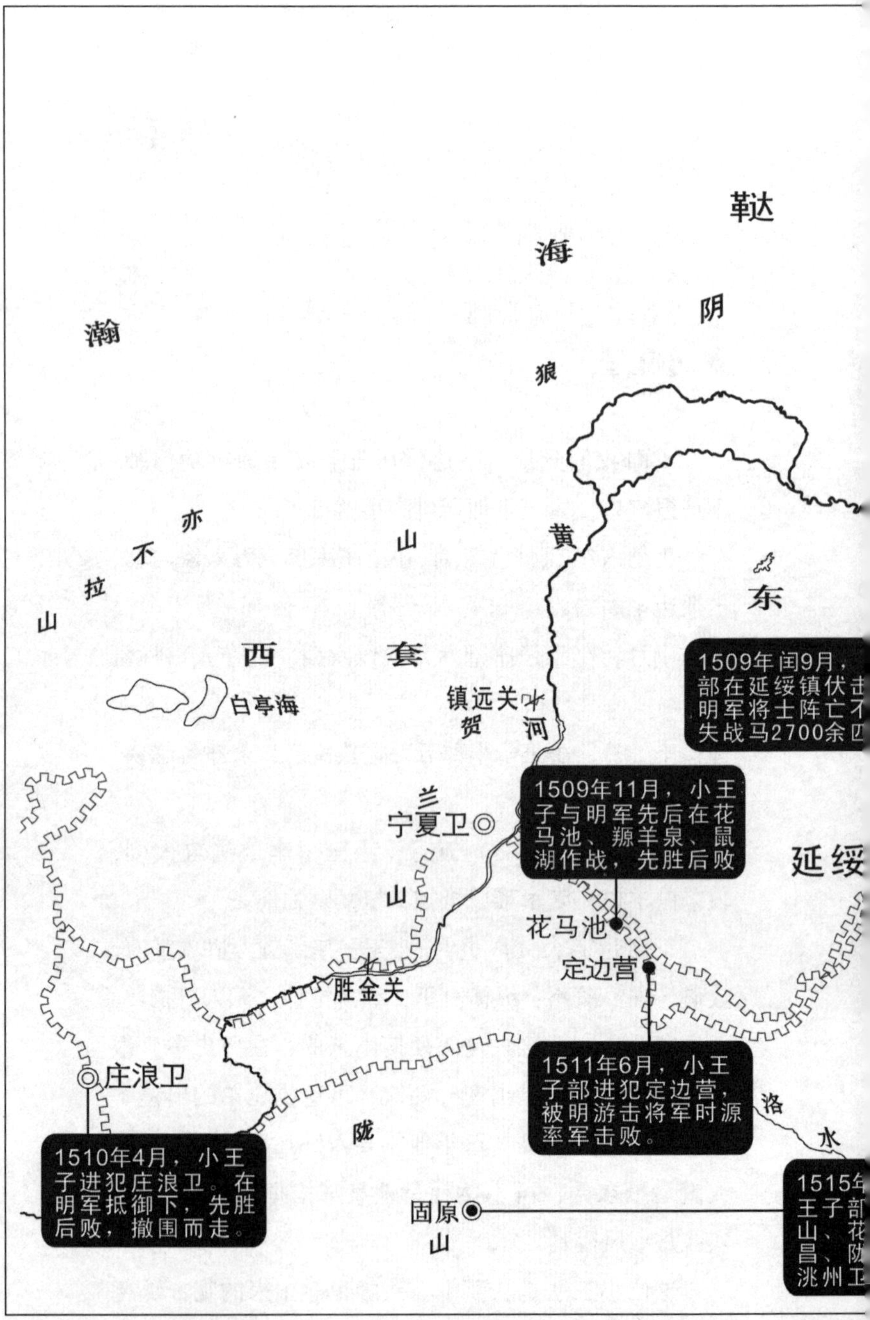

→ 小王子掠边

★书内地图中日期皆为阴历

鞑靼
瀚
海
山
1513年8月，小王子部进犯宣府万全卫。
1513年5月至6月，小王子率军在浑源、大同、新河口堡攻入边境，屡败明军，大掠而还。
1516年8月，小王子进犯明境，在贾家湾、鸡鸣山击败明军，而后大肆杀戮，劫掠而去。
1514年6月至9月，小王子先后进攻宣府、大同，明朝军民死伤惨重。
3年1月，小王子部进
同镇，明军屡战屡
小王子部大掠而还。
新河口堡
万全卫
宣府镇
阳和卫
鸡鸣山
居庸关
怀来卫
京师
北平府
大同府
浑源州
应州
草垛山
太
紫荆关
朔州
马邑
平型关
雁门关
黄
1517年10月，小王子南侵，朱厚照亲自迎战。激战后，小王子主动北撤，武宗命报捷于朝。
1513年3月，小王子先在朔州、马邑击败明军，随即在马石沟、虎儿山、天城卫败于明军。
太原府
，小王子诸
驻牧，劫掠
堡。
汾
行
顺德府
济南府
河
水
，小
水头
凉、巩
绥德、
山

势力大不如前，最终被手下杀死。他死后，瓦剌的实力消退，而另一个部落鞑靼却不断壮大。

小王子就是鞑靼部落最为卓越的人才，一位优异的军事指挥官。在他的指挥下，蒙古军队不断入侵明朝边境，把当时的明朝名将打了个遍（王守仁还没出来），从未逢敌手。

后来情况越来越严重，正德十年（1515）八月，小王子竟然发动十万大军，大举进攻边境，他兴致还不错，竟敢在明军地盘上连营过夜，长度达到七十多里！他一路走、一路抢、一路杀，未遇抵抗，而明军只能坚壁清野，龟缩不出。

如果仔细查阅史料，就会发现，明军倒也不是没打过胜仗，不过这胜仗有点儿问题。

比如正德七年八月，平定安化王叛乱的名将仇钺曾经打过一个祝捷报告，大意是，小王子近日带大军攻击沙河边境，我带着军队进行了顽强反击，一举击溃敌军。

如此胜利，实在值得庆贺，接下来我们看看战果——斩首三级。

最后报损失——死亡二十余人，伤者不计其数，被抢走马匹一百四十匹。

接到报告后，朝中的一个大臣立刻作出了真实的现场还原：一小群蒙古兵来抢马，成功抢走了马，还杀了很多人，仇钺避过风头，解决了几个落单没跑掉的人。

从此，这个小王子就成为了大臣们最为头疼的人物，说起这位大哥没人不摇头叹气，只有一个人例外。

朱厚照和他的父亲朱祐樘不同，朱祐樘是一个和平主义者，不喜欢惹事，而朱

参考消息 **满都海夫人**

小王子，又称达延汗，是蒙古历史上著名的中兴之主，他本名叫巴图蒙克，是成吉思汗第十五代孙。虽然血统高贵，但他很早就成了孤儿，寄人篱下，饱受屈辱。1479年，满都鲁汗去世，其三十三岁的遗孀满都海夫人为了维护黄金家族的统治，拒绝了很多实权派的求婚，毅然决然地嫁给了年仅七岁的巴图蒙克，并将其扶上汗位。之后，满都海夫人携小丈夫出征瓦剌，亲自指挥战斗，使瓦剌俯首称臣，接着，她又率军击败权臣亦思马因的割据力量，为达延汗统一蒙古奠定了坚实的基础。可以说，没有她，就不会有达延汗，也就不会有蒙古的再次统一，她是当之无愧的蒙古中兴之母。

厚照则恰恰相反，他最喜欢的就是无事生非，无风起浪，还爱舞枪弄棍，热衷于军事。听说有这么个劲敌，他十分高兴，一直就想出去和这位仁兄较量一下。

可大臣们一想到土木堡这三个字，就断然、坚决以及决然地否定了他的提议。

但他血液中那难以言喻的兴奋是不可抑制的，天王老子，也要去斗上一斗！

于是，在手下的帮助下，他终于迈出了第一步——出居庸关。

◆ 劲敌

朱厚照知道敌人就在身边，但他并不害怕，却还有着期待，期待着敌人的出现，特别是那个让人谈虎色变的小王子。

在这种情绪的鼓舞下，他一路快马赶到了边防重镇宣府，可他在宣府闹了几天后才发现，这里竟然十分太平，蒙古人也不见踪影。

于是他决定再一次前进，前进到真正的军事前线——阳和。

阳和就这样成了他的新驻地，他就此成为了边境的临时最高指挥官。

不久之后，大同总兵王勋收到了一封奇怪的书信，信中让他好好守卫城池，安心练兵，落款很长——“总督军务威武大将军总兵官”。

王勋纳闷了，他虽然读书不多，官员级别多少还是知道的，什么时候多了这么个玩意儿？他连忙去看最近的朝廷公文，可找来找去也没弄清楚这官是咋回事。

他又翻来覆去地看这封信，口气很大，也不像是开玩笑，后经多方打听，才知道这称号就是皇帝大人自己的。

参考消息 **个性的迎春仪式**

朱厚照在宣府时，有次参观佛寺，有个老和尚性情耿直，说了一些规谏的话，让他十分恼火。此时接近立春，要准备迎春仪式，朱厚照灵机一动，就想恶整和尚出出气。他先下旨，规定和尚和妇女也要参加迎春仪式，接着又准备了几十辆敞篷马车，车顶上悬吊着许多羊皮球。立春那天，他命和尚和妇女杂坐在大车中，由于人多拥挤，难免会有身体接触，于是很多妇女便骂和尚不守规矩，让和尚们感觉十分窘迫。等迎春车队出发后，由于道路崎岖，皮球晃来晃去，不断地在和尚头上撞击，车上的妇女也一个个东倒西歪，乱成一团。朱厚照看了之后，大笑不止，十分得意。

原来朱厚照先生还是十分认真负责的，他认为作为一个军事主帅，没有一个称号毕竟是不行的，所以他就给自己封了这么一个官，还规定了工资和福利，反正是自己发给自己，也不费事儿。

边境的将领们被他这么一搞，都晕头转向，不知所云，希望他早点儿走人，可朱厚照却打定了主意，住下就不动了。

一定要等到那个人，一定。

他最终没有失望。

正德十二年十月，大同总兵王勋接到边关急报，蒙古鞑靼小王子率军进攻，人数五万。

毫无疑问，这是一次大规模的进攻，他连忙急报皇帝大人，希望他早点儿走人，自己死了也无所谓，万一皇帝出了什么问题，自己全家都要遭殃了。

然而，朱厚照告诉他，自己不走。

不但不走，他还指示王勋，必须立刻集结部队北上主动迎击鞑靼军。

王勋接到命令，只是苦笑，他认为，这位不懂军事也没有上过战场的皇帝是在瞎指挥，自己这么点儿兵力，能守住就不错了，还主动进攻？

他叹了口气，还是率部出发了，皇帝的命令你能不听吗？据说临走时还预订了棺材，安置了子女问题。在他看来，这次是凶多吉少。

阳和的朱厚照却处于极度的兴奋之中，他盼望已久的时机终于到来了。

他听到小王子来到的消息后，当即命令王勋迎击，江彬提出反对，虽然这位仁兄着实不是个好人，却具备很强的军事能力。他认为，以王勋的兵力是无法进攻的。

朱厚照没有理会他，而是继续着他的命令：

"辽东参将萧滓、宣府游击时春，率军驻守聚落堡、天城。

"延绥参将杭雄、副总兵朱峦、游击周政，率军驻守阳和、平虏、威武。

"以上部队务必于十日内集结完毕，随时听候调遣，此令！"

江彬目瞪口呆，此刻，那个嬉戏玩闹的少年不见了，取而代之的是一个久经沙场、沉稳镇定的指挥官。

朱厚照没有理会旁边的江彬，发布命令后，他挥了挥手，赶走了所有的人。

在遇到那个人之前，必须充分休息，养精蓄锐。

百里之外，率军入侵的小王子似乎也感到了什么，他一反常态，舍弃了以往的进军路线,改行向南,向王勋的驻扎地前进。在那里,他将面对一场前所未有的挑战。

朱厚照敏锐地感觉到了对手的变化，他立即调整了部署：

“辽东参将萧滓、宣府游击时春，离开驻地，火速前往增援王勋。

“副总兵朱峦、游击周政即日启程，尾随鞑靼军，不得擅自进攻。

“宣府总兵朱振、参将左钦即刻动兵，驻守阳和，不得作战。”

然后他闭上了眼睛，开始了漫长的沉默。

江彬在一边站着，丝毫不敢吱声，但在退下之前，他还是忍不住咕哝了一句：这样的兵力还是不够的。

看似已经睡着的朱厚照突然睁开眼睛，他笑了：

“不要着急，现在才刚刚开始。”

王勋感觉自己快要完蛋了，他刚刚得知，小王子的大队人马已经朝自己开了过来，就自己手下这么点儿兵，不被人砍死也被人踩死了。谁让自己干了这么一份工作呢？看来只能是为国捐躯了。

然而就在此时，他突然得知辽东参将萧滓、宣府游击时春已经率军前来增援自己，大喜过望之下，他下令全军动员，务必英勇抗敌，与鞑靼军决一死战，坚持到援军到来。

正德十二年十月，甲辰。

战争在山西应州打响，应州之战正式开始。

小王子率军长途跋涉，终于找到了明军的主力（至少他认为如此），十分高兴，毕竟带五万人出来不容易,不捞够本钱也实在不好意思回去。二话不说就发动了进攻。

王勋十分勇猛，他知道自己兵力不多，为了不让对方看出破绽，一出手就竭尽全力去打，发动全军冲锋，这种不要命的打法也确实迷惑了小王子，他作出了错误的判断，没有敢于立刻发动总攻，给了王勋活命的时间。

双方在应州城外五里寨激战，打了整整一天，到了黄昏，小王子发现自己上当了。

对方转来转去就那么些人，自己居然被忽悠了这么久，他十分愤怒，但已经快到夜晚，为了防止意外情况出现，他命令部队包围明军，等到第二天，再把王勋大卸八块。

然而情况总是不断变化的。

第二天，大雾。

王勋乐坏了，他借着这个机会，坚持好汉不吃眼前亏的真理，溜进了应州城，让人啼笑皆非的是，等到大雾散开，他才发现，负责跟踪任务的副总兵朱峦，竟然超越了蒙古军，也跑到了自己这边。

小王子气得不行，明军非但没有被打垮，反而越打越多起来，他失去了耐心，开始集结部队，准备攻城。可还没等他准备好，麻烦又来了。

城内的守军似乎比他们还不耐烦，竟然主动出城发动攻击，小王子急忙迎敌，而他很快就发现，城内军队的自信是有原因的。

辽东参将萧滓、宣府游击时春终于率部赶到了，来得正是时候，王勋得知后立刻下令前后夹击鞑靼军。到了现在，他终于看到了一丝胜利的曙光。

不过很可惜，只不过是曙光而已，因为他的敌人是五万精锐蒙古骑兵，而统帅是卓越的军事将领小王子。

小王子的名声不是白得的，他没有被这种气势吓倒，在极短的时间内，他已经作出了准确的判断：敌军兵力仍然不足。

他冷静地发布命令，将军队分成两部分别应敌，并保持相当距离，防止敌军再次合流。

他的这一招获得了奇效，一贯投机取巧的王勋再也没能忽悠过去，反复冲击之后，他们再次被分割包围。

王勋终于无计可施了，想来想去再也没啥指望了。

也就在此时，朱厚照叫来了江彬。

"立刻集合军队，出征作战！"

江彬疑惑地看着他，没有说话，但他的问题是很明显的：

哪里还有军队呢？

朱厚照知道他的疑问，直接说出了答案：

“我之前已暗中命令张永、魏彬、张忠率军前来会战，他们已经按时到达。”

江彬终于明白了，在那些日子里，朱厚照到底在等待些什么。

朱厚照站了起来，他一改往日的调笑，满面杀气，大声对还在发呆的江彬说道：“该轮到我了，出兵吧！”

◆ 谜团

综合看来，朱厚照的策略是这样的，首先派出少量部队吸引敌军前来会战，之后采用添油战术不断增加兵力，拖住敌军，并集结大股部队，进行最后的决战。

事实证明，他的计划成功了。

丁未，朱厚照亲率大军，自阳和出发，向应州挺进。他已经迫不及待了。

包围圈内的王勋也算是久经战阵了，可他这次也被折腾得够呛，从绝望到希望再到失望，一日三变，不厌其烦。事到如今，援军也到了，接应也到了，仍然无济于事，他扳着指头数，也没有发现还有哪支部队能来救他。

当然了，他是不敢指望朱厚照的，因为这位皇帝陛下是个不靠谱的人。

天亮了，蒙古兵发动了总攻，王勋率部拼死抵抗，但仍然难以退敌，就在他即将支持不住的时候，却惊奇地发现蒙古兵突然开始溃退！

朱厚照终于赶到了，他实在很够意思，命令部队日夜不停地向应州发动奔袭，正好看到王勋被人围着打，当机立断命令部队发起冲锋，蒙古军没有防备，又一次被打散，三路大军就此会合。

朱厚照见好就收，没有发动追击，而是命令全军就地扎营，现在他手上已经有了五六万人马，足以和对手好好较量一番，他相信，那个敌人是不会就此退走的。

小王子算是被彻底打蒙了，先打王勋，没打下来，还多打出了两支部队，现在又冒出了这么个大家伙，派头不小，也不知是什么来头。

无论如何，不能就这么算数，就看看这个新来的有什么本事！

从当时的史料分析，小王子确有可能并不知道与他对阵者的身份，但无论如何，他仍然集结了自己的所有兵力，准备与这位神秘的对手决一雌雄。

第二天，仍然是大雾笼罩，小王子抓紧时间，布好阵形，准备发动最后的冲击。不久之后，雾渐渐散去，他这才惊奇地发现，明军列着整齐的队形，就在前方不远的地方等待着他。

朱厚照十分紧张，虽然自小他就向往过金戈铁马的生活，也听过那些伟大祖先的传奇故事，但当彪悍的蒙古骑兵真正出现在他的面前，叫嚣声不绝于耳，闪亮的刀锋映成一片反光，晃花了他的眼睛时，他这才清晰地意识到，打仗实在不是一件好玩的事情。

可事情已经到了这一步了，难道要缩着头退回去？

这不就是我一直等待的时刻吗？他用力握紧了手。横扫天下，纵横无敌！先祖曾经做到的事情，我为什么不可以？

尚武的精神在他的身体里复苏，勇气又回到了他的身上，在所有士兵的注视下，他拔出了佩剑，发出了声嘶力竭的呐喊：

“冲锋！”

战斗就此开始。

看见明军出人意料地发动了进攻，小王子也拼了老命，他发起了总攻令，总计十万余人在应州城外反复厮杀、你来我往，据史料记载，双方来回交战百余合，相持不下。

事实证明，朱厚照是一个优秀的指挥官，在战乱之中，他保持了镇定，还在阵中来回纵马狂奔，鼓舞士气。他这一无畏的举动大大鼓舞了明军的士气，士兵们英勇奋战，向蒙古军发动了无数次潮水般的攻击。

战争就这样进行了一天，双方也不讲什么策略诡计了，就是拿刀互砍，谁更能玩命谁就能赢！就这么折腾到了下午，看着无数如狼似虎、似打了兴奋剂的明军，蒙古军队顶不住了，小王子也撑不住了，他本来只是想来抢点儿东西就算了，却碰上了这么个冤家，结果赔了大本钱，无奈之下，只能发出那道丢人的命令：

“退兵！退兵！”

朱厚照不读书，也不讲什么战争礼仪，看到蒙古兵退却，他便下令全军追击，可惜天公不作美，一路赶到了朔州，突然又起了雾，只能打道回府。

这是一场没有详写的战争，并非我偷懒，实在是史料记载太少，因为朱厚照兄

是偷偷出来的，身边没有史官，文人也很少，他自己是半个文盲，江彬、张永、王勋都是比他还粗的粗人，总不能指望他们吧。

值得一提的是此战的战果，史书记载明军死亡五十二人，蒙古军死亡十六人，然后还有朱厚照先生的口述历史——“我亲手杀了一个！”，仅此而已。

我之前曾多次对史书上的记载提出过质疑，但这次我却可以肯定地说，这个记载的的确确是有问题的。因为这是一个违背了常识的结论。

大家可以想象一下，十万人是个什么概念，换在今天，那就是十个师，别说打仗，就是搞个军事演习，也经常死那么十来个人，即使双方拿的都是板砖，互拍几下也不止这个数。

事实上，双方是真刀真枪的互砍，而且是足足砍了一天，参战的双方既不是慈悲为怀的和尚，也不是练过气功的义和团，而金钟罩、铁布衫之类的高级货，至少蒙古人那里肯定是没有普及的。

再谈谈朱厚照讲的那句话——“我亲手杀了一个！”这句话经常被后人拿来嘲笑他吹牛，其实仔细分析一下就会发现，他说的很有可能是实话。

要知道，朱厚照先生在战场上是很显眼的，很多人无时无刻不在盯着他，众目睽睽之下，他又贵为皇帝，当众扯谎是很掉价的，而且要吹牛也不用说只杀了一个，随口说说十几个、几十个不也就出来了吗？

然而，朱厚照坚持了他的说法：“我亲手杀了一个！”

只有一个。

所以我相信，他说的是真话，而据记载，这场应州之战蒙古军总共才死了十六个人，这样看来，朱厚照运气很好，因为他手下的五万人一共才杀了十五个人。按照这个概率，他买彩票是肯定能够抽到一等奖的。

所以结论是：朱厚照被抹黑了，应州之战也被人为抹黑了。

抹黑他的人我们不好猜测，却也不难猜测。

可笑的是，抹黑的证据竟然是如此确凿，甚至连史书的记载者也留下了破绽——“是后岁犯边，然不敢深入”。

原来只是死了十六个人，赫赫有名的小王子就“不敢深入”，这样看来，他真是名不副实、虚有其表。

在明代的所有战役中，被故意忽视的应州之战本就不显眼，但这场被忽视的战役，却是朱厚照勇猛无畏的唯一证明。

谁曾忆，万军丛中，纵横驰奔，所向披靡！

只记下，豹房后宫，昏庸无道，荒淫无耻！

残阳如血，大风卷起了黄色的帅旗，注视着敌人仓皇退走的方向，得意地调转马头，班师回朝。

那一刻无上的光辉和荣耀，你知道，也只有你知道。

◆ 激化

仗也打完了，瘾也过完了，朱厚照还不打算回去，他还没有玩够，足足在外边晃荡了几个月才回去。到了正德十三年正月，他又准备出去了，可这次出了点儿问题，他的祖母去世了，不得已在家待了几天。

可没过多久，他就强忍悲痛，擦干眼泪（如果有的话），再次出去旅游。就这样，从正德十三年（1518）二月，到正德十四年（1519）二月，一年之中，他出巡四次，行程上千里，最后回到京城。

这中途，他还突发奇想，正式任命自己为“总督军务威武大将军总兵官”，本着娱乐到底的精神，他还给自己取了个名字——朱寿。

当然了，这个名字刚出来的时候是引起过混乱的，慢慢地大家也习惯了，认定了朱寿就是朱厚照，反正名字就是个符号，你叫朱头三我们大家也认了，只要别再继续改来改去就行。

大臣和皇帝之间的这场斗争就这么不断地维持着，双方你进我退，尽量不撕破脸，保持着一种微妙的平衡。

可是，到了这年二月二十五日，平衡被打破了。

这一天，朱厚照突然下诏书，表示自己在北方玩腻了，想去南方玩，可他没有想到，这道诏书竟然成了导火线。

大臣们已经忍无可忍了，杨廷和率先发难，主动上书，要求他休息两天，不要

参考消息　凯旋纪念牌

为了庆祝自己的凯旋，朱厚照一回到北京，就命银作局制作纪念银牌，在奉天殿大宴群臣时赐发：一品官银牌重二十两，二、三品者十两，上面刻有“庆功”二字，周边装饰着五彩缎带，用红绳串起，便于佩带；四、五品官及都给事中五两，左右给事中四两，给事中三两，上面刻有“赏功”二字，用青绳串起。自朱厚照即位以来，这是百官第一次从皇上那里得到封赏。结果，很多官员不太领情，给事中汪玄锡、御史李闰等人还共同上书，痛批皇帝好大喜功、劳民伤财。花了钱还没讨好，武宗陛下十分郁闷。

再出去了。

可是朱厚照的心已经玩野了，北方这片地方他不愿意待了，想去江南一带转转，因此对此置之不理。

大臣们忍耐已久的愤怒开始井喷了，很快，北京六科言官、十三道御史，南京六科言官、十三道御史、六部高级官员，甚至地方驻京官吏也纷纷上书，要求不要出行。一天到晚，朱厚照的耳边不断响起的只有相同的两个字:

“不行！不行！”

还有很多官员也趁机攻击他的其他行为，比如出外旅游、擅自出战等，话说得十分难听，甚至连亡国灭种之类的话都说出了口。

朱厚照真的生气了。

竟然如此嚣张，你们要造反吗？！

他的耐心到头了。

三月二十日，雷霆之怒终于爆发。

这一天，午门外密密麻麻地跪了一百零七个人，这些人都是上书劝诫的大臣，朱厚照特意把他们挑了出来，给了他们一个光荣的任务——罚跪。

具体实行方法是，这一百多人白天起来不用上班，就跪在这里，跪满六个时辰(十二个小时) 下班。起止日期: 自即日起五天内有效。

附注: 成功跪完可领取惊喜纪念品——廷杖三十。

这是一次十分严重的政治事件，上书的大臣们被狠狠地打了一顿，后经统计被打死者有十余人，但他们却成为了最后的胜利者。

因为当朱厚照看到那些受伤的大臣后，他犹豫了，他明白这些人是为了他好，于是他当众表示，不再去南方游玩了。

这次旅游风波就此停息，大臣们被打了屁股，受了皮肉之苦，却获得了精神上的胜利，朱厚照出了气，却留下了恶名。

所以这一次争斗，没有真正的获益者。

出现这样悲惨的一幕，要怪就只能怪朱厚照先生早生了几百年，要知道，他如果晚点儿投胎，那可就风光了去了，可以大大方方地去旅游，也没有那么多的文官来管他，历史上还能留个好名声。

到那个时候，也不用叫什么南游了，这名字太土，应该叫微服私访，叫下江南，也不用偷偷摸摸一个人去，可以带上太监、宫女、侍卫、大臣，如果有雅兴，还可以带和尚，沿路探访民情，惩治贪官，或者是带个上千人，一路吃过去，反正不用自己出钱，也没什么人反对。

根据一般剧情规律，通常走到半路上还能遇见几个美女，你来我往，你情我愿，留下一段风流天子的佳话，就此传扬千古，万人羡慕。

唉，谁让你生的不是时候呢？朱厚照先生，你认命吧。

就这么闹来闹去，到了六月，大家都不闹了，因为一个惊人的消息传到了京城:宁王叛乱了。

第九章

东山再起

○他向这个给他一生最重要启示的地方投下了最后一瞥　然后跨过重重山隘　走出了关口　重见天日

○再起之时　天下已无人可与之匹敌

◆ 仇恨

一百一十九年前，宁王朱权遇到了前来拜会他的燕王朱棣，由于一时大意，这位所有皇子中最为善战的仁兄上了哥哥的当，被绑票到了北京，帮着打天下靖难。

为了让宁王卖命，朱棣还许诺，一旦成功取得天下，就来个中分，大家一人一半。

当然了，事后他很自然地把这件事情忘得干干净净了，宁王没有计较，只是要求去杭州，过几天舒服日子，他不许。宁王还是不计较，希望能去武昌，他不许。

最后他下令宁王去南昌。宁王没有反抗，没有非议，收拾东西乖乖地去了。

宁王不是没有脾气的，只是他十分清楚，发脾气或是抗议没有任何用处，因为他没有讲条件的实力。

但他的愤怒是无法平息的，他嘱咐子子孙孙，不要忘记自己曾经受过的耻辱。

仇恨的种子代代相传，终于在这个时刻开花结果，而将其化为果实的那个人，叫做朱宸濠。

朱宸濠是一个很有抱负的人，作为宁王的子孙，他继承了祖先的仇恨和好勇斗狠的性格，同时也看透了朱厚照不是一个安心做皇帝的人，经过长时间的观察和考量，他决定采取行动。

可是很快，他就发现了一个很大的问题——没兵。

因为燕王朱棣本人是造反起家，特别防备藩王们起兵造反，所以他当皇帝的时候实行了大裁军，当然了，裁的都是藩王的护卫。

到了朱宸濠这里，几乎就是个光杆司令，一批下人亲军，还有一堆破枪烂刀，这就是他的全部家当，抓个小偷都够呛，想要造反？那也真是太逗了。

请示招兵也不可能，那相当于是在额头上写明“造反”两个字，无奈之下，他想起了中华文化中一条古老的智慧法则——走后门。

他的第一个后门就是刘瑾，送了一大堆钱后，请求恢复护卫，刘公公大笔一挥，给他批了。朱宸濠高兴得不行。

可惜过了没多久，刘公公就被剐了，接任的人没收过好处不买账，大笔一挥，又把他的护卫给裁了。

朱宸濠连眼泪都哭不出来，这钱算是白送了，他一边咒骂那些收钱不办事的恶人，一边继续筹钱送礼。这次他的目标是钱宁。

钱宁和“清廉”这两个字简直就是不共戴天，他二话不说就收下了，还明白地表示，如果有什么困难，兄弟你只管开口。

在他的帮助下，宁王的护卫再次建立，他又有了招兵的指标。可他发现，光凭这些兵还不够，思前虑后，他居然产生了一个天才的构想—— 招聘。

他招聘的范围主要包括：强盗、小偷、水贼、流氓地痞、社会闲散人员等，反正一句话——影响社会和谐的不安定因素。而且学历不限，性别不限，年龄不限，能闹事就行。

这些被招聘来的各犯罪团伙头目的名字也很有特点，比如什么凌十一、吴十三，和当年的贫农朱八八、走私犯张九四一对比，就知道这都是些什么货色。

这种兵匪一体的模式也决定了他手下部队的作战方式——边打边抢，这也是没办法的事情，由于长期从事特殊职业，他们早已养成了良好的工作习惯。

甭管怎么七拼八凑，反正人是凑得差不多了，就这么着吧。

朱宸濠的叛乱准备

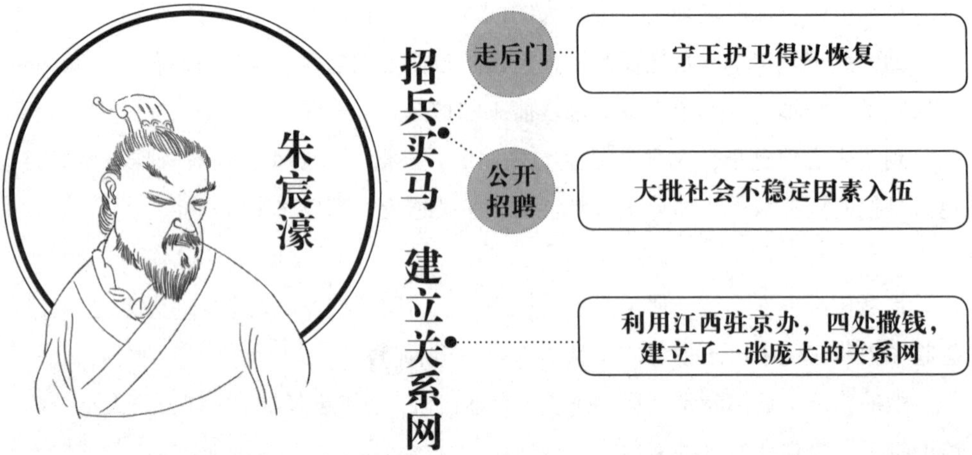

除了兵力外，朱宸濠遇到的另一个难题是关系，要想好好地、成功地造反，必须有一个良好的关系网，于是他利用当时的江西驻京衙门（相当于江西省驻京办事处）结交了很多大臣，并且广拉关系，四处请人吃吃喝喝，声势很大。

朝中大臣对他的这一举动都有所察觉，也有人上书报警，但奇怪的是，当时的内阁首辅杨廷和却对此不闻不问。

原因很简单，杨廷和收了朱宸濠的钱。

请诸位不要吃惊，这在史料上是有记载的，朱宸濠先生花钱拉关系，对这位第一把手当然不会放过，好吃好住，搞好娱乐，杨廷和先生也就睁一只眼闭一只眼了。

当然了，杨廷和并不支持、也不知道朱宸濠决心造反，他认为这个人不过想拉拉关系而已。当时的物价已经涨了，可是工资没有涨，所以杨廷和兄似乎认为收点儿黑钱也不是啥新鲜事。

生活是艰难的，工资是不够的，当时另一位重臣、忠臣杨一清也干过额外创收的事情，不过他主要是帮人写字和墓志铭，再收人家的润笔费，也算是按劳取酬，生财有道。

无论如何，朱宸濠靠着钱财铺路，打开了关系网，为自己即将开创的事业奠定了基础。从当时的时局看，朱厚照本人不太愿意做皇帝，奸臣小人如钱宁、江彬等人也十分猖獗，文官集团似乎也对朱厚照失望了。

而自己不但占据了地利，还有人在朝中接应，胜利应该很有把握。

于是，他下定决心打破和平的环境，决心用无数无辜百姓和士兵的性命去实现他的野心，从后来的事情发展看，他确实有可能成功，只是要实现这个“成功”，还要加上一个假设条件：

如果没有王守仁。

◆ 东山再起

悟道之后的王守仁老老实实在山区耕了两年地，在耕地期间，他发展了自己的哲学，成为了远近闻名的山区哲学家，当时贵州教育局的官员们经常请他去讲课，还有人专门从湖南跑来听他的课。

可这些并未改变他的环境，直到刘瑾的死亡。

王守仁终于等到了出头的一天，正德五年（1510），他被任命为庐陵知县，即将上路赴任。

整整三年，这是王守仁一生中最为重要的三年，在这里，他获知了秘密的答案，也拥有了无尽的力量和智慧。

他向这个给他一生最重要启示的地方投下了最后一瞥，然后跨过重重山隘，走出了关口，重见天日。

再起之时，天下已无人可与之匹敌。

王所长变成了王县令，终于可以大张旗鼓地干活了，可刚过了七个月，他就奉命去南京报到，成为了刑部主事。刑部的椅子没有坐热，他又被调到了北京，这次是吏部主事，然后是南京太仆寺少卿，南京鸿胪寺卿。

而到了正德十一年（1516），他竟然当上都察院高级长官左佥都御史，奉命巡抚江西南部。

翻身了，这回彻底翻身了。短短六年，他从没有品的编外人员一晃成为了三品大员，实在是官场上的奇迹。

可是官场上是不存在奇迹的，他能够在仕途上如此顺利，是因为有两个人在暗中支持他。

这两人一个是杨一清，另一个是兵部尚书王琼。

杨一清曾经见过王守仁，多年江湖滚打的经验告诉他，这个人是难得的奇才，是可以挑大梁的，所以他对此人一直十分关注，刻意提拔。

而王琼就更有意思了，这个人名声很差，擅长拍马屁、拉关系，他和钱宁、江彬的关系都很好（钱宁和江彬是死对头），常常为正人君子所不齿。

然而他却是一个不折不扣的好人，也是一个有能力的人。

坏人拍马屁是为了做坏事，好人拍马屁是为了干实事。所以在王琼那里，马屁只是一种技术手段，和人品问题没有关系。

王琼掌管了兵部，利用手中掌握的大权，颁布了很多有利于国家的政策，并废除了许多不合理的制度，而他每次提出建议，总是能够获得批准。

因为管事的钱宁和江彬都是他的哥们，兄弟的奏折自然是第一时间签字盖章的。

而他第一次看到王守仁的时候，就用一句话表达了自己的感想：

“若用此人，可保天下太平！”

他充分运用了权力，破天荒地连续破格提拔王守仁，不理会别人的嘲讽和猜测，因为他知道，自己这样做是正确的。

正德十二年（1517）正月，王守仁正式到达江西，开始履行巡抚的职责。可到

参考消息　淡定的王琼

王琼虽然名声不太好，却十分有胆略。在他担任兵部尚书期间，正遇上浙江湖州的汤麻九叛乱，势头颇为猖獗。当地巡按御史请求朝廷发兵，不料遭到王琼的斥责：“汤麻九不过是一个蟊贼，如此出兵，实在有损朝廷的威严。”他的这番话传开之后，众官相聚而谈，无不忧心忡忡。汤麻九听说朝廷不发兵，信了这番说辞，更加放肆抢掠，不加防备。王琼却在此时密令在浙江的都御使许延光讨伐汤麻九，并授以策略。许延光派手下率地方兵数千人，乘夜奔袭，恰逢汤麻九抢掠归来，正在大吃大喝，当即便将其活捉。

了这里，他才发现情况和想象的有很大不同。

原来，王琼任命他的时候，私下说是安排下基层锻炼，转转就行了。然而王守仁到地方一看，才发现他的辖区当时正盛产一种特产——土匪。

王守仁终于醒悟了，临走时王琼那老奸巨猾的面孔和奇怪的笑容立刻浮现在他的眼前。

尚书大人，你真不够意思啊。

但是哲学家王守仁是不怕困难的，当年在贵州种田扶贫都不怕，还怕打土匪吗？

可慢慢他才发觉，这帮土匪绝不是那么简单的。

他们不但人多势众，而且作战勇猛、消息灵通，更为可怕的是，在他们的背后，似乎有一股强大势力在暗中支持。

王守仁看出了这一点，他没有仓促出兵，而是仔细研究了以往剿匪的战例，终于发现了一个十分奇怪的巧合：那就是每次官兵出击，不是扑空就是中埋伏。很少能够展开作战。

土匪怎么可能知道官兵的行动？答案只有一个——卧底，在官府中有土匪的卧底。

王守仁决定解决这些人。

不久之后，他突然发布命令，表示最近要集中兵力剿灭土匪，来一次突然行动，要各军营作好准备。

然而，大家忐忑不安地等待了很久，却没有得到开战的命令，与此同时，身边的一些同事突然失踪，之后又被放了回来，而且个个神色慌张，怎么问也不开口。

这是王守仁的诡计，他先放出消息，然后派人盯住衙门里的各级官吏，发现去通风报信的就记下，回来后全部秘密逮捕。但他最高明的地方在于，这些人他一个也不杀，而是先进行爱国主义教育，再问清楚他们家庭住址和家庭成员，聊几句诸如“希望你的母亲、子女保重身体，我们会经常去探望”之类的威胁性语言。

软硬兼施之下，这些人乖乖答应当官府的卧底，成为了双面间谍。这下子土匪们就抓瞎了，很多头目就此被一网打尽。

王巡抚却意犹未尽，他决心把这场“江西剿匪记”演到底，拿出了绝招——十家牌法。

所谓“十家牌法”，通俗点儿说就是保甲连坐，十家为一个单位，每天轮流巡逻，如果出了什么事情，大家就一起完蛋。这一招实在太狠了，搞得本地土匪过年都不敢回家，只能躲在深山里一边啃树皮一边痛骂王守仁。

土匪也是有尊严的，他们再也无法忍受了，软的不行就来硬的！与其被王大人玩死，还不如拼一拼。

可惜王大人实在是一个软硬不吃的人。

可怜的土匪们不会知道，王守仁先生通常被后世人称为“四家”：伟大的哲学家、军事家、政治家、文学家。这四个称谓他都当之无愧。

所谓军事天才，就是不用上军校，拿一本盗版《孙子兵法》也能打仗的人，王守仁就属于这一类型，他不但会打仗，还打出了花样。

他的用兵方法可以用两个字形容——诡异。

别人打仗无非是敌进我退，敌退我追，兵多就打，兵少就跑。王哲学家却大大不同，他从来不与敌人正面交锋，从来都是声东击西，你往南走，他偏往北，经常搞得敌人晕头转向。

不按常理出牌也就罢了，有意思的是，这位仁兄还有个不合常理的习惯，即使兵力再少，他也敢出战，士兵不够他就玩阴的，什么挖坑打埋伏，那是家常便饭。更为奇怪的是，即使他占据绝对优势，把对手围得如铁桶一般，也从不轻易发动进攻，如果时间允许，总要饿他们个半死不活，诱使对方突围，钻入伏击圈，才开始发动总攻。

基本上这几招一路下来，神仙也会被他整死的。

公正地讲，在日常生活中，王巡抚确实是一个正直忠厚的老实人，可到了战场上，他就会立马变得比最奸的奸商还奸，比最恶的恶霸还恶。

江西的土匪们很快就要面对这位王大人了，真是一群苦命的人啊。

土匪们很快结成了同盟，集合兵力准备和王大人拼命，王守仁的手下有些担心，劝他早作准备，王守仁却满不在乎：

“一起来就一起收拾好了，也省得我去找他们，有啥可准备的？”

土匪们也听说了这句话，他们虽感觉自己的人格尊严没得到承认，比较生气，但这也同时说明王守仁轻视他们，暂时不会动手。对他们而言，这是一个很好的准备时机。

其实土匪朋友们应该记住一个真理，在战争时期，王守仁先生说的话，是要反过来理解的，否则你被他卖了还要帮着数钱。

就在他们躲在深山中休养生息的时候，王守仁突然调集军队主力大举进攻，土匪们措手不及，被堵在了赣南山区，全部都被包了饺子。

王守仁包围了他们之后，却突然不动弹了，一直置之不理，仿佛这事就不是他干的，土匪们急得不行，粮食也不够吃了，是打是抓您表个态啊！

没办法了，被逼上绝路的土匪们准备突围了。

可他们刚向包围圈发起冲锋，后路却突然出现大批人马，退路随即被切断，他们又一次掉进了王守仁设置已久的陷阱，很快被打得溃不成军。大部投降，小部逃窜。

经过这一仗，王守仁真出了大名了，那些逃回去的人又大肆宣传，说王巡抚长了八个脑袋，九条胳膊，厉害得没了边，于是剩下的土匪一合计，这个阎王是惹不起了，不如先服个软，暂时招安，反正你老王总是要走的，到时候再闹也不迟。

就这样，土匪头们手牵手、肩并肩地到了巡抚衙门，表示愿意服从政府管理，改当良民。

其实这一招倒也不坏，可到王大人那里，实在是过不了关的。

因为王大人有一个好习惯——查档案。在剿匪之前，这些人的老底他早摸得一

参考消息 **英雄相惜**

江西匪患集中在赣南，这其中，以号称“征南王”的谢志珊抵抗最为坚决。王守仁十分欣赏这位有血性的匪首，用计将其擒获后，问道：“你对抗朝廷，罪不容诛，但有这么多的同党为你卖命，倒也不失为英雄。请问你是如何做到的？”谢志珊长叹了一声：“其实并不容易！”王守仁追问：“此话怎讲？”谢志珊答道：“平时见到世间好汉，绝不肯轻易放过，必定想办法进行笼络，好酒者纵其酒，有难者救其急，坦诚相待，肝胆相照，如此，便没有不归顺我的。”谢志珊死后，王守仁十分惋惜，经常向学生提到他：“我们读书人一生求友，和谢志珊倒是不谋而合啊！”

清二楚，真心假意他心里有数。

土匪们看到王大人以礼相待，都十分高兴，以为糊弄过去了，可是没过两天，王大人突然发难，杀掉了其中几个人，而这几个人都是曾经受过朝廷招安的，对这种老痞子，王守仁是不感兴趣的。(这一条如果推广使用，张献忠早就没命了)

杀鸡给猴看，这一招用出来，就没什么人敢动了，于是假投降就变成了真投降。

就这样，烦了朝廷十几年，屡招不安、屡打不平的江西土匪被彻底扫平了，王守仁先生在几个月的时间里，连打带拉，连蒙带骗，终于解决了问题。

“江西剿匪记”在明代历史上并不起眼，但对于王守仁而言，却有着非同一般的意义。

要知道大凡历史上干哲学这行的，一般都满足两个条件：第一，智商要过硬，弱智白痴是禁止入内的（大智若愚者除外）；第二，必须是吃饱了没事干（饭都吃不饱还搞啥哲学）。

哲学有这么高的门槛，是因为它是世间一切科学的基础，如果你够厉害，理论上是什么学科都可以搞得定的。

别人我不敢说，至少王守仁先生是符合这两个条件的，他已经成为了一个哲学家，而这帮赣南土匪正好为他提供了另一个机会——突破的机会。

因为随着时间的流逝，王守仁终于发现光懂得哲学是不够的，整天谈论“心学”并没有什么效果，“心学”并不能打跑土匪，他隐约地感觉到，要想理论联系实际，成功立业处事，还需要另一种神秘的工具。

经历了穷山野岭的荒凉、无人问津的落寞、曾经悟道的喜悦后，王守仁又一次来到了关口，在江西的两年，由于遍地都是土匪，他只能四处出差专职剿匪，没有时间去研究他的哲学。

上天没有亏待王守仁，正是在这金戈铁马、烽火连天的两年中，王守仁逐渐找到了这一样工具，并且熟练地掌握了它。

有了这件工具，他才能超越众多的前辈，成为理学的圣贤。

有了这件工具，他才能成就辉煌武功，为后人敬仰。

有了这件工具，他的哲学方为万人信服，远流海外，千古不朽。

而后世的名臣徐阶、张居正也正是借助了这件工具，建立不朽功勋，名留千古。

这件工具的名字叫做“知行合一”。

关于知和行的关系，是中国哲学史上的一个根本问题，这个麻烦从诸子百家开始，一直到后来的孙中山，历时几千年，骂了无数次，吵了无数次，始终无法解决。

我也不能解决，但我可以解释。

其实这个问题说穿了，就是一个理论和实践的问题，有人认为知易行难，懂得理论是容易的，实践是很难的；有人认为知难行易，领悟道理很难，实践很容易。

比如朱圣人（朱熹）就主张知难行易，这也好理解，按照他那个“格”法，悟道是很难的，但执行似乎是很容易的。

大家可能很难想象，但就是这么个玩意儿，折腾了上千年，直到今天，都没停过。

此刻王守仁站了出来，他大声喊道：

懂得道理是重要的，但实际运用也是重要的！

这句话的真正意思是：要想实现崇高伟大的志向，必须有符合实际、脚踏实地的方法。

这绝不仅仅是一句话，而是一种高深的处事和生活智慧，足以使人受用终身，所以它看起来很容易明白，实际上很不容易明白。

二十多年后，有两个人先后读了他的书，却都看到了“知行合一”这句话，一个人看懂了，另一个人没有看懂。

看懂的那个人叫张居正，没有看懂的那个人叫海瑞。

四百年后，有一个年轻人看到了这句话，佩服得五体投地，以此作为自己的终身行为准则，并据此改名——陶行知。

◆ 不祥的预兆

领悟了“知行合一”的王守仁不再空谈理论和哲学，因为残酷的现实让他明白，光凭说教和四书五经是解决不了问题的，要让土匪放下手中的刀，最好的方法是用火枪。

怀揣着这种理念，王守仁即将迎来自己人生中最为艰难的考验。

对这些土匪，他一直十分纳闷，既不经看，也不经打，如此一群废物，怎么就敢如此嚣张搞规模经营呢？而在讯问土匪时，他终于找到了这个问题的答案——宁王朱宸濠。

毫无疑问，这些土匪的背后或多或少有着朱宸濠的影子，身为一个藩王，却去和强盗打成一片，总不能理解为深入群众吧。

知县拉关系是想升知府，侍郎拉关系是想当尚书，藩王拉关系是想……

于是王守仁很快找到了答案，唯一可能的答案。

问题严重了，他立刻跑去找孙燧。

孙燧，时任江西巡抚，浙江余姚人，不但是王守仁的老乡，也是他同朝为官最好的朋友。

当时的王守仁只是江西南部（赣南）巡抚，且主要任务就是剿匪，这么大的事情，他没法拍板当家，只能找孙燧。

然而，当他跑到巡抚衙门，找到孙燧上气不接下气地说完这件事情后，却只换来了一个奇怪的反应。

孙燧是苦笑着听他说完的，然后他叹了一口气，只说了一句话：

“兄台你现在才知道？”

这下轮到王守仁傻眼了。

正德十年（1515）十月，河南布政使孙燧接到了一份命令，中央决定提升他为都察院右副都御史，这本是一件好事，但孙燧却高兴不起来。

因为后面还有一个任命——派江西巡抚。

江西，对当时的朝中官员来说，是一个死亡之地。

就在几年前，江西巡抚王哲光荣上任，可没多久，他竟突然离奇死亡了。朝廷派董杰接替他的位置，才过了八个月，董杰兄也死了，死得不明不白，后任的两位巡抚还没干到一年，就自动收拾包裹回来了，宁可不做官，也不在那里住。

其中奥妙，朝廷的高级官员都心知肚明，却不吱声。

收了人家的钱，自然不好吱声。

可是江西不能没有人去，也不知是哪位仁兄和孙燧有仇，竟然推荐了他。孙燧就这样被推到了悬崖边上。

然而孙燧回答："我去！"

他叫来了自己的妻子，跟她交代自己的后事，妻子吓得不行，问他是怎么回事。孙燧只是叹气说道：

"这次我要死在那里了。"

"既然如此，那咱不当这个官，不去还不行吗？"

"国家有难，自应挺身而出，以死报国，怎能推辞！"孙燧义正词严地回答。

他遣散了所有的下人，安置好家人，告别妻子，带着两个书童，就此踏上不归路。

到江西后，他却十分意外地受到了宁王的热烈欢迎，送钱送物不说，还时常上门探访，可谓热情之至。

但孙燧拒绝了，他还了礼物，谢绝探访。这是因为他很明白，拿了人家的东西，就要给人家办事。而宁王要办的事情叫做谋反，现在收了东西，将来是要拿脑袋去还的。

然而之后不久，他就发现身边的人都在监视着自己，无论他干什么事情，宁王总是会预先知道，有时还会故意将他在某些秘密场合说过的话透露出来，甚至他的住处也时常有可疑人员出没。

面对这一切，孙燧并没有屈服，他依然毫无畏惧地留在了这里。

因为，留在这里是他的职责。

看着这么个软硬不吃的家伙，宁王十分头疼，无奈之下只能出暗招，他派人给孙燧送去了四件东西——枣、梨、姜、芥。

看到这些东西，孙燧笑了，他知道了宁王的意思——早离疆界。

之后的事情就出乎宁王的意料了，孙燧十分大方地吃掉了这些特殊的"礼品"，却一点儿也不动窝。

在如此险恶的环境中，孙燧独自坚持了四年，而现在，他终于有了一个战友——王守仁。

可这二位一合计，才发现他们根本没有胜算，说起来两人都是巡抚，却都是空架子，王守仁手上也没有兵，因为明代规定，巡抚并无兵权，需经过中央审批，方可动用，王大人平日手下只有几个民兵组织，抓扒手维持治安也还凑合，哪里能去打仗？

千辛万苦,终于找到了组织,可组织也没办法,二位同乡又陷入了无言的彷徨中。

孙燧和王守仁不知所措的时候，宁王却正干得起劲儿。

◆ 天才的悲剧

从宁王朱宸濠的行动来看，他始终遵循着这样一条人生格言：谋反大业，人才为本。

从史料分析，这位仁兄虽有野心，但智商并不很高，很多事情都解决不了，为了弥补自己的弱点，他挂出“高薪招聘”的牌子，在社会上广泛招募人才。

因此上门的人不少，可是经过面试，朱宸濠发现混吃混喝的居多，有才能的几乎没有，只有一个叫刘养正的还勉强凑合，便就此拍板，任命他为造反行动总助理。

之后又有一个叫李士实的，先前做过侍郎，后来辞官回家，朱宸濠感觉他也不错，就一起招了回来，安排他再就业。

但这两个人并不能让朱宸濠满意，他十分纳闷儿，人才都去了哪里？

这个问题我来回答：都去考试做官了。

朱宸濠同志生不逢时啊，要知道，人才这种稀缺资源，只有在朱元璋那天下大乱的年头，才会四处乱跑混饭吃。太平盛世，谁肯提着脑袋跟你造反？还不如好好读书，混个功名，这才是真正的正道。

再看看他手下这两个人才，一个刘养正，举人出身，进士考不上，仗着读了几本兵书就敢说自己熟读兵法，运筹帷幄，除了能侃，啥用都没有。

还有那个李士实，朝廷混不下去了，回家到宁王这里吃闲饭，据说除了点头举手同意，就没有干过什么事情。

就是这么两个货色，居然被他当做卧龙、凤雏养着，也算别有眼光。

其实朱宸濠知道自己缺人才，但他也没有办法，正当他为此愁眉苦脸的时候，有人告诉他，已经在苏州找到一个真正的人才，若此人加入，大业必成。

朱宸濠大喜，准备派人去请这个人。

说来惭愧，此人已经被我们丢到后台整整二十年了，现在是时候请出来了。

伯虎兄，上场吧！

二十年前，唐伯虎上京赶考，落得一个悲惨的下场，好歹出了狱，他本想振作精神，回家过点儿平静的日子，可当他返乡后，才发现一切都超出了他的预料。

原先笑脸相迎的乡亲已经换了面孔，除了藐视还是藐视，他的书童下人也不再崇敬他，有时竟然还敢反客为主，大声训斥他。他的老婆非但不体谅他，还时常恶语相向。

更让他痛苦的是，连在家门口看门的旺财看见他也是“汪汪”大叫，追着他来咬。

这并非玩笑，以上描述出自唐伯虎给朋友的书信，每一个字都是残酷的事实。

在残酷的事实面前，唐伯虎彻底绝望了，他不再相信圣贤之言，也不再寒窗苦读，他已经失去了做官的资格，读书还有什么意义？

从千尺高台跌落下来，遭受无尽的歧视和侮辱，从此他没有梦想，没有追求，他只需要一样东西——醉生梦死的快乐。

从此他开始在全国多个地方的著名妓院流窜，由于他文采出众，迷倒了很多风尘女子，甚至许多人主动来找他，还愿意倒贴，也算是个奇迹。

参考消息　**唐伯虎的不幸婚姻**

在明代流传下来的话本中，唐伯虎“家有九妻”的同时，又化名华安追求秋香。但实际上，唐伯虎一生的三次婚姻都十分坎坷：十九岁时娶徐氏，夫妻感情特别好，正当他踌躇满志之时，父母接连病故，妹妹自杀身亡，心爱的妻子也因产后虚弱撒手而去，刚出生的孩子只活了三天便夭折了；二十七岁时，他高中解元后迎娶何氏，幸福似乎又在向他招手，但很快他就被卷入科考舞弊案中，前途尽毁，何氏不堪其苦，弃他而去；三十六岁时，他顶住压力，迎娶了青楼女子沈九娘，夫妻恩爱，琴瑟和鸣，可惜没过几年，九娘就因操劳过度去世了。唐伯虎遭此打击，之后再没动过续弦的念头，孤独终老，死时连棺材钱都是朋友凑的。

所谓风流才子的称号也正是从此刻开始传扬的，毕竟风流倜傥、纵意花丛是许多人所梦想的，但他们不知道，在唐伯虎那纵情的笑容背后是无尽的酸楚。

就在唐伯虎人生最低谷的时候，朱宸濠来到了他的身边，伸出了手——将他推向了更低谷。

接到朱宸濠的邀请，唐伯虎一度十分高兴，就算当不了官，给王爷当个师爷倒也不错，而朱宸濠对他的礼遇也让他感到自己终于找到了明主。

然而很快，他就发现朱宸濠这个领导不太地道，他总是和一些不三不四的土匪流氓接触，而且囤积了很多粮草、兵器，还经常看着全国地图唉声叹气，握紧拳头做义愤填膺状。

怕不是要造反吧？

逛妓院虽然名声不好，也就是玩玩而已，这可是个掉脑袋的事情啊，还是快点儿溜号吧。

有饭吃、有妓院逛的唐伯虎没有朱重八那样的革命觉悟和革命需求，他不过是想混碗饭吃。

问题是，你想走，就能走吗？

让你看了那么多的机密，知道了内情，不把脑袋留下，怎么舍得让你走呢？

四十九岁的唐伯虎面对着生命威胁，又一次迸发了智慧的火花，他决定学习前辈的经验——装疯。

只有装疯，才能让朱宸濠相信，他什么也没有看见，即使看见了也不会说话，即使说话也不会有人信。

唐伯虎到底是才子，装疯也装得很有风格，比当年吃狗屎的袁凯厉害得多，因为他想出了一个绝招——裸奔。

真是舍得下本钱啊。

从此，伯虎兄摒弃了传统观念，坚决一脱到底，光着身子四处走，看见大姑娘就上去傻笑，还经常高呼口号："我是宁王的贵客！"

他这一搞，整个南昌城都不得安宁，许多人纷纷出来看热闹，朱宸濠的面子算是给丢光了，他气急败坏，连忙下令赶紧把这位大爷送回苏州，别在这里丢人

现眼。

终于虎口脱险的唐伯虎松了一口气，但在庆祝劫后余生的同时，他对人生也已经彻底绝望。

他此后的生活可以用四个字来形容——彻底堕落。

夜以继日地饮酒作乐、纵情声色，摧垮了他的身体，却也成就了他的艺术，他的诗词书画都不拘泥于规则，特别是他的人物画，被认为三百年中无人可望其项背。

但也就到此为止了，四年后（嘉靖二年，1523），这位中国文化史上的天才结束了自己坎坷的一生，永远归于沉寂。

有时，我也会看电视上那些以唐伯虎为原型的电视剧，看着他如何智斗奸臣，看着他如何娶得美人归，这些情节大都十分搞笑，但无论如何，每次我都笑不出来。

因为在我的脑海里，始终浮现着的，是那个真实的唐伯虎，是那个意气风发的年轻人、怀才不遇的中年人、心灰意冷的老人，是那个在无奈中痛苦挣扎、无比绝望的灵魂。

只有那首桃花歌仍旧在诉说着他的心声，萦绕千载，从未散去：

别人笑我太疯癫，我笑他人看不穿。

不见五陵豪杰墓，无花无酒锄作田。

唐伯虎的悲情人生

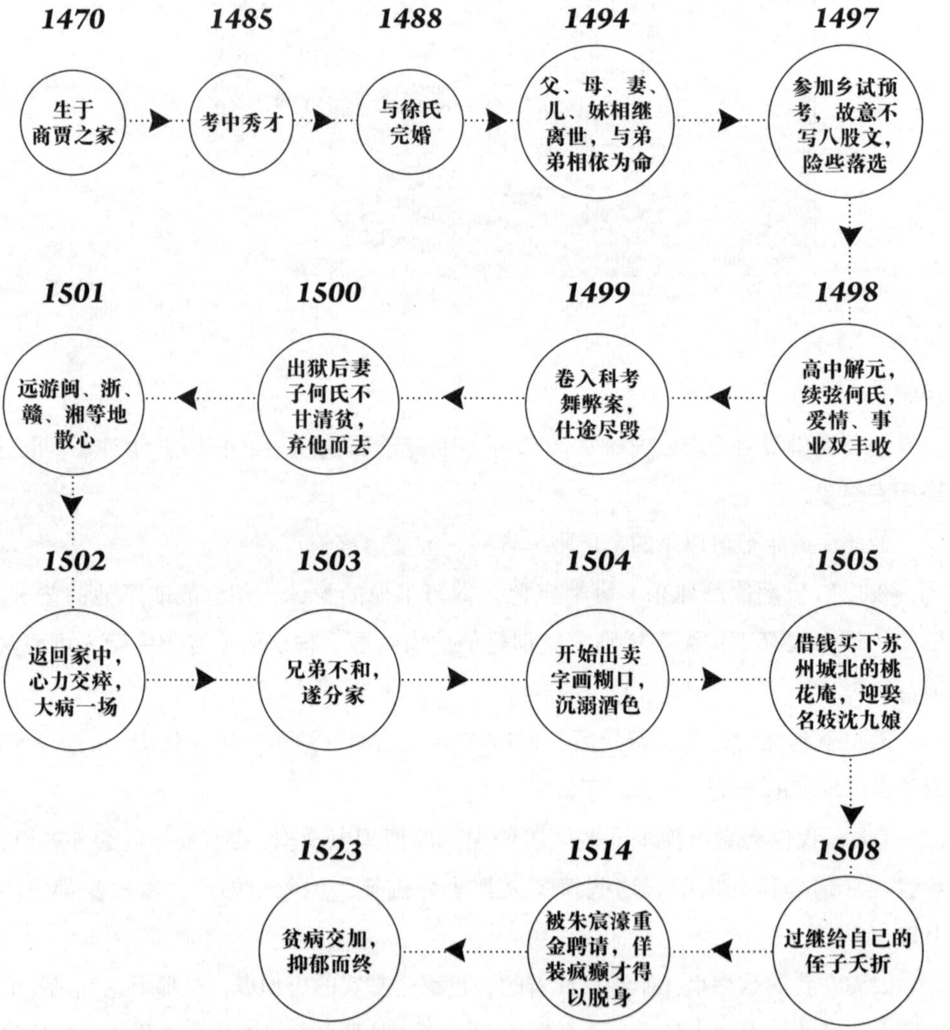

第十章 孤军

○ 他痛恨杀害孙燧 发动战争的宁王 却从未被愤怒冲昏头脑 他十分清楚凭借目前的兵力 绝对无法战胜对手 眼下他只能积蓄力量 等待时机的到来

◆ 诀别

送走了唐伯虎的朱宸濠没有丝毫的忧伤愁绪，他正鼓足精神，准备着自己的造反事业。

王守仁与孙燧的暧昧关系没有逃过他的眼睛，对这两个人，他一直十分头疼，孙燧就不说了，王守仁他也是久闻大名，将来一旦动手，此二人将是最强大的敌手。

但目前是造反的最关键阶段，毕竟是两个巡抚，如果私下派人黑了他们，恐怕要出乱子，可要是放任不管，又似乎不太妥当。

此时，刘养正却提出了一个疑虑，打断了朱宸濠的思索。

“如果他们把这里的情况上奏朝廷怎么办？”

朱宸濠看着担忧的刘养正，突然笑了：

“这个问题你不用担心。”

说话之间，他突然想出了一个主意：

“你去找人通知孙燧和王守仁，我要和他们见一面。”

孙燧和王守仁也正在商量着对策，在对目前态势进行仔细分析后，王守仁得出了一个我方前景的科学预测——死路一条。

孙燧十分同意这个观点。

皇帝是不能指望了，朱厚照兄也没工夫答理这些事情，能给皇帝递话的那几个宠臣，如果没有钱是打不通关系的。而根据最新消息，拥有兵权的江西镇守太监也已经被朱宸濠收买。

现在是彻底的“三没有”状态：没有兵、没有将、没有人管。四周都是朱宸濠的人，天罗地网，无所遁形。

这种情形在兵法里有一个特定的称呼——“绝地”。

“那就向朝廷内阁直接上书吧。”王守仁提出了似乎唯一可行的建议。

然而孙燧摇了摇头，反问了一句：

“有用吗？”

自从朱宸濠招兵买马以来，从言官、御史到各级地方官员，告他的人数不胜数，可没一个人能够告倒他。

为什么？

除了有宠臣钱宁保他之外，内阁中的那个人和他也有着扯不清、道不明的关系。

对于那个人，王守仁并不陌生，他明白孙燧的意思。

唯一的一条路似乎也不通了，王守仁又陷入了冥思苦想之中。

忽然他眼睛一亮，有了一个想法：

“还是写封书信送到朝廷去吧。”

孙燧有点儿不耐烦了：

“不是告诉过你没用吗？”

“你误会了，不是给内阁，而是送给另一个人的。”

王守仁的脸上露出了狡黠的笑容。

“我只是要一样东西而已。”

朱宸濠的使者到了，他通知两人，朱宸濠邀请他们吃饭，务必赏光。

王守仁和孙燧对视一眼，立刻答应了。

这次宴会的日期大致在正德十四年（1519）的四五月间，距离最后日期的到来已经很近了，双方将在这场宴会上展开撕破脸前的最后一场交锋。

出人意料的是，宴会是在和睦的气氛中开始的，朱宸濠似乎也不想谈其他问题，只是关心地问王守仁是否习惯这里的生活，是否缺少生活用品等，王守仁作了得体的答复，但他并没有放松警惕，因为他知道，这场宴会绝不会如此简单。

果然，不久之后，朱宸濠还是发难了。

他愁眉苦脸地叹了口气，说道：

"皇上总是出巡，国事也不怎么理，如此下去怎么得了啊。"

王守仁愣住了，这是一句很犯忌讳的话，朱宸濠竟然公开说出来，莫非是想摊牌？

可还没等到他反应过来，旁边一个人突然站起来，厉声说道：

"世上难道没有汤武吗？"

这句话实在太要命了，王守仁立刻转身，寻找发言人，然后他发现了满面怒容的退休侍郎李士实。

话说到这个份儿上，不能不还击了。

王守仁纹丝不动地坐着，平静地接了一句：

"汤武再世也需要伊吕。"

幕后人物终于出场了，朱宸濠接着回答：

"汤武再世，必定有伊吕！"

王守仁还是那副平静的表情：

"有伊吕，还怕没有伯夷、叔齐吗？"

听到这句话，朱宸濠涨红了脖子，半天说不出话来。

这是一段不太容易理解的对话，我来解释一下，他们谈论的汤武等人都是商代的著名人物，这里就不一一介绍了。这段话用我的语言来翻译，大概是这个样子。

"世上没有敢造反的人吗？！"

"有造反的人也需要一个得力的帮手。"——此处意思是你李士实没有什么能力。

"有人敢造反，就一定会有得力的帮手！"

"即使你有得力的帮手，但国家一定会有忠臣！"

大意翻译完毕，换到今天，这样说话的人应该被拉出去修理一顿。

宴会的气氛突然变得紧张起来，双方都不发一言，以沉默互相对抗。

此时，孙燧突然站了起来，对朱宸濠的热情款待道谢。

大家都如释重负，王守仁趁机提出道别，这场剑拔弩张的宴会就此结束。

朱宸濠本想借着这次宴会摸摸王守仁的底，他基本达到了目的。

而王守仁和孙燧却在宴会上感受到了浓厚的杀意，他们已经感到，反叛的刀锋正向他们不断逼近。

之后环境变得更为恶劣，来历不明的人开始在街头成群结队地出现，拿着刀剑招摇过市，地方官员都睁一只眼闭一只眼，谁也不去管。王守仁和孙燧则成了重点保护对象，他们的住所周围整天都有朱宸濠的人严密监视。

就在这日渐恐怖的环境中，王守仁终于等到了他要的东西。

不久之前的那封神秘的信，朝廷内的接收人并不是内阁，而是兵部尚书王琼。

在信中，王守仁向自己的老上级只要了一样东西——旗牌。

旗牌是明代的一种制度规定，这里就不多说了，我们只介绍一下它的作用——调兵。

王守仁之前征讨土匪时曾经拿过旗牌，之后又还了回去，也算是有借有还，这不是王守仁的品德好，其实他老兄不想还，可是又不得不还。

因为明代的朝廷绝不允许地方拥有军事力量，所有的军队都要统一听从国家中央指挥。

但眼下这个环境，宁王造反只是个时间问题罢了，一旦事发，没有准备，大家只能一起完蛋。

所以王琼破例给了王守仁使用旗牌的权力，宁王实在太可怕了，宠臣中有人，内阁中也有人，朝中大臣很多都收过他的钱。而王守仁和孙燧什么都没有。

这是我唯一能提供的帮助，剩下的一切只能靠你自己。

得到许可、拿了旗牌的王守仁十分高兴，他兴奋地跑去找孙燧。

可当他来到巡抚衙门，告诉孙燧这个消息时，他的这位同乡不但没有丝毫喜悦，反而端正地整理了身上的官服，说出了一句王守仁做梦也想不到的话：

“你还是离开这里吧。”

王守仁呆住了，他正想说点儿什么，孙燧却摆了摆手，说出了他必须离去的缘由。

“那样东西（旗牌）现在还没用。”

王守仁恍然大悟。

他们不过是两个小小的巡抚，对方却是藩王，总不能自己先动手吧，所以现在这玩意儿还不能用。

现在不能用，那什么时候能用呢？

很简单，宁王谋反的时候就能用了。

谋反不是搭台唱戏，到了那个时候，不肯屈服的孙燧必定是第一个被害者。

王守仁彻底明白了，孙燧的意思是，他将在这里留守，直到宁王杀掉他为止。

而在他死去的那一天，才是可以使用旗牌的时候，逃出去的王守仁将拿起这件工具，起兵反抗，平定叛乱。

孙燧抱着必死的信念，把生的希望留给了王守仁，因为他相信王守仁一定能够完成平叛的重任。

他所要做的只是从容赴死。

“那你和我一起走吧。”这似乎是一个两全其美的方法。

“我是国家委派的江西巡抚，这里就是我的职责所在，死也要死在这里！”

王守仁没有多说什么，他理解，也尊重孙燧的这种选择。

他整好衣冠，郑重地向孙燧作揖行礼，然后大步离去。

参考消息　三人好做事

弘治五年，二十一岁的王守仁参加浙江乡试。据说监考员夜半巡场时，突然撞见两个巨人，一个穿着红衣裳，一个穿着绿衣裳。两个巨人东西相对而立，大声说道：“三人好做事。”说罢便消失了。等到发榜时，王守仁与孙遂、胡世宁三人同时中举。其后宁王朱宸濠之乱，胡世宁发其奸，孙遂死其难，王守仁平其乱，巨人的话应验了。这件事虽是记载在《王阳明年谱》之中，但很可能是后人附会的“名人神化”的传说，后人就权当一个有趣的掌故吧。

对着王守仁那渐行渐远的身影，孙燧大声说出了他此生最后的祝愿:

“伯安（王守仁字伯安），珍重！”

王守仁听到了这句话，却没有回头，因为他知道，要报答这个勇敢无畏的人，他还有很多事情要做。

◆ 惊变

孙燧的判断是正确的，因为几乎就在同一时刻，朝中发生了一件事情，而这件事最终让朱宸濠的阴谋败露了。

宁王朱宸濠一度很自信，因为他已经买通了钱宁、杨廷和等朝中位高权重的人，自认为后台够硬，可他没有想到，他的这番动作却得罪了一个更为强势的人。

这个人就是江彬。

江彬是武将出身，陪同朱厚照出巡北方，还参加了多次战斗，很受朱厚照的信任，红得发紫，这下子钱宁就不高兴了，因为他的特长只是拍马屁，而江彬则比他多了一门技术，不但能拍马屁，还能陪着皇帝打仗。

一来二去，两个人就成了冤家，互相寻找对方的破绽。江彬先下手为强，决定在宁王的身上做文章。

这个消息不胫而走，经过路边社的报道，越传越广，很多对钱宁不满的人也准备借这个机会下一剂猛药。

恰好此时，一贯善于随机应变的杨廷和也感觉到不对了。照这么个搞法，宁王那边要出大问题，到时自己也跑不掉。他决定解决这个难题。

于是在众人合力之下，朱厚照决定派人去警告一下宁王，让他老实一点儿。

事实证明，杨廷和先生受人钱财，替人消灾，还是很够意思的，他特意跟使者交代，只要把意思传达到就行了，没有必要把事情搞大。

为解决这件事情，杨廷和费尽了心机，用尽了脑筋，四处周旋，本以为能天衣无缝地做到功德圆满，可惜，他还是疏忽了致命的一点:

朱宸濠先生的心理素质不过关啊。

当皇帝使者前来的消息传到南昌的时候，朱宸濠正在举办他的生日宴会，听到这件事情，他十分吃惊，当即停止宴会，找来了刘养正商量对策。

面对着朱宸濠期待的目光，刘养正十分镇定，不慌不忙地对这件事情作出了客观科学的分析：朝廷中的关系都已经打通，而且一直无人通报此事，现在突然派出使者前来，一定是有了大的变故。必须立刻行动，否则可能性命不保。

“事情紧急，刻不容缓，应该动手了！”

刘养正是个让人哭笑不得的家伙，读书没心得，进士也考不中，却整天目空一切，杨廷和先生神童出身，考试成绩优秀，在官场混了二三十年，好不容易想了个辙，准备大事化小，却被这位仁兄插了一杠子，非要捅破天不可。

这么看来，科举还真算是个好制度。

朱宸濠紧张了，他相信了刘养正的说法，这是很正常的，以他的资质也就能和刘养正这一类人混了。

他决心造反了。

但在此之前，必须先解决孙燧这个令人头疼的人物。

所以他特地选定了谋反的日期——明天。

明天是正德十四年（1519）六月十四日，这一天孙燧和巡抚衙门的官员将要到王府祝贺他的寿辰。而那时，将是动手的最好时机。

第二天。

孙燧带着他的巡抚班子来到了宁王府，然而一进府内，他就大吃一惊。

因为在祝寿的会场，除了来宾外，竟然还有另一群不该出现的人—— 几百个身穿闪亮盔甲、手持利刃的士兵。

扑面而来的杀气让孙燧打了个寒战，他意识到，今天可能要出事。

很快，宴会的主角宁王出场了，他的脸上没有过生日的喜悦，却似乎有着无尽的悲痛。

他哭丧着脸，向在座的人开始诉说他痛苦的原因：

“告诉大家，孝宗皇帝（朱祐樘）抱错了儿子啊！”

大家都傻了，这种八卦猛料您是怎么知道的？

宁王兄看见大家都被镇住了，越发得意：

“好在太后发现了，现在她已经下诏，让我起兵讨伐朱厚照，就是这么回事，大家知道了就行了。”

忽悠，您就接着忽悠吧。

孙燧最先反应了过来，事到如今，他也不讲什么礼数了，两步跑到宁王面前，伸出了手：

“太后的诏书呢？！”

朱宸濠把眼一横，风度也不要了：

“你少废话！我现在要去南京，你识相的就跟我一起走！”

孙燧终于发火了：

“你嫌命长啊！还想让我和你一起造反？！白日做梦！”

孙巡抚的反应很快，说完后立刻朝门外奔去，可被侍卫拦了回来。

朱宸濠被孙燧激怒了，但片刻之间他已恢复了平静，慢慢地走到孙燧面前，冷笑着表达了他的愤怒：

“好吧，我成全你。”

此刻，面对这一切，随同的官员们的反应却着实让人难以置信，除了按察副使许逵挺身而出，大骂朱宸濠外，其余的人都保持了惊人一致的态度——沉默。

参考消息 **他是他妈生的吗？**

朱祐樘是一个标准的好男人，他虽贵为皇帝，一辈子却只有张皇后这么一个老婆。不过令他郁闷的是，结婚四年，张皇后的肚子却一点动静都没有。然而到了弘治四年九月，宫中却突然宣布张皇后的皇子降生了！这个消息，无异于晴天霹雳，因为之前从没有人听说皇后怀孕过！于是就有了一种说法，怀疑朱厚照是张皇后从外面抱来的。很快，就有一个叫郑旺的人跳了出来，声称自己才是孩子的亲姥爷，并俨然以皇亲自居。虽然朝廷对此事做了严肃处理，但是流言却越传越广，这也难怪宁王造反时，会拿这件事做文章了。

朱宸濠不以为然地挥了挥手，发布了命令：

“把他们两个带到城门外，斩首示众！”

然后他轻蔑地看着那些剩下的官员，亲切地询问：

“还有谁？”

等待他的仍然是一片死一般的沉默。

在暴力和死亡威胁面前，沉默的永远是大多数。

孙燧和许逵就这样被拉了出去，而孙燧实在是一条硬汉，即使被绳子捆住，依然骂不绝口，残忍的叛军打断了他的左手，也没有让他屈服。

他们就此被带到了惠民门外，这里是行刑的地点。

孙燧没有丝毫的慌乱，只是平静地对许逵说道：

“事已至此，真是连累你了。”

许逵肃然回答：

“为国尽忠，是我的本分，何出此言？”

孙燧欣慰地笑了，他面对着几天前那个背影消失的方向，低首说出了最后的话：

“全靠你了。”

杀掉了孙燧和许逵，朱宸濠开始处理善后事宜，他的手下立刻趁机占领了巡抚衙门，接管了南昌城内的所有防务，一切都有条不紊地进行着。

然后他充分发扬了民主精神，派人到那些巡抚衙门的官员处一一登记，搞民意调查，内容只有一项：是否跟我一起造反。

回答是的人立刻封赏，回答否的人关进牢房。

最后结果是四六开，大部分人拒绝跟着他干，当然了，并非因为他们有多么爱国，只是觉得跟着这位仁兄造反没什么前途而已。

事情大致解决了，刘养正找到朱宸濠，向他报告人员的招募情况。

朱宸濠看完了人员名单，却皱起了眉头。

刘养正刚准备请示下一步的行动计划，朱宸濠挥手制止了他：

“还缺了一个人。”

“他应该还没走远，现在马上派人去追，追上之后，格杀勿论！”

◆ 孤军

王守仁确实还没有走远，他跟两个随从刚刚沿水路走到了丰城，就获知了一个惊人的消息：宁王叛乱了。

随从们十分慌乱，王守仁却并不吃惊，他早就知道这一天必定会来临。

但当这一天真的到来时，还是显得那么突然。

孙燧，想必你已经以身殉国了吧？

王守仁仰望着天空，他知道自己再也见不到这位同乡好友了。

但还没等悲痛发泄完，他就意识到了一个更为严重的问题。

“马上停船靠岸。”王守仁下达了命令。

随从以为他要去办事，便紧跟着他上了岸。

可是他们跟着这位仁兄转了好几个弯子，也没见他去衙门，却又绕回了江边，另外找到了一艘小船，继续由水路前进。

这是演的哪一出？

“宁王是不会放过我的，他必已派人沿江而下追过来了，陆路太危险，是不能走的，刚才我们上岸，不久后我们走陆路的消息就会传开，足以引开追兵，而我们的船是官船，目标太大，换乘小船自然安全得多。”

随从们呆若木鸡地看着平静的王守仁。

真是个老狐狸啊！

参考消息 **让你拒载！**

宁王发动叛乱时，王守仁正在北上的官船上。船行到丰城县时，他接到情报，说宁王已经派人沿江而上，要刺杀自己。事发突然，王守仁决定立即返回吉安调集兵马，再与叛军周旋。很快，船上的船夫们也知道了这一消息，个个吓得魂飞魄散。为了避祸，他们便以逆流无风为由，不肯开船，这可把王守仁急坏了。后来北风骤起，船夫仍然拒绝开船。眼看就要坏了大事，再次交涉无果后，王守仁忍无可忍，一道剑光闪过，割去领头船夫的一只耳朵。船夫们无可奈何，只好调转船头，朝吉安划去。

玩了一招调虎离山计的王守仁并没能高兴多久，因为他面临的是真正的绝境。

宁王叛乱了，孙燧等人应该已经遇害，南昌也已落入叛军之手，而且这位王爷想造反也不是一天两天了，整个江西都安置了他的势力，许多地方随同反叛，情况已完全失去控制。

虽然有巡抚头衔，旗牌在手，但就目前这个状况，坐着小船在江里面四处晃悠，连个落脚点都没有，外面治安又乱，一上岸没准儿就被哪个劫道的给黑了，还不如留在南昌挨一刀，算是“英勇就义”，好歹还能追认个“忠烈”之类的头衔。

那还有谁可以指望呢？

兵部？王琼是老上级，应该会来的，不过等到地方上报兵部，兵部上报内阁，内阁上报皇帝（希望能找得到），估计等到出兵，宁王已经在南京登基了。

内阁也不能指望，且不说那个和宁王有猫腻的人会如何反应，自己好歹也在机关混了这么多年了，按照他们那个效率，赶来时也就能帮自己收个尸。

朱厚照？

打住，就此打住，这个玩笑开得太大了，算了吧。

没有指望、没有援兵、没有希望。

满怀悲愤的王守仁终于发现，除了脚下的这条破船外，他已经一无所有。

黑夜降临了，整个江面慢慢地被黑暗完全笼罩，除了船上的那一点儿灯火外，四周已经是一片漆黑。

王守仁仍然站立在船头，直视着这一片阴森的黑暗。

他第一次发现自己是如此软弱无力，孙燧已经死了，宁王已经反了，那又如何？又能怎样！

心学再高深，韬略再精通，没有兵，没有武器，我什么都做不了。

事情就这样了吗？找个地方躲起来，等风头过去再说？

那孙燧呢，就这样白死了吗？

王守仁并不喜欢朱厚照，也不喜欢那群死板的文官，但他更不喜欢那个以此为

名、造反作乱的宁王。

他痛恨践踏人命的暴力，因为在他的哲学体系里，人性是最为根本的一切，是这个世界的本原，而这位打着正义旗号的宁王起兵谋反，牺牲无数人的生命，让无数百姓流离失所，不过是为了他的野心，为了那高高在上的皇位。

打倒当权者的宁王，将是另一个当权者，唯一的牺牲品，只是那些无辜的老百姓，因为无论何时、何地、何人当政，他们都将是永远的受害者。

好吧，就这样决定了。

“去拿纸墨来。”王守仁大声说道。

随从们从行李中拿出了笔墨，递到了他的面前。

那一夜，王守仁没有睡觉，他伏在书案前，彻夜奋笔疾书，他要写尽他的悲痛和愤怒。

第二天一早，随从们发现了散落满地的纸张，出乎他们意料的是，所有的纸上

都只写下了四个醒目大字:

誓死报国。

一夜未眠的王守仁依然站在船头，对他的随从们下达了最后的指令:

“等到船只靠岸时，你们就各自离去吧，先找个地方躲起来就是了。”

随从们对视了一眼:

“那王大人你呢？”

“我要去临江府。”

临江府，位于洪都下游，依江而建，距离洪都仅有二百余里，时刻可能被宁王攻陷，是极为凶险的地方。

“王大人，临江很危险，你还是和我们一起走吧。”

王守仁笑了:

“不用了，你们走吧，我还有一件必须要做的事情。”

随从们不是白痴，他们都知道王守仁要做的那件事情叫做平叛。

于是他们发出了最后的忠告:

“王大人，你只有自己一个人而已！”

王守仁收起了笑容，严肃地看着他们:

“我一个人就够了。”

◆ 预备

船很快到了临江，王守仁立刻下船，赶往临江知府衙门。

虽然他早有思想准备，可是路上的景象还是让他大吃一惊，无数的百姓听说战乱即将开始，纷纷携家带口，准备逃离，痛哭声、哀号声交织一片，搞得混乱不堪。

王守仁眼疾手快，顺手从逃难的人中拉出了一个身穿公服的衙役:

“戴德孺在哪里？”

临江知府戴德孺正准备收拾包裹，他已经得知了宁王叛乱的消息，虽然他并不想就此一走了之，却也舍不得死，合计之后，他还是决定先当一回好汉——好汉不吃眼前亏。

他这一走，衙门里的人纷纷都准备跑路，公堂之上也是乱成一片。

关键时刻，有人进来通报：赣南巡抚王守仁到了。

从级别上说，王守仁是他的上司，放在平时，是要搞个仪式、摆个酒席隆重接待的，可在这要人命的时候，他来这里做甚？

很快，王守仁就用响亮的声音回答了他的疑问：

“都不要走了，留在这里随我平叛！”

要说戴德孺也真不是孬种，听到这句话，他十分兴奋，当即作出了表示：

“既然有王大人做主，我等愿意一同为朝廷效力，平定叛乱。”

当然了，实际问题还是要问的。

“不知道王大人带了多少人马？”

然后他才得知，这位巡抚大人也是刚逃出来，无一兵一卒，是个彻底的光杆。

可就是这位光杆巡抚，孤身一人竟然敢来平叛！

大敌当前，戴德孺也顾不得什么官场礼仪了，他看着王守仁，略带讽刺地问出了所有人都想问的话：

“王大人，现在就我们这几个人，你凭什么认定能够平叛呢？”

是的，没有朝廷的支持，对手又是藩王，你有什么理由如此自信，能够平定叛乱呢？

众人都停下了手中的活儿，等待着这个十分关键的回答。现场变得鸦雀无声，因为他们将根据这个回答，决定他们的去留。

“因为我在这里。”

王守仁环顾四周，用震耳欲聋的声音大声重复道：

“因为我在这里！”

孤军，也要奋战到底！

一些人走了，但包括戴德孺在内的大多数人都留了下来，因为他们从这个人自信的回答中感受到了某种力量。

既然大家坐在了一条船上，也就不分彼此了，戴德孺随即下令，召集所属的少量军队，准备在城内布防。

“宁王敢来，就与他巷战到底！”

然而，王守仁拍了拍他的肩膀，称赞了他的勇气，又对在场的人发布了一道出人意料的命令：

“不用布防了，传令下去，全军集结，准备撤退！”

啥？不是你非要抵抗到底吗？现在又搞什么名堂？

面对戴德孺那惊讶的脸孔，王守仁若无其事地笑了笑：

“戴知府，我们的兵力不够，这里也不是平叛的地方，必须马上撤离。”

那么哪里才是平叛的地方呢？

“吉安。”

“在那里，我们将拥有战胜叛军的实力。”

当年司马迁在《史记》中曾经说过，“飞将军”李广的外形很像一个普通的农民，无独有偶，很多人第一次看到王守仁，都会觉得他是一个呆子，活像个二愣子，看上去傻乎乎的，但在他糊涂的外表下，却有着无尽的智慧。

王守仁是一个很绝的人，他总是在奇怪的地方，提出奇怪的意见，作出奇怪的事，但最后却都被证实是正确的。

他的这种可怕的智慧来源于他的哲学，因为王守仁先生和古往今来的所有哲学家都不同，他的哲学十分特别，就如同吃饭的筷子和挖地的锄头，随时都可以用，随时都有用处。

他痛恨杀害孙燧、发动战争的宁王，却从未被愤怒冲昏头脑，他十分清楚凭借目前的兵力，绝对无法战胜对手，眼下他只能积蓄力量，等待时机的到来。

有着平叛的志向，也要有切合实际的平叛策略，这就是“知行合一”，这就是王守仁无往不胜的哲学和智慧。

可惜一百多年后的史可法似乎并不了解这一点。

第十一章 奋战

○在我看来 支撑他一路走来 建立绝代功勋的 除了无比的智慧外 还有他那永不动摇的信念——报国救民 坚持到底

◆ 强援

吉安，位于江西中部，交通便利，易守难攻，王守仁将在这里举起平叛的大旗，准备最后的决战。

算王大人运气好，当时镇守吉安的知府是一个非常强悍的人，他的名字叫做伍文定。

伍文定，湖北人，出身于官宦世家。这也是一个不安分的主，虽然自幼读书，却不像个书生，长得虎背熊腰，十分彪悍。他的工作经历也很特别，早年在江苏做过推官（主管司法），长期接触社会阴暗面，和黑社会流氓地痞打交道，对付恶人时手段十分凶残，令犯罪分子闻风丧胆。

这位伍知府即将成为王巡抚最为得力的助手。

王守仁带着临江府的那帮人心急火燎地正往吉安赶，可走到半路突然 被几百名来历不明的士兵围住了，一群人吓得魂不附体。还没等他们反应过来，一个表情凶狠的人就站了出来：

“王巡抚请出来说话！”

王守仁毕竟见过世面，也不怎么害怕，大大方方地走出来：

“我是王守仁，你是谁？”

那位仁兄这才自报家门:

“王大人好，属下吉安知府伍文定！”

要说这位伍知府也算是厉害，叛乱一起，邻居衙门的官员跑得都差不多了，他却纹丝不动，不但他不跑，也不准别人跑，有几个胆子小的准备溜，竟然被他亲手拿刀干掉了。

经过这么一闹，吉安的官员们达成了一个共识：宁王再凶残，和伍文定比起来还是有一定差距的。安全起见，还是留下来的好。

不久之后，伍文定听说赣南巡抚王守仁跑了出来，准备平叛，他这人性子急，也顾不了那么多，带了三百士兵就上了路，正好遇见了王守仁。

他也不跟王大人客气，一开口就说主题:

“王大人是否准备平叛？”

“不错。”

“那我就恭喜大人了。”

这次轮到王守仁纳闷儿了，你啥意思啊？

伍文定用洪亮的声音作了解释:

“那家伙（此贼，指宁王）一向名声不好，支持他的人不多，大人你众望所归，且有兵权在手，建功立业，必定在此一举！”

这句夸奖的话却让王守仁吃了一惊:

“你怎么知道我兵权在手？”

伍文定笑了笑，他没有回答这个问题。

一个可以派上用场的聪明人，这就是伍文定留给王守仁的第一印象。

在吉安，王守仁成立了平叛指挥部，召开了第一次军事会议，由于当时到会的都是知府、知县之类的小官，王巡抚自然而然地成为了平叛军总司令。

王司令随即作了敌情通报：根据情报，宁王兵力共计八万人，精锐主力为王府护卫，其余成分为土匪、强盗、抢劫犯、黑社会流氓地痞、反动会道门组织、对社会不满者，等等。

这支所谓的叛军，实在是支名副其实的杂牌军。这么看来，形势还不算太坏，但问题在于，此时的王司令是个光杆司令。他没有八万人，连八千都没有。

虽说有旗牌在手，可以召集军队，但这需要时间。所以目前最重要的事情就是判断宁王下一步的行动方向。

对于这个问题，王守仁已经有了一个肯定的答案。

他把手指向了地图上的一个地方——南京。

“他必定会进攻南京。”

王司令就此进行了详尽的分析：洪都（南昌）不是久留之地，而宁王虽然不是什么聪明人，脑袋倒也没进水，北上攻击京城这种蠢事他还干不出来。

所以他唯一的选择就是顺流南下进攻南京。

更为重要的是，此时各地还没有接到统一平叛的指令，防备不足，如果宁王趁乱发动进攻，一举攻克南京，半壁江山必然落入叛军之手。

这番话说得下面的几位六、七品芝麻官耸然动容，既然形势如此严重，那就别费话了，赶紧进攻宁王吧！

可是，王司令又一次发话了：

“我的兵力不足，难以与叛军抗衡，必须等待各地援军赶来。”

那么王司令，你需要多长时间呢？

“至少十天。”

“所以必须让宁王在南昌再等我十天。”

与会官员们彻底炸开了锅，王司令的玩笑开得也太大了吧，宁王又不是你儿子，你说等他就等？

然而王守仁笑了：

“我自有办法。”

◆ 诡计

不久之后，宁王驻地的街道墙壁上出现了很多乱贴乱画的告示，当然了，不是办证、开发票之类的广告，具体内容大致如下：

都督许泰等率边军、刘晖等率京军各四万，另命赣南王守仁、湖广秦金、两广杨旦各率所部，共计十六万人，分进合击，平定叛军，沿途务必妥善接应，延误者军法从事！

这封文书的大概意思很明白，就是对宁王说我有十六万人，很快就要来打你，希望你好好准备。

必须说明的是，这封文书上的人名全部属实，但情节全属虚构，除王守仁外，其余人等压根儿就不知道这回事。

这就是王守仁的诡计，他伪造了文书，并派人四处散发，以打乱宁王的部署。王司令做事情一向周到，为了让宁王安心上当，他还安排了更为厉害的一招。

洪都城内的宁王知道了所谓大军来攻的消息，正在将信将疑之际，手下突然密报，说从进城的人身上发现了几个特殊的蜡丸，内有机密信件。

宁王打开书信，真正被吓了一跳。

书信内容是这样的：李士实、刘养正两位先生，你们干得很好，朝廷一定会好好嘉奖你们，现在希望你们配合行动，劝说宁王离开洪都，进攻南京，事不宜迟！

两位难得的“人才”竟然投敌，宁王还算是个明白人，也不怎么相信。偏巧就在这个时候，手下通报，李士实、刘养正来访。

李士实先生开门见山，第一句话就捅破了天：

“殿下，此地不宜久留，应立即带兵进攻南京！”

王守仁的台词实在写得太好，李士实也配合得如此天衣无缝，这下子不由得宁王兄不信了。

自信满满、前来邀功的两位军师本以为会得到一个激情澎湃的答复，最终却只看到了一双狐疑不定的眼睛。

他们失望地走了，宁王朱宸濠却就此确定了他的战略：

留在洪都，哪里也不去！

有幸遇上王守仁这样的对手，朱宸濠先生也算是倒了八辈子的霉。

王守仁的计谋获得了成功，他立即向各地发出紧急文书，集结兵力。

王司令真是一个实事求是的人，没有朝廷的公文，他就自己临时草拟，没有正规军，他就用民兵。在他的召唤下，附近的袁州、临江、赣州等地百姓纷纷倾巢而出，不管老的少的，病的残的，只要是个人，能走得动，他就统统招过来。毕竟就算不能打仗，壮壮声势，挥挥旗帜，喊喊两句口号也是好的。

就这么七弄八弄，短短十余天，他就召集了七八万人，虽然质量不怎么样，但总算还是凑够了数。

眼前的招兵盛况让江西的知府、知县们开始头脑发热了，平时只能管几个都头和打屁股的衙役，突然有了这么大的派头，这么多手下，他们群情激昂，打算立刻出兵，去和宁王决一死战。

可是王司令让他们失望了。

◆ 兵法

原本争分夺秒、急急忙忙招兵的王守仁突然改变了主意，他坐拥数万手下，士气也极盛，无论怎么看，此刻都应是出兵的最好时机。然而，王大人却是吃了秤砣铁了心要在这里常住，四处派人修房子安置家具，就差办一张吉安暂住证了。

他属下的那些知府、知县全都不知所措，十几天之前心急火燎的是他，现在安闲度日的也是他，不知到底搞什么名堂，可他们素知这位王司令不是个善茬，也不怎么敢问，直到伍文定忍无可忍的那一天，这个谜底才彻底揭开。

伍知府脾气比较急，看见王守仁不动窝，索性直接找上门去质问：

"军队已经集结，为何不动？！"

王守仁看着这个气急败坏的知府，却并不生气，只是淡淡地回复：

"以你之见，眼下该如何行动？"

"我军士气正盛，应趁敌军尚未行动，立刻发起进攻，必可一举大破敌军！"

王守仁笑了：

"伍知府，你读过兵法吗？"

这句话把伍文定气得差点儿没晕过去，他大声答道：

"属下虽是文官，自幼饱读兵书，也甚知韬略，所谓出其不意，攻其不备，此时正是攻击的最好时机，断然无误！"

然后他挑衅地看着对方，等待着他的回复。

王守仁终于收敛了笑容，郑重地回答道：

“你所说的固然不错，却并非兵家上乘之策。所谓兵法之奥秘，在我看来，只有八个字而已。”

“此心不动，随机而行。”

综合看来，这八个字确实概括了王哲学家兼王司令员的军事思想，他一生的用兵法则大都符合这八字方针。

王守仁随即对此作出了解释：

平叛之战确实应该速战速决，但此时情况已然不同，起初敌强我弱，需要拖延敌军，争取时间。如今我军实力大增，可以与敌人抗衡，叛军也已知道我军强盛，必不敢轻动，况且宁王经营洪都多年，根深蒂固，若我军贸然出击攻城，必然久攻不下，时间越久，祸患越大。此举决不可行。

现我军龟缩不出，示弱于叛军，使其主力出击，然后看准时机，一举围歼，必取全胜！

一贯好勇斗狠的伍文定服气了，他带着敬畏的神情看着面前的这个人，小心翼翼地退了出去，他终于明白为什么王大人会有那个出名的评价——“狡诈专兵”。

一切都在王守仁的预料之中，几天之后，决战序幕就将正式拉开。

正德十四年（1519）七月，在洪都等了十几天的宁王终于觉悟了，日子过了这么久，别说十六万人，十六头猪也没看到，等到王守仁招兵买马的消息传来后，他才确定一个事实——上当了。

但在悔恨惊慌之余，他意外地发现，王守仁并没有发起进攻，他随即判定敌军兵力不足，仅能自保，于是开始履行预定的军事计划——攻取南京。

应该说，宁王的行动完全在王守仁的预料之中，但事实证明，王司令还是错误估计了一点，正是这个疏忽差点儿让他彻底完蛋。

因为宁王虽然不是一个聪明人，却是一个动作很快的人。

他说一不二，棉被都不捆就率六万主力军亲征。这帮杂牌军也真不白给，仅一

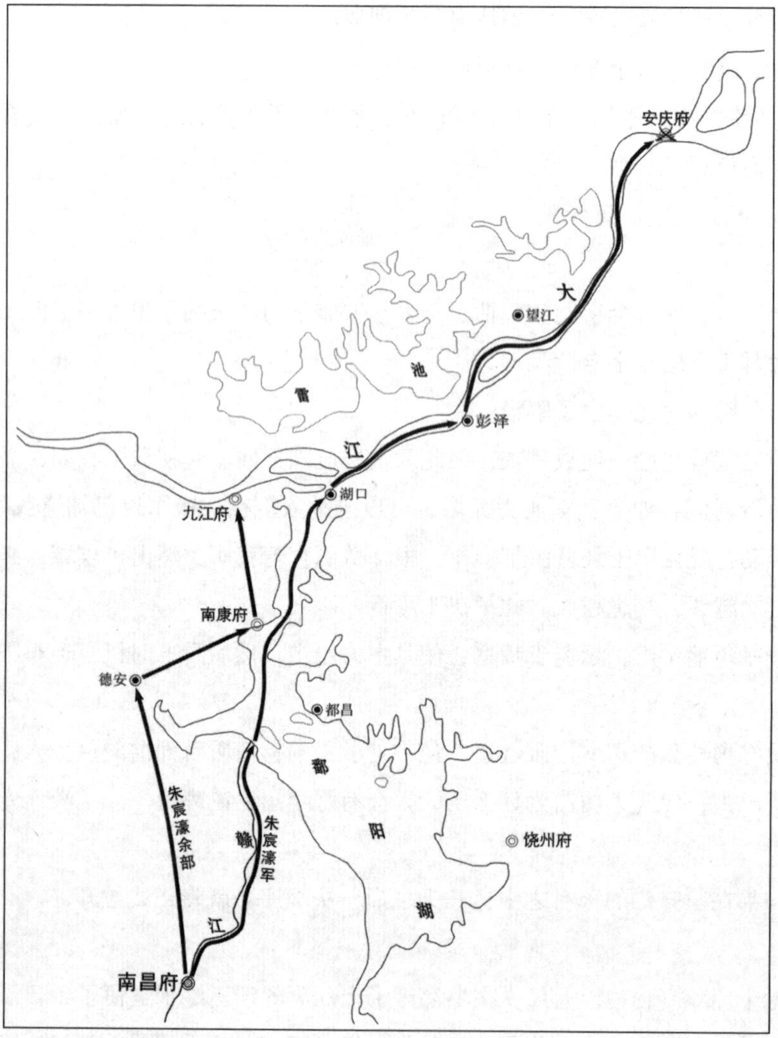

↑ 朱宸濠进军路线

天时间便攻陷了九江，七月初发兵，几天之内便已经军临兵家要地——安庆。

最大的危险到来了。

安庆，位处南京上游门户，自古沿长江而下用兵者，若攻取安庆，南京必是囊中之物。后世太平天国时，曾国藩之弟曾国荃猛攻安庆城，虽损兵折将，旷日持久，却是死也不走，直至轰塌城墙，占据城池，方才仰天狂呼：“贼破矣！”

不久之后，他率军顺流而下，一举攻陷了南京，太平天国覆灭。

朱宸濠虽然不认识曾国藩和洪秀全，却也懂得这个地理学常识，大军抵达安庆城之日，他便下达了总攻命令，数万军队将安庆围得水泄不通，日夜攻打。

天时是有的，地利也是有的，可惜没有人和。

说来朱宸濠的运气真是不好，他的造反之路上总是碰到一些很麻烦的人，在江西有孙燧和王守仁，到了安庆，又遇见了杨锐和张文锦。

杨锐是都督，张文锦是安庆知府，他们对不请自来的宁王采用了统一的招待方式——火枪和弓箭。关于这两个人，就不细说了，单单介绍一下这二位干过的一件事情，大家对其为人就可以有个大致的了解。

宁王连日进攻安庆城不利，便找来了一个叫潘鹏的投降官员进城劝降，此人是安庆人，所谓老乡见老乡，两眼泪汪汪。宁王兄估摸着看在老乡分儿上，城内的守军应该会给几分面子。

这是个比较愚蠢的想法，你都把军队堵在人家城门口了，还指望老乡感情？

潘鹏兄可不蠢，他还想多活两天，可是领导的意思也是不能违背的，无奈之下他派了一个亲戚进城招降，接下来的事情就有点儿耸人听闻了。

杨锐兄实在是个不搞客套的人，劝降信他看都不看，就一刀把潘老乡的亲戚砍了，砍了人还不肯罢休，竟然还极有耐心地碎了尸，把手脚分别砍断，一样样地丢下城楼示众，如此可怕之场景在今日恐怖片中也不多见。

砍人碎尸之类的事情确实有点儿骇人听闻，但杨锐兄毕竟是个武官，杀人也不是头一次，有点儿心理问题不奇怪，所以这事放在他身上也算基本正常。

可另一位张文锦知府就不同了，他自幼读书，文官出身，凶狠毒辣却也不落人后，杨锐在前面杀人，他已经绕到城内，把潘老乡在城内所有沾亲带故的亲戚都翻了出来，砍了个干干净净。潘老乡听说之后，当即吐血晕倒。

看见两位守城大人手段如此狠毒，城内守军都毛骨悚然，心惊胆战，纷纷表示愿意拼死守城，一时之间士气大振。

城外的宁王搞不清状况，也不明白为什么劝降还劝出了反效果，没有办法，他只好亲自出马督战，鼓舞士气。可城内的士兵在死亡的威胁下（主要来自杨、张两位大人），拼命地抵抗，叛军进展不大。

十几天过去了，宁王仍然站在城外眺望安庆，急得他团团转，只能把刘养正找来破口大骂:

“你们这帮废物！安庆都攻不下，还说什么金陵（即南京）！”

此路不通，可别无他途，所以骂完了的宁王还是要接着督战攻城，此刻他才明白老祖宗朱权为什么当年被人欺负到了家，却还是忍气吞声——造反实在是个苦差事啊。

正当宁王在安庆城啃砖头的时候，王守仁先生那里却已经乱成一团。

宁王兵临安庆城下的消息传来时，王司令慌得不行，跳下床顾不上穿鞋，光着脚跑去看地图，他虽然已经估计到了对方的计划，却没想到宁王动作竟如此迅速。情急之下，他立即下令军队集结，准备出发。

但在短暂的慌乱之后，王司令员突然恢复了平静，他撤回了出兵的命令，却增派了打探消息的人，还别有兴致地和那些额头冒汗、惊慌失措的下属拉起了家常。

碍于之前的教训，王司令的部下不敢自作聪明，也没人询问缘由，而不久之后传来的消息也验证了司令大人的英明决策——安庆依然在坚守之中，暂时无忧。

这下大家心里的石头才算落了地，纷纷回家磨刀擦枪，只等王司令一声召唤，指向哪里，就打到哪里。

可王守仁这辈子似乎就不打算让人消停，一贯专行的他竟然表示要开会听取群众意见。

既然王司令要开会，大家也只好跟着去凑热闹了。

这是宁王之乱中最为重要的一次军事会议，王守仁分析了局势，表示目前有两个目标，一个是救援安庆，另一个是攻击敌军老巢南昌，要求与会人等发表意见。

出人意料的是，这次开会竟然没有发生任何争论，因为大家一致认为，前往安庆是唯一的选择。

理由很充分：宁王造反准备多年，南昌的守备十分严密，如果贸然攻城，一时很难攻得下，而他进攻安庆失利，士气很低，我军抄他后路，与安庆守军前后夹击，必然一举击溃，到时候南昌不攻自破。

实在是条理清晰，事实清楚，证据确凿，无论怎么看，这个结论都是对的。

最后王司令总结发言:

“不对。”

◆ 判断

“只能进攻南昌。”

这就是王司令的判断，鉴于他一贯和别人看法不同，所以大家也不怎么吃惊，只是睁大眼睛，想看看王司令这次又能玩出什么花样来。

“你们的看法不对，南昌在安庆的上游，如果我军越过南昌直接攻击安庆，则南昌守敌必然会攻击我军后部，断我军粮道，腹背受敌，失败必在所难免，而安庆守军只能自保，怎么可能与我军前后夹击敌军呢？”

当然了，听众的疑问还是有的:

“南昌城池坚固，一时之间如何攻下？”

对于这个问题，王司令胸中早就有了一大把竹子:

“诸位没有分析过军情吗，此次宁王率全军精锐进攻安庆，南昌必然十分空虚，此时进攻，自然十拿九稳！”

“南昌一破，宁王必定回救，首尾不相顾，无须时日，叛军必败！”

王守仁有才，太有才了。

因为他作出了正确的判断。

在明代的最高军事决策机构兵部衙门里,有这样一句吓唬人的话——“敢闹事，就发配你去职方司！”

这句话但凡说出来，一般的兵部小官就会立马服气，老老实实地干活。这其中可谓大有奥妙：兵部下设四个司，类似于今天中央部委的司局级单位，而职方司之所以如此著名，是由于它在明朝官场中有一个十分特别的评价——最穷、最忙。

但就是这个最穷、最忙的衙门，却在军事战争中起着最为重要的作用。

因为这个所谓的职方司，主要职责是根据军事态势作出判断，拟定军事计划，进

兵部组织结构图

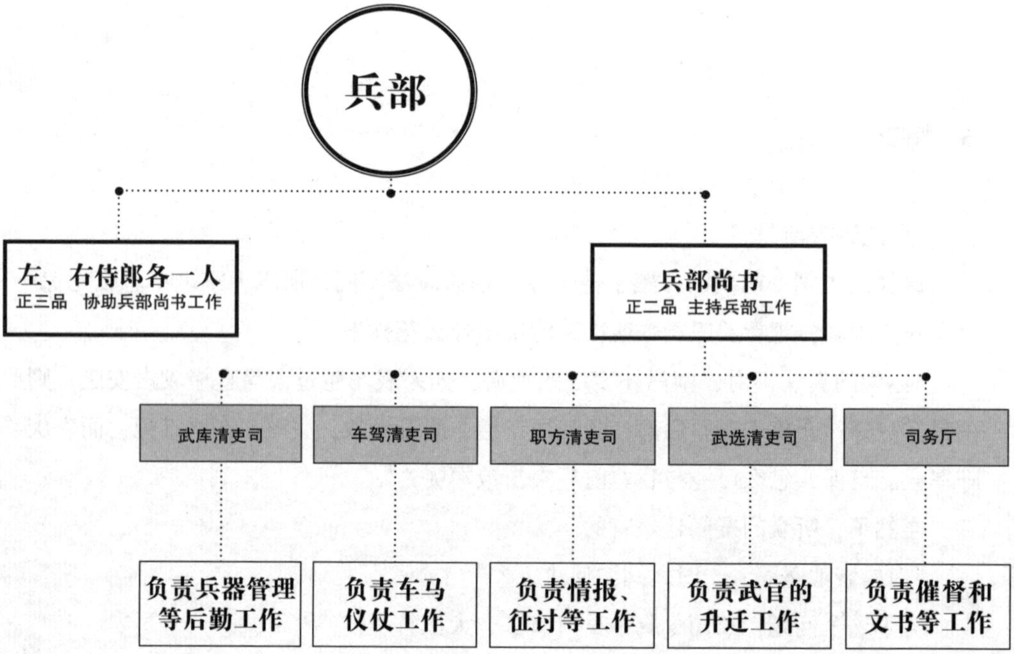

行军事统筹，大致就相当于今天的总参谋部。职方司最高长官是郎中，相当于总参谋长。

这个职位听起来很威风，很多人却打死也不去，躲都躲不及。原因很简单，可以用六个字概括——没油水，背黑锅。

千里做官只为钱，捞不到钱谁有动力豁出命去干？更要命的是，这个职位收益极小，风险极大，比如王守仁曾经当过主事（相当于处长）的武选司，就是兵部下属的著名肥衙门，专门负责武将人事选拔调动工作，下去调研有好酒好肉好娱乐招待，提拔个把人上来就能收钱，就算这人不能打仗，归根结底也是他自己的问题，不至于追究到人事部门来。

职方司就不同了，它不但没有油水可捞，靠死工资过日子，还要作出正确的军事判断，并据此拟定计划，一旦统筹出了问题，打了败仗追究责任，那是一抓一个准，根本跑不掉。

可偏偏战争中最有趣也最残酷的，就是判断。

《三国演义》里面的诸位名将是不用担心判断的，因为他们的胜负都是天注定，比如曹操兄看到大风吹倒了自己营帐里的帅旗，就能断定刘备先生晚上来劫营。

如果这是真的，那么有志报国的各位青年就不用再读兵书了，可惜的是，在预测未来的时间机器尚未发明之前，战场上的任何一方都不可能预知对手的策略和战争的结局，将领们只能根据种种蛛丝马迹和战场经验来作出预测。当然了，根据史料记载，某些实在拿不定主意的将领，会使用最后的绝招——算命。

但无论你有多么精明或是愚蠢，最后你总会搞出一个自己的战场判断，该打哪里，何时打，该守何处，怎么守。

于是，最能体现战争艺术奥妙的时刻终于来到了，一千个指挥官可能有一千个判断，而让人啼笑皆非的是，在战争结局揭晓之前，这一千个判断似乎都是正确的，都有着确凿的理由和证据。

可是战争这道完美的数学题，只有一个正确的答案。

王守仁放弃了看似无比正确的安庆，决定进攻南昌，后来的形势发展证明，他的抉择是正确的。

但得到众人认同的王守仁心中仍然是不安的，因为他知道，这个计划还存在着一个极大的变数——攻取南昌之后，宁王却不回兵救援，而是全力攻下安庆，直取南京，该怎么办？

管不了那么多了，先攻击南昌！

正德十四年（1519）七月戊申，王守仁正式起兵。

他向江西全境发布勤王军令，并率领直属军队日夜进军，很快抵达临江府，在那里，他再次会合了临江、赣州、袁州各地赶来的“义军”（成分极其复杂，大都是流氓强盗），总兵力达到八万余人。王守仁马不停蹄，命令军队加快速度，逼近那最后的目标。

南昌，七月十七日，王守仁站在城外，眺望着这座坚固的城池。

一个月前，他从这里逃走，满怀悲愤，孤身奔命。

一个月后，他回到了这里，兵强马壮，锐气逼人。

无论如何，了结的时刻终于还是到了。

◆ 夜战

按说到了这个份儿上，就应该动手打了，可大家别忘了，这支军队的指挥官是王守仁先生，王司令带兵自然有王司令的方法，但凡打仗之前，他如果不搞点儿自己的特色（阴谋诡计），是不会罢休的。

首先他派人四处传扬，大张旗鼓，说自己手下有三十万人（敢吹），还特别说明这都是从福建和广东调来的精锐部队，绝非传言中的乌合之众（传言是真的）。

搞得守军人心惶惶之后，他又派遣大量间谍，趁人不备，躲过城管监察，摸黑在南昌城内大肆非法张贴广告告示，劝诫南昌市民不要多管闲事，关好自家房门，安心睡觉，听见街上有响动，不要多管闲事。

他的这一连串动作不但让敌人惊慌失措，连自己人也是雾里看花，要打你就打，又不是没有士兵装备，有必要要阴招吗？

王守仁认为很有必要。

他的兵法就是用最小的代价，换取最大的胜利。兵不厌诈正是他的兵法哲学，除了使用上述计谋外，他还选定了一个特别的进攻时间——深夜。

因为他压根儿就没有想过硬拼，早在行军途中，他就已准备了大量的攻城云梯，只等夜深人静时，派出精干人员用云梯突袭城墙，夺取城池。为了保证登城的成功，王守仁还同时派人预备攻城器械，潜进城门附近，准备吸引守军注意，配合登城士兵。

一切都准备妥当之后，他召集所有部下，开了一次别开生面的动员会。

王守仁虽然机智过人，平日却也待人和气，所以大家经常背地称呼他为老王。

可是在会上，一贯慈眉善目的老王突然变成了阎王，满脸杀气地下达了最后的命令：

“此次攻城，由我亲自督战，志在必取！一鼓令下，附城！二鼓令下，登城！三鼓令下未登城，杀兵！四鼓令下未登城，杀将！”

会场鸦雀无声，大家都面无人色，就此达成共识——王司令着实不是善类。

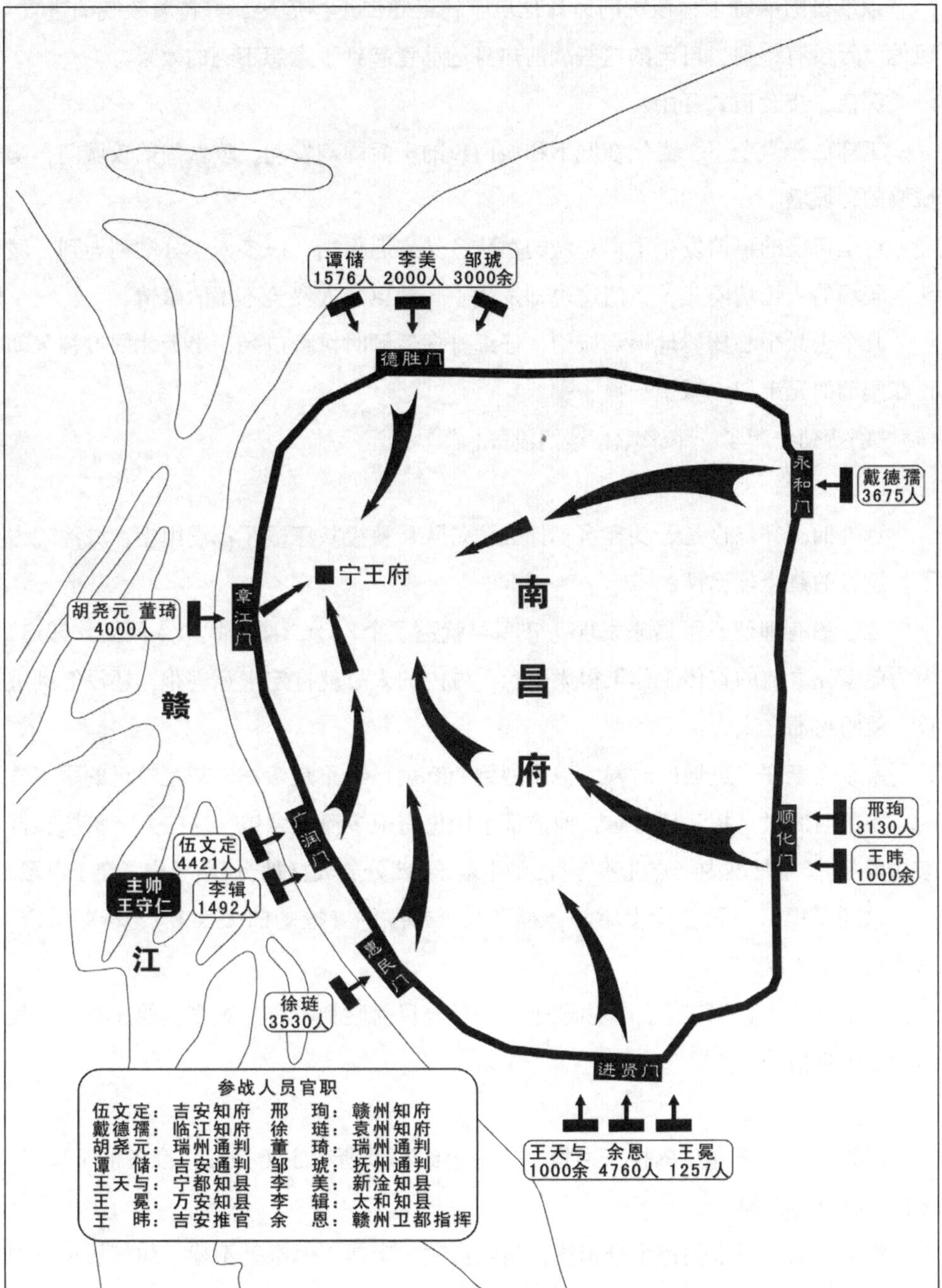
谭储 1576人
李美 2000人
邹琥 3000余
德胜门
永和门
戴德孺 3675人
宁王府
南昌府
章江门
胡尧元 董琦 4000人
赣
江
广润门
伍文定 4421人
主帅 王守仁
李辑 1492人
惠民门
徐琏 3530人
顺化门
邢珣 3130人
王昉 1000余
进贤门
王天与 1000余
余恩 4760人
王冕 1257人
参战人员官职
伍文定：吉安知府　邢　珣：赣州知府
戴德孺：临江知府　徐　琏：袁州知府
胡尧元：瑞州通判　董　琦：瑞州通判
谭　储：吉安通判　邹　琥：抚州通判
王天与：宁都知县　李　美：新淦知县
王　冕：万安知县　李　辑：太和知县
王　昉：吉安推官　余　恩：赣州卫都指挥

↑ 南昌之战

该准备的准备了，该玩的诡计也玩了，王守仁正襟危坐，等待着夜晚的进攻。但他万万没有料到，自己的这些战前热身运动竟起到了意想不到的效果。

深夜，夜袭正式开始。

王守仁一声令下，潜伏在城下和城门口的士兵即刻发动，攻城门的攻城门，爬城墙的爬城墙。

可是奇怪的事情发生了，登城的军队竟然未遇阻挡，很多人十分顺利地到了城头，爬墙的人正纳闷儿，城门这边却发生了一件更让人哭笑不得的事情。

几个士兵小心翼翼地摸到城门，仔细打探后顿时目瞪口呆，半天才回过神来朝正在爬墙的兄弟们大喊了一嗓子：

“别费劲儿爬了，下来吧！这门没关！”

远处的王守仁也是一头雾水，什么预备队、救援队压根儿都没用上，城池就占了，这打的是个什么仗？

他还怕有埋伏，可后来发现，守军早就逃了个一干二净。找个人问问才知道，因为他老兄之前的宣传工作干得太出色，城内的人早就打定主意逃跑，还没等到进攻，就纷纷溜之大吉。

所以当王守仁进城的时候，他所遇到的麻烦已经不是叛军，却是自己的手下。

由于时间紧，招兵任务重，他的部下中也有很多流氓强盗，这些人一贯擅长打家劫舍，到了南昌城内一点儿不客气，动手就干，四处放火打劫，还顺手烧了宁王宫殿。

这还了得！王司令大发雷霆，抓了几个带头的（抢劫的人太多），斩首示众，这才稳住了阵脚。

南昌到手了。但王守仁却表现出了一丝与目前胜利不符的紧张，他还有一件最为担心的事情。

两天之后，王守仁的探子回报，宁王已经率领所有主力撤回，准备前来决战，不日即将到达南昌。

消息传来，属下们都十分担忧，虽然占领了南昌，但根基不稳，如与叛军主力交战，胜负难以预料。

王守仁却笑了，因为困扰他的最后一个心头之患终于解决了。

宁王听到南昌失守的消息时，正在战场督战，当时就差点儿晕倒，急火攻心之下，他立刻下令全军准备撤退，回击南昌。

关键时刻，刘养正和李士实终于体现了自己的价值，他们异口同声地表示反对，并提出了那个让王守仁最为担心的方案——不理会南昌，死攻安庆，直取南京！

这条路虽然未必行得通，却是目前唯一可行的办法。

如果宁王采纳了这个方案，就算他最后当不成皇帝，起码也能闹腾得时间长一点儿。

可惜以他的能力，对这条合理化建议实在没法子接受，所以他最终只能在鄱阳湖上迎接自己的宿命。

正德十四年（1519）七月二十三日，宁王朱宸濠率军自安庆撤退，抵达鄱阳湖西边的黄家渡，他将在这里第一次面对那个曾从自己手中溜走的对手——王守仁。

宁王就要来了，自己部队那两把刷子，别人不知道，属下们却心知肚明，于是纷纷建议挑土垒石加固城防。然而，王守仁却似乎并不担心城墙厚度的问题，因为他并不打算防守。

“敌军虽众，但攻城不利，士气不振，我军已断其后路，且以大义之军讨不义之敌，天亦助我！望诸位同心，以锐兵破敌，必可一举荡平！”

到此为止吧，朱宸濠，为了自己的野心和欲望，你已经杀死了太多无辜的人，这一切应该结束了。

◆ 流氓兵团

就在宁王抵达鄱阳湖黄家渡的同日，王守仁也带领军队主力赶到这里，于对岸扎营，准备最后的战斗。

至正二十三年（1363），朱元璋与平生最大宿敌陈友谅在鄱阳湖决一死战，大获全胜，扫清了夺取天下之路上的最大障碍。

一百五十二年后，当年曾激战三十六天、火光滔天、陈尸无数的鄱阳湖又一次成为决战的舞台。一百五十二年前，两个人的那次大战最终决定了天下的归属和无数人的命运。这一次似乎也一样。

但与之前那次不同的是，这次确实是一场正义和邪恶的战争。

因为交战的双方抱持着不同的目的和意志——一个为了权势和地位，另一个，是为了挽救无数无辜者的生命。

决战即将开始，我们先来介绍一下双方的主要出场队员，因为这实在是两个十分有意思的阵容。

双方阵容

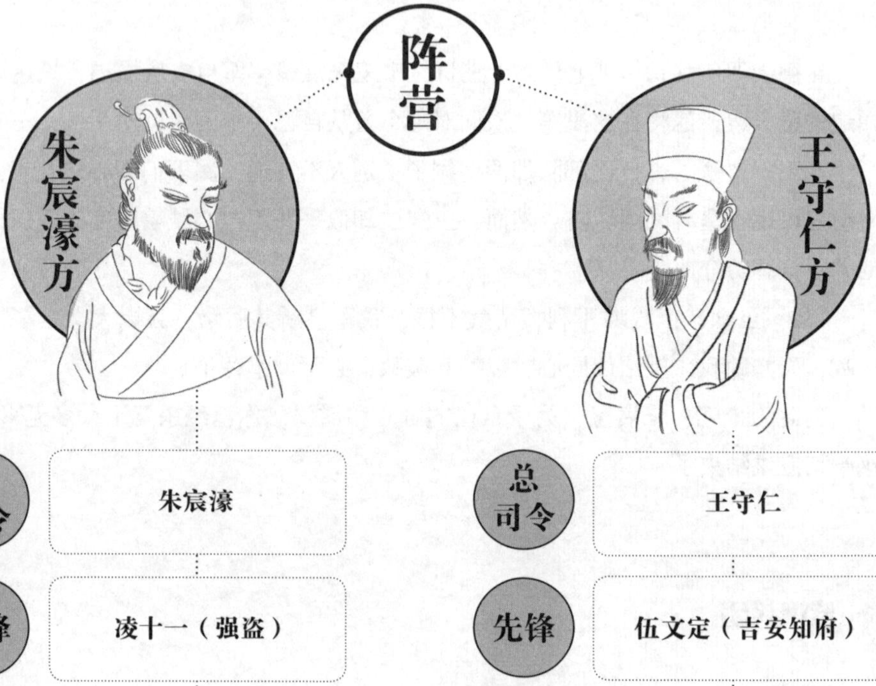

	朱宸濠方	王守仁方
总司令	朱宸濠	王守仁
先锋	凌十一（强盗）	伍文定（吉安知府）
中军	闵二十四（海匪）等	戴德孺（临江知府）、邢珣（赣州知府）等
后军	吴十三（强盗）、王纶（降官）等	胡尧元（通判）、徐文英（推官）、王冕（知县）等
参谋	李士实、刘养正	

如果你还在等待名将出场的话，那就要失望了。一百多年前奋战于此的徐达、常遇春、张定边等人早已成为传说中的人物，参加这次战役的除了王守仁外，其余大多没有啥名气。

再说明一下，以上列出的这些名字你全都不用记，因为他们大多数人都没啥露脸机会，只是摆个造型，亮亮身份而已。

总结双方“将领”的身份阵形，对阵形势大致可以概括为——流氓强盗VS书生文官。

这也没办法，事情发生得太过突然，双方都是仓促上阵，能拿出手的人才实在不多，只能凑合着用了，请大家多多原谅。

但这场鄱阳湖之战虽然没有一百多年前的将星云集，波澜壮阔，却更有意思。

因为除了双方阵容比较搞笑之外，两方的军队也包含着一个共同的特点——流氓众多。其实，这也是中国历史中一个十分值得研究的问题。

之前介绍过，由于时间过于紧张，双方招兵时都没有经过政审，军队中都有大量的流氓强盗，但这绝不仅仅是他们这两支军队的特色。如果认真分析一下史料，就会发现一个有趣的历史普遍现象——军队流氓化（或是流氓军队化）。

在春秋时期，参军打仗曾经是贵族的专利，那年头将领还要自备武器装备，打得起仗的人也不多，所以士兵的素质比较高。

可随着战争规模越来越大，死人的速度也快了起来，靠自愿已经不行了，平民甚至囚犯也被编入军队，之后又出现了常备军、雇佣军。

到了唐宋时期，国家常备军制度日益完善，比如宋朝，长期养兵花费大量财物，却经常被打得落花流水，原因之一就是军队体制问题。那时也没有什么参军光荣、军属优待的政策，一旦参了军那几乎就是终身职业，也没有转业、退伍这一说。君不见《水浒传》中有人犯了罪，动不动就是刺字充军几百里。可见那时候当兵实在不是个好工作。

出于前途考虑，当时的有志青年基本都去读书当官了，军队里游手好闲、想混碗饭吃的流氓地痞却越来越多。这帮人打仗不咋的，欺负老百姓却是个顶个的强，而且还不听指挥。这样的军队，战斗力自然是很难指望。

比如有一次，宋朝禁军（中央军）的一位高级将领奉命出征，可分到手里的都是这么一帮子不听话不卖命的二流子，政治工作爱国教育也不顶用，这帮人也不怕他。无奈之下，他竟然出下策，请来一帮流氓老千来自己军营开赌局，并指使这帮人出千骗手下那帮流氓兵痞的钱。

一来二去，士兵们的钱都输得精光，还欠了赌债。要知道，流氓也是要还赌债的，此时他才光辉出场，鼓动大家奋勇作战，回来之后他重重有赏，帮大家把债还了。

就这么一拉二骗，才算是把这帮大爷请上了战场，其作战效果也是可想而知。

当然了，军队里的流氓兵虽然很多，但良民兵还是存在的，况且流氓兵的战斗力有时候也很强。只不过他们会表现出很多与常人不同的地方。

在明代初期，就有这么两个典型例子，一个良民兵，名字叫徐达；另一个流氓兵，名字叫常遇春。

这都是有档案可查的，比如徐达，史载“世业农”，革命前是个老实的农民。再看常遇春，“初从刘聚为盗”，强盗出身，确实不同凡响。

这两个人的战斗力都很强，就不说了，但不同的出身似乎也决定了他们的某种表现，徐达是“妇女无所爱，财宝无所取”，高风亮节，佩服佩服。

可常遇春先生却是“好杀降，屡教不改”，连投降的人都要杀，实在不讲信用，体现了其流氓习气之本色。

所以综合以上，可以看出，流氓当兵是当时的一个普遍趋势和特点，大凡开国之时良民兵居多（迫于无奈造反），但随着社会的发展，流氓兵的比重会越来越大（那年头当兵不光荣），这倒也不见得是坏事，毕竟流氓强盗们好勇斗狠，战斗力总归要比老百姓强。

而到了明代中期，随着社会流动性加大，地痞强盗二流子也日渐增多，于是在情况紧急、时间急迫的情况下，大量吸收流氓强盗参军就成了作战双方共同的必然选择。

现在，王守仁和宁王将驾驭这帮特殊的将领，指挥这群特殊的士兵，去进行这场殊死的决战。

◆ 奋战

正德十四年（1519）七月二十二日，双方集结完毕。

二十二日夜，王守仁决定先攻，时间是第二天。

二十三日到来了，可令人诧异的是，整整一天，王守仁军竟然没有任何动静，士兵们也没有要去打仗的意思，湖岸一带寂静无声，一片太平景象。

这其实也不奇怪，按照王司令的习惯，你想要他白天正大光明地干一仗，那是很困难的，晚上发动夜袭才是他的个人风格，这次也不例外。

深夜，进攻开始。

王守仁亲自指挥战斗，伍文定一马当先担任先锋，率领数千精兵，在黑夜的掩护下摸黑向宁王军营前进，可他刚走到半道，却惊奇地遇到了打着火把、排着整齐队列的宁王军，很明显，他们已经等得有点儿不耐烦了。

没办法，王司令出阴招的次数实在太多，大家都知道他老兄奸诈狡猾，宁王也不是白痴，他估计到王司令又要夜袭，所以早就作好了准备。

看着对面黑压压的敌人，伍文定十分镇定，他果断地下达了命令—— 逃跑。宁王军自然不肯放过这块送上门的肥肉，朱宸濠当即命令全军总攻，数万士兵沿鄱阳湖西岸向王守仁军帐猛扑过去。

王守仁军节节败退，无法抵挡，眼看自己这边就要大获全胜，朱宸濠先生开始洋洋得意了，可就在一瞬之间，他突然发现自己的军队开始陷入混乱！

伍文定的退却是一个圈套。

王守仁分析了当前的局势，认定叛军实力较强，不可力敌，所以他故意派出伍文定率军夜袭，目的只有一个——吸引叛军离开本军营帐。

而在叛军发动进攻的必经之路上，他已经准备了一份出人意料的礼物。

这份礼物就是瑞州通判胡尧元带领的五百伏兵，他早已埋伏在道路两旁，伍文定的军队逃来，他不接应，叛军的追兵到了，他也不截击，等到叛军全部通过后，他才命令军队从后面发动突然袭击。

叛军正追在兴头上，屁股后头却狠狠挨了一脚，突然杀出一帮莫名其妙的人，

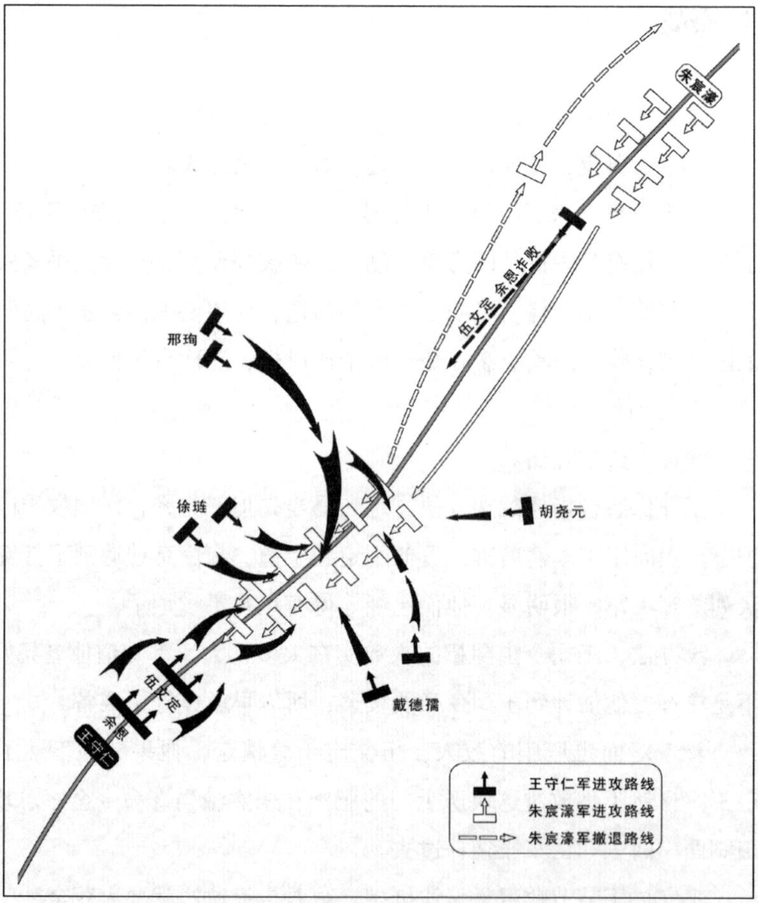

→
黄家渡作战经过

连劈带砍，在黑灯瞎火的夜里，谁也搞不清是怎么回事，顿时陷入一片混乱。

此时前面的伍文定也不跑了，他重整阵营，又杀了回来。前后夹击之下，叛军人心惶惶，只能分兵抵抗。

可是他们的麻烦才刚刚开始，前后这两个冤家还没应付完，突然从军队两翼又传来一片杀声！

这大致可以算是王司令附送的纪念品，他唯恐叛军死不干净，又命令临江知府戴德孺和袁州知府徐琏各带上千士兵埋伏在敌军两翼，看准时机同时发动进攻。

在伸手不见五指的黑夜，被人团团围住，前后左右一顿暴打，叛军兄弟们实在撑不住了，跑得快的就逃，实在逃不了就往湖里跳。叛军一败涂地，初战失利。

事后战果合计，叛军阵亡两千余人，伤者不计其数，还没有统计跳水失踪人员。

宁王失败了，他率领军队退守鄱阳湖东岸的八字脑。

自诩聪明过人的刘养正和李士实两位先生终于领教了王司令的厉害，顿感大事不妙，主动跑去找朱宸濠，开动脑筋献计献策，这次他们提出的建议是撤退。

然而，一贯对这二位蹩脚军师言听计从的朱宸濠拒绝了。

“我不会逃走的。”他平静地回答道。

“起兵之时，已无退路！而今到如此田地，战死则已，决不后撤！”

这位能力一般、智商平平的藩王终于找回了祖先留存在血液中的尊严。

军师们沉默了，他们也懂得这个道理，只是他们面对的敌人太可怕了。

王守仁善用兵法，诡计多端，在那个时代，他的智慧几乎无人可望其项背。他意志坚定、心如止水，无法收买也决不妥协，这似乎是一个没有任何弱点的人。

朱宸濠冷冷地看着眼前这两个低头不语的废物，终于开口说话：

“我有办法。”

刘养正和李士实霍然抬起了头。

“因为我有一样王守仁没有的东西。”

朱宸濠所说的那样东西，就是钱。

王守仁招兵的秘诀是开空头支票，所谓平叛之后高官厚禄，仅此而已。朱宸濠却大不相同，他给的是现金，是真金白银。

他拿出了自己积聚多年的财宝，并召集了那些见钱眼开的强盗土匪。他很明白，对这些人，仁义道德、舍生取义之类的训词都是屁话，只要给钱，他们就卖命！

面对着那些贪婪的目光和满地的金银，朱宸濠大声宣布：

“明日决战，诸位要全力杀敌！”

下面说实惠的：

“带头冲锋之人，赏千金！”

“但凡负伤者，皆赏百金！”

于是属下们立即群情激奋、斗志昂扬起来，纷纷表示愿意拼死作战。(钱是硬道理。)

朱宸濠同时还下达了一道命令：

“九江、南康的守城部队撤防，立刻赶来增援！”

失去南昌之后，九江和南康已经是他唯一的根据地，但事情到了如此地步，这些也顾不上了。

棺材本全拿出来，王守仁，跟你拼了！

◆ 最后的恶战

正德十四年（1519）七月二十四日，第二次战斗开始。

朱宸濠先攻。

王守仁站在远处的箭楼上观战，前日大胜后，对这场战争的结局，他已经有了充分的把握。

所以当敌军来袭时，他没有丝毫慌乱，仍然命令伍文定率前锋迎敌。在他看来，这不过是一次普通的进攻，并没有什么特别之处。

可是交战的士兵却惊奇地发现，这批敌人确实特别，他们个个浑似刀枪不入，许多人赤膊上阵，提着刀毫不躲闪就猛冲过来，眼里似乎还放着光（金光），面孔露出疯狂的表情，就差在脸上写下“快来砍我”这几个字了。

再正常不过了，冲锋赏千金，负伤也有百金，比医疗保险牢靠多了，稳赚不赔的买卖谁不做？

事实证明，空头支票、精忠报国最终还是干不过真金白银、荣华富贵。几次冲锋后，王守仁前军全线崩溃，死伤数十人，中军也开始混乱起来。

远处的王守仁屁股还没坐热，就看到了这混乱的一幕，他当即大呼道：

“伍文定何在？”

伍文定就在前军不远的位置，前方抵挡不住，他却并不慌张，只是拿起了佩剑，迎着败退的士兵，疾步走到了交战前线。

在众人惊讶的目光中，他拔出了宝剑，指剑于地，突然间大喝一声：

“此地为界，越过者立斩不赦！”

说是这么说，可在战场上，保命是最重要的，有些士兵不知道伍知府的厉害，依然越界逃跑。

一贯以凶狠闻名的伍知府着实不是浪得虚名，他不但嗓门粗、胆子大，剑法也相当了得，连杀了七八名逃跑的士卒。

前有叛军，后有伍知府，左思右想之下，士兵们还是决定去打叛军，毕竟战死沙场多少还能追认个名分，给几文抚恤金，死在伍知府剑下啥也捞不着。

于是士兵们抖擞精神，重新投入战场，局势终于稳定下来，王守仁军逐渐占据上风，并开始发动反击。然而就在此时，湖中突然传来巨响，无数石块铁弹随即从天而降，前军防备不及，损失惨重。

要说朱宸濠先生倒不全是窝囊废，他也在远处观战，眼见情况不妙，随即命令停泊在鄱阳湖的水师舰队向岸上开炮，实行火力压制。

这种海陆军配合的立体作战法效果实在不错，不但杀伤大量士兵，还有极强的心理威慑作用，毕竟天上时不时掉铁球、石块也着实让人胆寒。

战局又一次陷入胶着状态，关键时刻，一位超级英雄出现了。

当许多士兵丧失斗志、心怀恐惧，准备后退时，他们惊奇地发现，在这弓箭、石块满天飞的恶劣环境中，一个人却依然手握宝剑，站在原地一动不动，丝毫不退，巍然如山。

那个人正是伍文定。

在箭石横飞的环境中，人们的通常动作是手忙脚乱地爬来滚去，相对而言，伍知府的这种造型的确是相当的潇洒，用今天的话说是“酷”。

可是在战场上，要“酷”是要付出代价的，很快伍知府就吃到了苦头，敌船打出的一炮正好落在他的附近，火药点燃了他的胡须（易燃物），极其狼狈。

可是英雄就是英雄，所谓男人就该对自己狠一点儿。伍知府那是相当的狠，据史料记载，他胡子着火后毫不慌乱，仍然纹丝不动（火燎须，不为动），继续指挥战斗。

这里插一句，虽然史书上为了保持伍文定先生的形象，没有交代着火之后的事

情，但我坚持认为伍先生还是及时灭了火，毕竟只是为了摆造型，任由大火烧光胡子也实在没有必要。要知道，伍先生虽然狠，却也不傻的。

榜样的力量确实是无穷的，伍文定的英勇举动大大鼓舞了士兵们的士气，他们万众一心，冒着敌人的炮火奋勇前进，挡住了敌军的进攻，局势再次稳定下来。

一方有名将压阵指挥，士气旺；另一边有医疗补助，不怕砍，两军在鄱阳湖边僵持不下，竭力厮杀，你来我往，死伤都极其惨重。

此时天色已近黄昏，仗打到这个份儿上，双方都已经精疲力竭，胜负成败只在一线之间，就看谁能坚持到最后一刻。

朱宸濠已经用尽全力了，但让他感到安慰的是，对面的王守仁也快支持不住了，毕竟自己兵更多，还有水军舰船，只要能够挺住，必能大获全胜。

可是就在他眺望对岸湖面的时候，才猛然发现了一个严重的问题——王守仁也是有水军炮舰的！

奇怪了，为何之前舰炮射击的时候他不还击呢？

还没有等他想出所以然来，对岸的战船突然同时发出轰鸣，王司令的亲切问候便夹杂着炮石从天而降，一举击沉了朱宸濠的副舰，他的旗舰也被击伤。

答案揭晓：一、王司令喜欢玩阴的，很少去搞直接对抗。二、他的舰船和弹药不多，必须观察敌舰主力的位置。

彻底没指望了。

所谓“行不义者，天亦厌之”，大致可以作为当前局面的注解。朱宸濠呆呆地看着他的士兵节节败退，毫无斗志地开始四散逃跑。

大炮也用了，钱也花了，办法用完了，结局如此，他已无能为力。

战斗结束，此战朱宸濠大败，阵斩二千余人，跳河逃生淹死者过万。

◆ 不长记性啊

到了现在，我才不得不开始佩服朱宸濠先生了，因为虽然败局已定，他却并不打算逃走，而是趁着天色已晚，他将所有的舰船集结起来，成功地退却到了鄱阳湖岸的樵舍。

他决定在那里重整旗鼓。

下面发生的情节可能非常眼熟，请诸位不要介意。

由于陆地已经被王守仁军占据，为保证有一块平稳的立足之地，朱宸濠当机立断，无比英明地决定——把船只用铁索连在一起（连舟为方阵）。

当然了，他对自己的决定是很得意的，因为这样做好处很多，可以方便步兵转移、预防风浪，等等。

这是正德年间的事情，距离明初已过去了一百多年，《三国演义》已经公开出版了，而且估计已成了畅销书。

我十分不解，朱宸濠先生既然那么有钱，为什么不去买一本回去好好看看？要么他没买，要么买了没细看。

朱宸濠先生，这辈子你是没指望了，希望下辈子能够好好学习，用心读书。

这些事情忙活完了，朱宸濠总算松了口气，他活动活动了筋骨，回去睡觉。

王守仁没有睡觉，朱宸濠前半夜忙活时，他派人看，等朱宸濠完事了，他开始在后半夜活动，整整活动了一宿，搞定。

从后来的事情发展看，王守仁是应该看过《三国演义》的，而且还比较熟。

正德十四年（1519）七月二十六日，晨。

朱宸濠起得很早，因为今天他决定杀几个人。

在他的旗舰上，朱宸濠召开了战情总结会，他十分激动地痛斥那些贪生怕死、不顾友军的败类，还特别点了几个人的名，那意思是要拿这几位拿钱不办事的兄弟开刀。

可还没等他喊出“推出斩首”这句颇为威风的话，就听见外面的惊呼：

“火！大火！”

昨天晚上，王守仁作了明确的分工，将舰队分成几部分，戴德孺率左翼，徐琏率右翼，胡尧元等人压后，预备发起最后的攻击。

得力干将伍文定负责准备柴火和船只。

下面的情节实在太老套了，不用我说相信大家也能背出来，具体工艺流程是：点燃船只发动火攻—风助火势—引燃敌舰—发动总攻—敌军溃退。

结局有点儿不同，朱宸濠没有找到属于他的华容道，看到漫天火光，他彻底丧失了抵抗的勇气，乖乖地做了王守仁军队的俘虏。与他同期被俘的还有丞相李士实一干人等，以及那几个数字（闵二十四、凌十一、吴十三）家族出身的强盗。

不读书或者说不长记性的朱宸濠终于失败了，并为他的行为付出了代价，他有当年朱棣的野心，却没有他的能力。

更为致命的是，他的对手不是柔弱的建文帝，而是聪明绝顶的王守仁。

但是一般来说，奸恶之徒就算死到临头，也是要耍一把威风的，刘瑾算一个，朱宸濠也算一个。

被押解下船的朱宸濠获得了高级囚犯的待遇：骑马。他浑然不似囚犯，仍然摆着王爷的架子，轻飘飘地进入了军营，看见了王守仁，并微笑着与对方打起了招呼：

“这些都是我的家事，何必劳烦你如此费心？”（此我家事，何劳费心如此。）

王守仁却没有笑，他怒视着朱宸濠，命令士兵把他拉下马，捆绑了起来。

王守仁不会忘记，这个谈笑风生的人为了权势和皇位，杀死了孙燧，发动了不义的战争，害死了许多无辜者，他是不值得同情的。

捆绑的绳索终于让朱宸濠慌张了，他现在才开始明白自己此刻的身份——不是藩王，而是死囚。

于是他开始求饶。

“王先生，我愿意削除所有护卫，做一个老百姓，可以吗？”

回答十分干脆：

“有国法在！”

朱宸濠低下了头，他知道等待着自己的将是什么。

不见棺材不掉泪啊。朱宸濠先生，悔晚了点儿吧！

七月二十七日，宁王之乱正式平定，朱宸濠准备十年，在南昌起兵叛乱，后为赣南巡抚王守仁一举剿灭，前后历时共三十五日。

参考消息 **凄美娄妃**

朱宸濠的正妃名叫娄素珍，是著名理学家娄谅的孙女。娄妃貌美，饱读诗书，而且深明大义。宁王起兵叛乱前，她用心良苦地用各种方式进行劝谏。有次宁王送给她一幅沈周的《樵夫上山图》，她便在留白处题诗曰：“妇语夫兮夫转听，采樵须知担头轻。昨宵雨过苍苔滑，莫向苍苔险处行。”宁王无言以对，执意造反，不想起兵后一个多月就被生擒。坐在槛车中，宁王悔恨落泪：“纣用妇人言亡天下，我以不用妇人言亡其国，今悔恨何及！”娄妃闻讯后，悲痛欲绝，不愿独活，决意投江自殉。说来也怪，娄妃投江后，她的尸身并未顺流而下，而是逆流又到了南昌。王守仁感其英烈贤德，就在赣江边厚葬了这位奇女子。

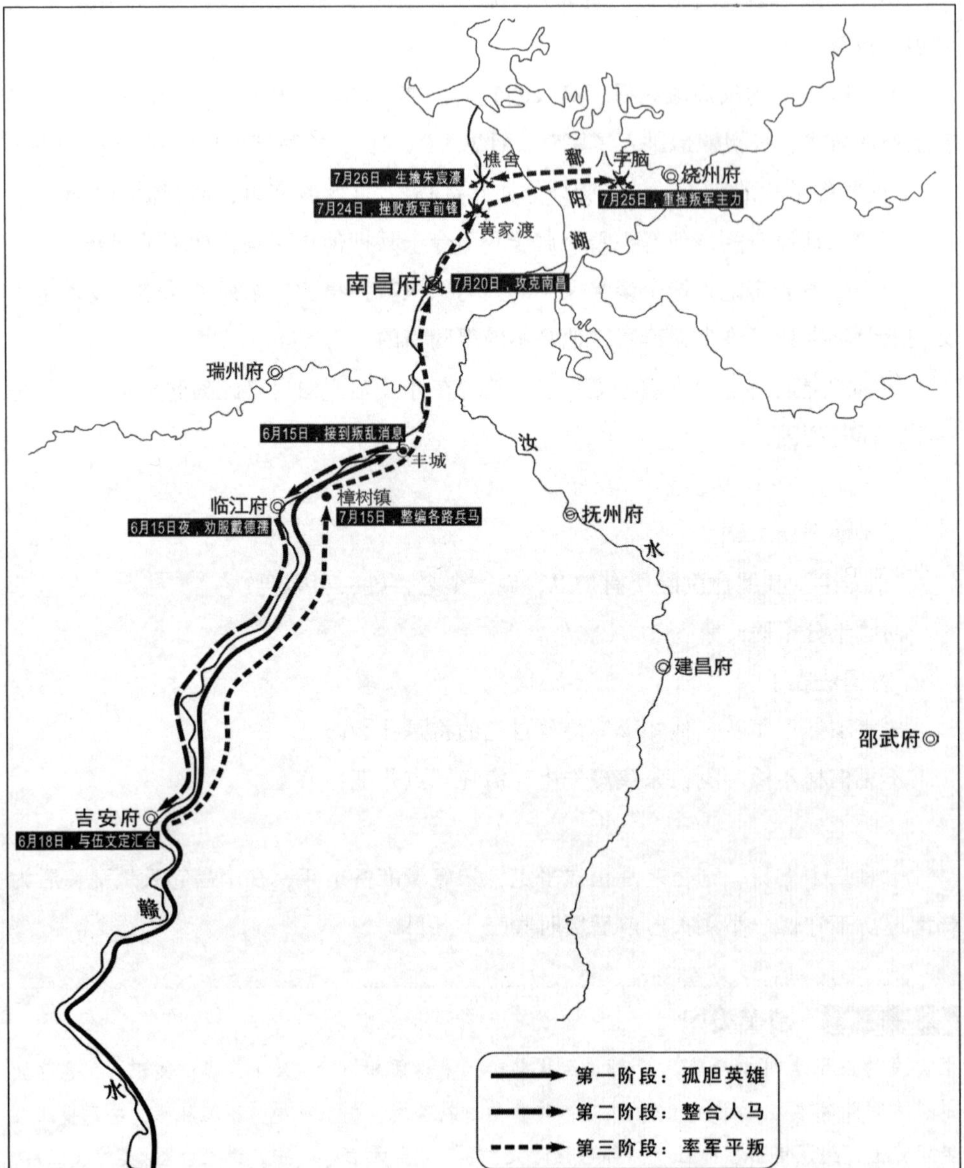
樵舍
鄱
阳
湖
八字脑
饶州府
7月26日，生擒朱宸濠
7月25日，重挫叛军主力
7月24日，挫败叛军前锋
黄家渡
南昌府
7月20日，攻克南昌
瑞州府
6月15日，接到叛乱消息
丰城
樟树镇
临江府
7月15日，整编各路兵马
6月15日夜，劝服戴德孺
汝
抚州府
水
建昌府
邵武府
吉安府
6月18日，与伍文定汇合
赣
水
第一阶段：孤胆英雄
第二阶段：整合人马
第三阶段：率军平叛
6月5日，接到兵部旗牌
赣州府
汀州府

↑ 王守仁平叛经过

一个月前的王守仁先生手无寸铁，孤身夜奔，他不等不靠，不要中央援助（也没有），甚至不要中央政策（没人给），转瞬间已然小米变大米，鸟枪换大炮，就此平定了叛乱，名垂千古。

此等空手套白狼之奇迹，可谓绝无仅有，堪称不世之奇功。

在我看来，支撑他一路走来，建立绝代功勋的，除了无比的智慧外，还有他那永不动摇的信念——报国救民、坚持到底。

事情终于办完了，叛乱平定了，人抓住了，随从大臣三百多人愣是一个都没溜掉（打水战呢，人家咋逃），连通缉令都不用贴，更别说费事印啥扑克牌了，也算给国家节省了资源，多少为战后重建打个基础。

一切都结束了。王守仁曾经这样认为。

然而，一贯正确的王大人错了，恰恰相反，其实一切才刚刚开始。

一场真正致命的考验正在前面等待着他。

第十二章

死亡的阴谋

〇朱厚照这辈子也算是多姿多彩 短短的十几年 他就遇上了三次谋反 刘瑾 存在争议 朱寘鐇 还有最近的朱宸濠

◆ 最后的征途

虽然时间晚了一点儿，可是朱宸濠叛乱的消息还是传到了宫里，此时王守仁已经跑到了吉安，准备反击，京城里的官员们却并不知道这一点。

他们只知道朱宸濠在过去的很多年里，送了他们很多钱，这么看来，他的这次反叛一定计划严密，难以平定。于是乎，京城一片慌乱，收拾行李准备溜走的大有人在。

只有两个人表现出了完全不同的态度，一个是自信，另一个是高兴。

自信的是兵部尚书王琼，他自拍着胸脯抚慰大家那脆弱的心灵：

“大家不要慌，我当年派王伯安（守仁字）镇守赣南，就是为了今天！有他在，数日之内，反贼必然被擒！”

说得轻巧，有这么容易吗？

至少在当时，王尚书的话是没有几个人信的。

高兴的那个人是朱厚照，他是高兴坏了，高兴得手舞足蹈。

朱宸濠，你居然敢造反，好，太好了，看我亲自去收拾你!

对于永不安分的朱厚照来说，这实在是一个天赐良机，不用出关走那么远打蒙古人了，现成的就有一个，真是太方便了。

他很快下达了命令——亲征!

大臣们可以忽视王琼的话，却不能不管这位大爷，于是之前的那一幕又出现了，无数大臣拼命上书，还推出了杨廷和，希望这位杨师傅带头说话，阻止朱厚照的冒险行动。

可是这一次，朱厚照没有退让。

他已经忍受得太久了，这帮老头子已管了他十几年，看这样子是想要管到他进棺材才肯罢休。

还有这个“杨师傅”，还真把自己当回事了，又不是你儿子，凭什么多管闲事?

面对着朱厚照那坚定的目光和决然的口吻，杨廷和明白，这次他们是阻止不了这位大爷了。

由他去吧!

杨廷和无可奈何地担任了留守的工作，看着朱厚照收拾行装，穿戴盔甲，准备光荣出征。

当时朝中的官员们对朱厚照的亲征几乎都持反对意见，只有一个人除外，这个人就是朱厚照的第一宠臣江彬。

他极力地鼓励朱厚照亲自出战，并积极做好各种筹备工作，这种卖力的表现也赢得了朱厚照的赞赏。

然而，朱厚照并不知道，这个看似听话的奴才，在他唯唯诺诺赞成出征的背后，却有着不可告人的目的和阴谋。

在江彬的帮助下，朱厚照很快召集了所有京军的精锐，定于正德十四年（1519）八月正式出征。

然而就在一切具备、只等开路的时候，几匹快马奔入京城，带来了一封加急奏报。

奏报是王守仁发来的，内容很简单，就是告诉大家，不用急了，也不用调兵，我王守仁已经解决了问题，诸位在家歇着吧。

这是一封捷报，按照常理，应该立刻交给皇帝陛下，然后普天同庆，天下太平。

然而江彬却一反常态，将这封捷报藏了起来。

这是一个十分怪异的举动，他这样做，绝不仅仅是为了满足朱厚照南下游玩的兴趣，真正的原因是，只有把这位皇帝陛下请出京城，他才有可能实现自己的计划。

身着闪亮铠甲、风光无限的朱厚照终于如期踏出了正阳门，自由的感觉又一次充斥他的全身，秀丽的江南正在召唤着他，对身后这座宏大的都城，他已经完全失去了兴趣。对他而言，离开这里就意味着一种解脱。

然而朱厚照绝不会想到，这是他最后一次远征，也是他最后一次冒险。在这次旅途中，他将遇到一个真正致命的死亡陷阱，并被死神的阴影所笼罩，留下一个千古之谜。

当然，这也将是他传奇一生的终点，不久之后，他就将得到真正、彻底的解脱。

远征队出发了，在这支队伍中，除了兴高采烈的朱厚照外，还有两个另有打算的人，一个是心怀叵测的江彬，另一个是心绪不宁的钱宁。

江彬正在盘算着他的事情，就先不说了。钱宁兄之所以心慌意乱，原因我们之前已经说过了：他是朱宸濠的人，是安插在皇帝身边的内奸。

他已然得知，朱宸濠战败了，行贿的人已经落入法网，他这个受贿的该怎么办呢？指望朱宸濠讲义气，不把他供出来，那是不大现实的。这哥们儿犯的可是死罪啊！没准儿在牢里供词都写了几万字了，连哪年哪月哪日，送的什么，送了多少，左手还是右手接的都写得一清二楚。

他一路走一路想怎么解决这个问题，明知前途险恶，却还要被迫走下去，这实在是一种煎熬。

幸运的是，他的这种煎熬很快就要结束了，因为江彬决定要他的命，帮他彻底

参考消息 **正德时装秀**

朱厚照经常检阅部队，名曰“过锦”。有次阅兵仪式搞得很隆重，文武百官悉数到场。只见诸营将士全部身着盔甲，外罩以黄衣，在阳光下满眼金黄，十分晃眼。江彬等将领则统一头戴遮阳帽，帽植天鹅翎，贵者三翎，次二翎。兵部尚书王琼有一顶一翎的帽子，就让他得意万分，四处炫耀。一时间，“市井细民，莫不效其制，号曰‘时世装’”。朱厚照在无意之间，引领了当时的着装潮流。不仅如此，他还身体力行，经常跟江彬穿这套衣服外出，两人甚至“铠甲相错，几不可辨”。

解除痛苦。

大队走了不远，他就接到了皇帝的指令，让他回京帮忙料理生意（朱厚照先生也做点儿买卖），他顿感不妙，皇帝都走了，还有什么生意需要料理呢？

但他也没办法，只好乖乖打道回府。

这是江彬的调虎离山计，毕竟大家都是熟人，当面不好下手。他一边建议朱厚照安排钱宁回京，同时派人快马加鞭赶到江西，寻找钱宁勾结藩王的证据。

钱宁兄收钱收得手软，这证据自然是一找一箩筐，使者回来报告江彬，江彬报告朱厚照，朱厚照发言：

“狗奴才，我早就怀疑他了！”

和杀刘瑾时那句话差不多，既然早就怀疑，早干吗去了。

树倒猢狲散，墙倒众人推。很快，钱宁被抓了，家也被抄了，事情干得相当利落，这个自刘瑾之后的第二大权奸就此垮台（第一名是江彬同志），被关进了监狱。

具有讽刺意味的是，这位阶下囚竟然比关他的朱厚照和江彬活得还要长，也真算是老天闭眼。

◆ 阴影的威胁

料理了钱宁，朱厚照继续前进，他的行程是这样的，由京城出发，途经保定进入山东，过济宁抵达扬州，然后由南京、杭州一路南下，到达江西。

参考消息 **小贩朱厚照**

朱厚照对做生意很感兴趣，有次微服私访，见到一个小贩叫卖衣服，业务十分熟练，这让朱厚照很是兴奋。很快，他就在宫中摆起了小摊，头戴瓜皮帽，手拿算盘和账本，学着小贩的腔调，卖起了宫女和太监送来的旧衣服。与此同时，由太监扮演的顾客就过去挑衣服，为了烘托效果，顾客不仅要软磨硬泡地讨价还价，还要故意找茬儿挑刺，而店主则要耐心地逐一辩解。当双方争得面红耳赤的时候，便会有太监扮演市场管理员，过来调解。一般都是顾客理亏，为了谢罪，就得请店主到太监开的酒家吃饭。后来这一戏本在清代宫廷再次出现，乾隆皇帝曾在颐和园“苏州街”中设立街景，由太监、宫女等人扮演各色人等，以悦圣听。

可以看出,这是一条凝结了朱厚照先生智慧结晶的出行路线,既有人文景观（扬州产美女），又有自然风光，这时他虽已经得知朱宸濠兵败的消息，却并未打消出游的乐趣，正相反，他准备借此机会好好的玩一玩，放松放松。

按说皇帝出游，到下面调研视察，地方官员应该高兴才对，可这条旅游路线一传开，沿途的官员们顿时吓得魂飞魄散。

因为他们有着一个普遍的共识：皇帝就应该老老实实地待在京城里，哪里都不要去了，你干吗要四处闹腾呢？又管吃又管住，大家没工夫伺候你，就别惹麻烦了。

这么看来，明代的官员们实在是觉悟不高，要知道，两百多年后的康乾下江南，各地官员都是巴不得皇帝陛下光临寒地，不但可以借机摊派搞点儿油水，如果伺候得好，还能给皇帝留下点儿深刻印象，升官发财，不亦乐乎？

可是想让皇帝来，也不是那么容易的，你得付钱，这也是著名的贪污犯和珅先生的一条重要的生财之道，谁给的钱多，他就安排皇帝去哪儿玩。这要是在正德年间，估计他会亏本的。

就这样，官员们拿着搜刮来的民脂民膏去孝敬皇帝，得到皇帝陛下的几句嘉奖，然后干净利落地跪在地上，熟练地磕几个头，发出响亮有节奏的声音，流几滴眼泪，口中同时大呼固定台词:“折杀奴才！”

我对明代的文官们感觉一般，这帮人总是喜欢唧唧喳喳，拉帮结派，有时候还胡乱告状，排除异己。但他们仍然是值得赞赏的，毕竟敢于坚持原则，敢冒砍头、打屁股的风险，敢骂皇帝、敢骂权奸宦官、敢于抗命，并不是那么容易做到的。

在我看来，父母生养多年，似乎不是为了让自家孩子天天自称“奴才”，四处给人磕头下跪的。在人的身上，多少还应该有一样东西——骨气。

当时的地方官们似乎还是有点儿骨气的，他们无一例外地对这位出行的皇帝表示了不同意，朱厚照才走到通州，保定府的御史奏折就来了，大意是路上危险，一路不便，您还是回去吧。

朱厚照不理。

过了保定，还没进山东，山东御史的奏折也来了，还是劝他回去。

朱厚照回去了。

但他老人家愿意回去，绝不是从谏如流，而是因为他丢了一样东西。

然后他脱离大队，一路狂奔几百里，带着几个随从，一口气从山东边境跑回了京城，只为了对一个女人说一句话：

“我来接你了。”

这个女人姓刘，史书上称“刘姬”，是朱厚照十分喜爱的一个女人，出发之前，他本来打算带着刘姬一起走，但考虑到战场十分危险，朱厚照怜香惜玉，决定把她安置在京城近郊，看情况再说。

临走之前，刘姬给了朱厚照一根玉簪，约定如无意外，以此为信物相见。

可是意外偏偏发生了，过卢沟桥（偏偏就在这地方）的时候，他一时激动，冲得太快，把玉簪给弄丢了。

虽然那年头没有环卫工人天天打扫，但毕竟后面跟着十万大军，十万双脚下去，别说玉簪，玉棒槌也踩没了。

当时朱厚照也没在意，到了山东，听说朱宸濠已经完蛋，他便派人去接刘姬。

可这位刘姬虽然是个弱女子，却是个认死理的家伙，她见来人没有信物，打死也不肯走。

使者回去报告了朱厚照，说这事情很难办，她不肯来。

确实难办，又不能因此就班师回朝，为了这个女人，皇帝陛下亲自跑一趟？

一百个皇帝中间会有一百个都说不，朱厚照是第一百零一个。

为了自己喜欢的女人跑一趟，他认为很值得。

参考消息 **浣衣皇后**

正德年间，霸州有个美人叫王满堂，被一个叫段长的土匪掠去当了压寨夫人。后来段长自立为帝，年号“大顺平定”，并封王满堂为皇后。不过，这个跟过家家似的“朝廷”，很快就被当地政府剿灭。段长因谋反罪被处死，王满堂则被收入宫中的浣衣局为奴。朱厚照听说她有艳名，就把她调到了豹房来服侍自己。王满堂抓住机会，把皇帝迷得神魂颠倒。朱厚照曾多次戏称她为皇后，还信誓旦旦地要立她为后，谁知没过多久，他便一命呜呼了。王满堂没了依靠，又被送回了浣衣局，接着洗起了衣服。

于是，在极度的惊喜之后，刘姬坐上了朱厚照的船，一同向山东进发。

这件事情再次考验了文官们的忍耐极限，你玩也就玩了，现在还擅自脱离群众一个人独自行动，太过分了！

没等到京城的言官们动手，山东的一位熊御史就近上了一封奏折。

看得出来这位御史还是动了一番脑筋的，他的奏折可谓奇文，大致意思是：

“皇帝陛下带着几个随从，穿着便衣，露宿野外，这太不对了！如果出了什么事情，国家怎么办？你妈怎么办（如太后何）？”

朱厚照涵养很好，没有收拾他，这是不太容易的。

人接到了，继续往前走，进了山东，过了德州，过了济宁，向扬州前进。

在山东境内可谓麻烦不断，史书中记载的恶行一大堆，什么耀武扬威、欺负地方官、搜罗财物之类，朱厚照也因此背上了一个很不好的名声。

但如果细看就会发现，大部分恶行的前面都有一个主语——彬。

彬责之、彬索之、彬矫旨（假传旨意），此类种种，不胜枚举。

江彬仗着朱厚照对他的信任，任意妄为，朱厚照坐拥天下，啥也不缺，出来恶作剧的主要目的是为了玩。

江彬不同，他本来只是个小武官，啥也没有，不借此机会捞一把，更待何时？

他干得相当过分，到了一个地方，立马就向地方要钱，如果不给他就任意安插一个罪名，甚至把绳索直接套到地方官的脖子上，不把人当人。还派出士兵，四处搜罗百姓财物，敢抵抗的就拳脚相向，搞得地方鸡犬不宁。他的架子也越来越大，狐假虎威，竟然连成国公朱辅见到他都要下跪！

朱辅就是追随朱棣作战的靖难功臣朱能的后代，当年真定之战，朱能敢带几十人追几万敌军，老人家在天有灵，看见自己的后代如此窝囊，没准儿能气得活过来。

虽然朱厚照自己也干过一些类似不太地道的事情，但总的来说，他本人做事还是比较有分寸的，连指着鼻子骂他的言官都能容得下，还容不下老百姓吗？

但他对发生的这一切是要负责任的，江彬是一条恶狗，他却是恶狗的主人。

可是朱厚照没有意识到，由于他无尽的放纵，这条恶狗已经变成了恶狼，即将调转他锋利的牙齿，对准他的主人。

江彬是一个武将，他以打仗起家，作战很是勇猛，据说有一次在战场上，他的半边脸被冷箭射穿，这位粗人二话不说，立马就拔了出来，脸上鲜血直冒也不管，继续作战，吓得敌人魂不附体。此情此景，足可比拟当年的夏侯惇同志。

但除了好勇斗狠之外，他就是一个彻头彻尾的恶棍，贪污受贿、敲诈勒索，无所不为。对于这些事情，朱厚照知道，却不愿意多管，在他看来，这个人不过是想捞点儿钱，可以理解也可以接受。

可惜他错了。

江彬的胃口很大，不但打算要他的钱，还想要他的命、他的江山。

为此，他设定了圈套，准备借此出征的机会除掉朱厚照。而对于这一切，朱厚照还蒙在鼓里。在他的眼里，江彬是一个十分可靠听话的人，说到底，他还只是一个不到三十岁、缺乏社会经验的年轻人。

朱厚照这辈子也算是多姿多彩，短短的十几年，他就遇上了三次谋反，刘瑾（存在争议）、朱寘鐇，还有最近的朱宸濠。

或许是上天保佑吧，这三次谋反竟连他的一根汗毛都没有伤到，但这一次不同，致命的威胁已经来到了他的身边。

阴谋的黑手正慢慢地伸向毫无察觉的朱厚照，很快，它将扼住皇帝陛下的喉咙，置之于死地。

参考消息 **有魅力的伤疤**

江彬脸部中箭之后，从面颊到耳根处就留了一条伤疤。不过，正是这条影响形象的伤疤，成就了他日后的飞黄腾达。原来，军事发烧友朱厚照十分关注前线战事，经常召见了一些功勋卓著的将领代表。当时江彬的级别比较低，本没有资格见到皇帝，他通过重金贿赂钱宁，获得了面圣的机会。朱厚照见到江彬时，立刻被他脸上的伤疤吸引了。问起来由，江彬便添油加醋地讲起了这道伤疤的来历。朱厚照很快就被江彬的英勇事迹折服，江彬从此平步青云。

◆ 最后的敌人

可是生活就如同电视剧一样，总会有点儿波澜起伏，当江彬看到那封要命的奏折时，他那自以为聪明绝顶、运筹帷幄的脑袋终于蒙了。

这封奏折比较长，精选内容如下：

“先于沿途伏有奸党，期为博浪、荆轲之谋。”

“诚恐潜布之徒，乘隙窃发，或有意外之虞，臣死有遗憾矣！”

这几句话应该比较好理解，就不解释了，最后介绍一下落款作者——赣南王守仁。

顺便说两句，这封奏折朱厚照看了，却并未理会。

在这之前，江彬和王守仁也算是某种程度上的战友，毕竟当时他们有朱宸濠这个共同的敌人。

但王守仁的显赫战功让江彬愤怒了，他没有想到，这个一没钱二没兵的家伙竟然平定了叛乱，抢了自己的风头。而这份奏折上的每一个字，在江彬看来，都是在说自己。

红眼病外加做贼心虚，江彬决定先拿王守仁开刀。

有一份杂志曾经评过人类有史以来最不应该犯的战略错误，经过投票选举，一个结果以超高票数当选——武力进攻俄国。这个结果比较靠谱，连拿破仑、希特勒这样的猛人，千里迢迢去啃了几口西伯利亚的雪，最后也只能灰溜溜地跑回来。

如果要评选正德年间最不应该犯的错误，翻翻史书，不用投票大概也能得出一个结论——和王守仁先生叫板。

其实王守仁写的这份奏折并非指向江彬，他说的主要是朱宸濠的余党。当然了，其间是否有隐含的意思，也是值得研究的。

要知道，虽然王守仁先生看起来像个二愣子，实际上不但精通兵法，还擅长权谋。他很会做人，在官场也算是个老油条了，经常和人称兄道弟，他和兵部尚书王琼（此时即将调任吏部尚书）的关系一直很好，他的群众基础也是相当不错的。

当然了，内阁中也有一个人不喜欢他——杨廷和，不过这似乎也无关紧要。

有了这些人际关系，王守仁先生自然消息灵通，从半年后他采取的那些紧急行动看，他对于江彬的阴谋应该早有察觉。

于是，继朱宸濠之后，江彬成为了王守仁的新敌人，事实证明，他是一个比朱宸濠可怕得多的对手。

江彬想出了一个很恶心人的方法，他在等待一个机会，要像猫捉老鼠一样，先慢慢整治王守仁，然后再除掉他。

这个机会很快就出现了。

正德十四年（1519）九月，王守仁再次上奏，这次他提出了一个要求：希望能够将朱宸濠送到南京，在那里举行献俘仪式。

王守仁的这个意见看似简单，背后却隐藏着极为深远的考虑。

按照朱厚照的计划，是要到南昌与朱宸濠作战，而朱宸濠虽然现在已经被捕，朱厚照却似乎并不罢休，准备一路走下去，搞个轰轰烈烈的武装游行。

从京城到山东，已经惹出了那么多的事情，十几万大军和那群奸邪小人要真的进了江西，吃吃喝喝加上打家劫舍捞点儿外快，老百姓估计就不用活了。

所以南京是最好的地点，反正皇帝陛下也玩了很久了，到南京后就别动了，免得四处折腾，况且南京也是帝都、特大城市，在这里搞仪式也算有了面子，快点儿完事您就快点儿回去吧，大家都方便。

朱厚照在行军路上收到奏折，看后没多想，就交给了旁边的江彬，询问他的意见。

江彬看懂了，他完全领会了王守仁的良苦用心，知道他为了百姓安宁，不愿再起事端。

然后他对朱厚照说出了自己的看法：

“绝对不可！”

“千里迢迢带领大军到此，怎么能够空手而归！”

但是朱宸濠都被抓了，还能打谁呢？

“把他放回鄱阳湖，陛下再抓一次！”

如此缺心眼儿的主意都能想出来，也算坏得只剩渣了。

朱厚照十分高兴，他同意了江彬的提议。

这是个十分阴毒的建议，其中包含着不可告人的目的。

一旦皇帝和十万大军进入了江西，以战后的混乱局面，其给养必然无法供应。养兵要管饭，没饭吃了就会去抢，到时局势必然混乱不堪。

而最为混乱的时候，也就是最好的时机。

这个处理意见很快传到了王守仁的耳朵里，他惊呆了。

他很清楚，这个方案极其凶险，如果照此执行，一场新的浩劫必然兴起，那些好不容易躲过战乱、生存下来的无辜百姓终将逃不过死亡的命运。

可是怎么办呢？

江彬的命令就是皇帝的命令，你能和皇帝讲道理吗？

王守仁似乎再次走到了穷途末路，在初露寒意的秋夜，孤灯之下，他开始了紧张的思索。

大军就要来了，局势已经无法控制，时间所剩无几，必须想出办法，必须想出办法！

但这次王守仁的智慧似乎没有任何用处，他冥思苦想了一夜，也没有想出方法。

看来只剩下那个不是办法的办法了，这也是他唯一的选择——抗命。

违抗圣命者，大逆！

王守仁很清楚这一点，但他依然决定这样做，去换取那些无辜百姓的生命。

不能再等待了，带上朱宸濠去南京，绝不能让他们进入江西一步！

我确信这样做是正确的。

正德十四年，九月，壬寅。

王守仁带领随从，押解着朱宸濠，向着自己未知的命运踏出了第一步。

◆ 觉悟

怀着惴惴不安的心情，王守仁上路了，应该说，他作出了一个勇敢的决定，但很快，王守仁就意识到，自己的这次无畏举动可能并不能改变什么。

他突然发现，即使自己抗命离开地方，主动交出朱宸濠，也未必能够保全江西百姓，万一那帮孙子不依不饶，朱宸濠到手之后还是要去江西闹事，那该怎么办？

答案是没办法。

可没办法的王守仁也只能继续往前走，然而刚走到半路，他却得到了一个看似无关紧要的消息：皇帝陛下派出了一支先遣队，日夜兼程向江西进发，已经抵达杭州。

应该说，这事和王守仁关系不大，管他什么先遣队、游击队，反正到地方把人一交，之后回家往床上一躺，要杀要剐看着办。

可当王守仁听见先遣队负责人的名字的时候，他改变了主意。

他决定去见一见这个人。

这个关键的决定最终挽救了他，挽救了无数的无辜百姓。

先遣队的负责人是张永。

对于这个人，我们并不陌生，他虽然经常干点儿坏事，不能算是个好人，却也讲道理、通情理，十年前就曾和杨一清通力合作，除掉了刘瑾。

正是基于他的这些优良表现，王守仁相信张永还是一个有良心的人，他希望能够争取这个人，毕竟现在已经没有别的指望了。

正德十四年（1519）九月，丁未，王守仁带着朱宸濠抵达杭州，立刻前往府邸拜会张永。

据说当时王守仁没带任何礼物，是空着手去的，这倒也比较明智，按张永的级别和送礼档次，王先生就算当了裤子也是送不起的。

他没权也没钱，却准备争取权宦张永的支持——凭借他的勇气和执著。

毕竟是个巡抚，看门的也不敢大意，立刻通报了张永。

正当他在门口考虑见面措辞的时候，却得到了一个意外的答复：不见！

张永不是傻瓜，他知道王守仁来干什么，想干什么，这么大的一个黑锅，他是不会背的。

看门的二话不说，立马把大门关上了。

面对着紧闭的大门，王守仁似乎明白了什么，但他并没有退缩。

他不再接着敲门，却退后了几步，大声喊出了他的愤怒:

“我是王守仁，为黎民百姓而来！开门见我！”

饱含悲愤与力量的声音穿透了沉默的大门，回荡在空旷的庭院中，震动着院中每一个人。

大门打开了。

张永终于出现在王守仁的眼前，但他似乎并不打算和这位王先生交朋友，只是漫不经心地问道:

“王巡抚来干什么？”

王守仁并不在意对方的冷淡态度，他用十分诚恳的语气说出了发自肺腑的话:

“江西的百姓久经朱宸濠的压榨，又经历了叛乱，还遇上了天灾（兵乱继以天旱)，而今大军执意要去江西，兵饷粮草绝难供应，到时民变再起，天下必将大乱！苍生何辜！”

“张公公你深得皇上信任，望能劝圣驾返京，则江西幸甚，百姓幸甚！”

然而，王守仁这番饱含深情的话却并没有能够打动张永，对久经宦海的张太监来说，这些所谓的悲剧似乎并不重要。

他仔细想了一会儿，面无表情地提出了他的要求:

“进言自然可以，但是有一个条件。”

“什么条件？”

张永用手指了指，试探地问道:“必须把那个人交给我，你愿意吗？”

他口中所说的“那个人”，就是朱宸濠。因为对他而言，这是一件可以用来邀功的珍贵礼物。

王守仁愣住了，半晌，他突然仰天大笑起来！

在这阵突如其来的笑声中，张永愤怒了，他感受到了一种前所未有的羞辱。

于是他用饱含杀气的口吻问道:

“敢问王巡抚，有何可笑？”

王守仁停住了笑声，正色地回答道:

“那个人自然是要交给张公公的，我要此人何用？”

何用？你不知道可以请功领赏吗？

从张永那不解的眼神中，王守仁明白了他的疑惑。

“在下起兵平叛，本为苍生百姓，天下太平，如此而已。”

王守仁十分真诚地作出了解释，然后他低下头，等待着张永的答复。

然而，这个答案却让张永陷入了更深的迷惑中，这个人孤身起兵，平定叛乱，事成之后却不计功劳，不求富贵，他为什么要这样做呢？

这对于张永来说，是一个很难理解的问题，当年他与杨一清合作铲除刘瑾，归根结底还是因为刘瑾大权在握，与他水火不容，杀掉刘瑾，他才能够独掌宫中监权。没有好处的事情，谁会去做？

可是眼前的这个人似乎是个例外，他以一人之力建立不世奇功，却心甘情愿地将手中最大的战利品拱手让出，只是为了那些与他并不相识的普通百姓？

张永闭上了眼睛，开始认真地思考，他想解开这个难解之谜，想了解眼前这个奇怪的人，想知道他为什么要这样做。

许久之后，他睁开了眼睛，因为他已经找到了问题的答案，在尔虞我诈的一生中，他第一次开始相信：

在这个世界上，有一种品质叫正直，有一种人叫义士。

“好吧，我来帮你。”

◆ 盟友的力量

王守仁略感意外地起身走出了张永的住处，但兴奋已经涌满他的身体，他终于找到了一个朋友，一个足可信赖的盟友。

这个朋友交得确实十分及时，因为不久之后，江彬又来找麻烦了。

他也得知，王守仁已经带着朱宸濠到了杭州，这么大块肥肉放在嘴边，他立刻活泛起来。

只要把朱宸濠搞到手，平叛之功就手到擒来！

但顾及身份，总不能自己去找王守仁，考虑再三，他决定派一个锦衣卫去杭州要人。

江彬充满了期待，而接到命令的锦衣卫也十分高兴，因为在衙门差事里，这种奉命找下级官员要人要物的工作最有油水可捞，不但可以耍威风，还能趁机敲一笔，如果要求得不到满足，就故意找茬儿，回去再狠狠告上一状，让你想哭都没眼泪。

可是找王守仁先生要钱，那是相当艰难的。

王守仁听说有锦衣卫来要人，便推辞不见，表示人已经送到了张永那里，你有种就自己去要人吧。

锦衣卫先生自然不敢去找张永，人要不到，他却也不走，那意思很明白，你得表示表示才行。

王守仁没有钱，即使有钱他也不想给。

但是碍于面子，他还是给了点儿钱——五两银子。

没错，就是五两。锦衣卫看着这点儿银子，简直不敢相信自己的眼睛，他极为愤怒，把银子砸在地上，扬长而去。

这下王守仁先生有大麻烦了，得罪了这位仁兄，他回去之后自然会颠倒黑白，极尽能力攻击诋毁，必欲除之而后快。

可是事到如今，已经很难挽回了，即使送钱赔礼也未必有用。

手下人十分担心，王守仁却怡然自得地告诉他们，他自有办法让这位锦衣卫不告黑状。

但他似乎并不打算送钱，也不想赔礼，只是安安心心地一觉睡到天亮，悠闲地洗漱完毕，等着那位锦衣卫上门。

不久，这位仁兄果然来了，他虽是锦衣卫，但按照品级，他是王守仁的下级，按照官场规矩，他应该来辞行。

王守仁正站在庭院里等待着他，看着这个不懂规矩的“铁公鸡”，锦衣卫先生正想说两句难听的话，却见王守仁先生三步并作两步，走到了自己跟前。

王守仁真诚地拉着他的手，深情地说道：

“我当年曾经蹲过贵部门的监狱（即正德五年那一次），老兄的同仁也见过不少，却是第一次见到老兄你这样的好人啊！”

这几句莫名其妙的话彻底打蒙了锦衣卫，他呆呆地看着王守仁，哑口无言。

“我怕阁下来去辛苦，特备薄礼（确实够薄），没想到阁下竟如此廉洁，居然分文不取！我这个人没有别的用处，就是会写文章，今后必定为阁下写一篇文章，让天下所有的人都知道阁下的高风亮节！”

锦衣卫踉踉跄跄地走了，唯恐在这里多待一分钟，这次他是彻底服了，心服口服。

其实锦衣卫大人也不是笨蛋，他十分清楚，王守仁是在拿他开涮，但他发现自己竟然发不得脾气！因为在王守仁的那几句话中，也隐含着杀机。

所谓“阁下如此廉洁”，是给他台阶下，顾及他的面子，这是软的。

所谓“我没有别的长处就是会写文章”云云，是在警告他，你要敢乱来，就写一篇骂你的文字，让天下人都知道你的恶行。这是硬的。

软硬兼施之下，岂有不畏惧者？

王守仁清正廉洁，不愿送礼，但麻烦一样会自动找上门。面对着要么送礼，要么挨整的困局，王守仁用一种近乎完美的方法解决了问题。他坚持了原则，也躲过了麻烦。

如果你还不理解什么是“知行合一”，那么我来告诉你，这个故事就是“知行合一”。

锦衣卫先生哭丧着脸，给江彬带回了那个让他失望的消息——人已经被张永抢走了。

江彬气急败坏，但他很明白，张永先生惹不得，要是撕破了脸，自己也没好果子吃，想来想去，只能拿王守仁出气。

于是这个小人开始编造谣言，说什么王守仁与朱宸濠本来是一伙的，因为王守仁怕事情不成功，才临时起兵之类的鬼话，还派人四处传播，混淆视听。

这话虽然荒诞不经，但要是传到朱厚照的耳朵里，王守仁先生还是很麻烦的。关键时刻，张永挺身而出。

他向朱厚照说明了来龙去脉，并气愤地说道：

“王守仁如此忠臣，国之栋梁，为何要受到如此中伤？天理何在！”

朱厚照虽然喜欢玩，不服管，却也是懂道理的。

所以当江彬来到朱厚照面前，绘声绘色地描述了王守仁的“罪行”后，只得到了一句回答：

“你给我记住，这种话今后少讲！”

还没等江彬反应过来，朱厚照又给了他一闷棍：

“王守仁立刻复命，即日起为江西巡抚，按时到任，不得有误。”

被领导骂得狗血淋头的江彬退了出去，估计他这辈子也不会再打小报告了。

◆ 以德服人

其实江彬一直是个运气不错的人，他大字不识几个，从小所学专业是打架斗殴，偏偏跟对了老板，顿时飞黄腾达，一发不可收拾。杨廷和对他客客气气，张永不敢招惹他，钱宁被他关进牢房，混到这个地步，也算是到头了。

直到他碰见了王守仁。

费尽心思想夺人功劳，却是竹篮打水，打小报告挖坑设圈套，最后自己掉了进去。

失败，极其失败。

到了这个地步，也该知难而退了吧，可是江彬同志偏不，他一定要和王守仁斗到底。考虑到皇帝面前有张永护着他，江彬决定转移战场，到江西去整王守仁。

恶人做到江彬这个程度，也算到头了。不过这一次，他确实占据了先机。

当王守仁接到旨意，准备回到南昌就任的时候，江彬已经派遣他的同党张忠等人率领部分京军进入了江西。

这位张忠刚到南昌，就做了一件很恶毒的事情，他竟然逮捕了伍文定，把他捆了起来，要他交代所谓的罪行。

可伍文定岂是好欺负的？他也不讲客套，刚被绑住就跳起来大骂：

“老子爹娘老婆都不管，为国家平叛，有什么罪？！你们这帮人都是在皇上跟前混饭吃的，竟然冤枉忠良，想给朱宸濠报仇吗？如此看来，你们也是反贼同党，该杀！”

这句话那是相当厉害，反贼的黑锅谁敢背？张忠吓得不行，最终也没敢把伍文定怎么样。

看着从伍文定这里捞不到什么东西，他们灵机一动，开始询问朱宸濠的同党，希望从他们那里得到王守仁协同叛乱的口供。

事实证明，反贼也比这帮人渣有道德，无论他们怎么问，却始终没有一个人冤枉王守仁。

同时，张忠还鼓动手下的京军，天天在南昌街头寻衅闹事，希望挑起事端。本地官员虽然尽力维护，但情况仍然很糟，人心日渐不稳，眼看要失去控制，酿成大乱。

在这关键时刻，王守仁回来了。

张忠终于找到了目标，他找来了上百名士兵，分成三班倒，天天站在王守仁的家门口，只干一件事情——骂人。

这帮京城来的丘八都是老兵痞，骂人极其难听，而且还指名道姓，污秽到了极点。

王守仁的随从和下属们每每听到这些话，都极为愤怒，准备找人收拾张忠。

然而，王守仁反对，他明白张忠的企图就是挑起是非，现在必须保持冷静。

他采取了一种完全不同的处理方法，非但不跟京军计较，还善待他们，病了给药，死了给棺材，也从来不排挤、歧视他们，本地人吃什么，就给他们吃什么。

没有人给京军们上思想教育课，但他们亲身经历的一切都在不断地告诉他们：王守仁是一个好人，是一个值得尊敬的人。

慢慢地，没有人再去捣乱胡说八道，也没有人再去寻衅滋事，张忠催促多次，鼓动挑拨，却始终无人响应。

王守仁又用他那无比的人格魅力避免了一次可能发生的灾难。

京军们大多没有读过什么书，很多人原先还是流氓地痞出身，但王守仁用他的行动证明，这些准流氓也是讲道理、有人性的。

可是张忠先生是不讲道理、没有人性的，他连流氓都不如，为了陷害王守仁，他挖空了心思四处寻找王守仁的工作漏洞，终于有一天，他觉得自己找到了。

于是他立刻找来了王守仁。

“朱宸濠在南昌经营多年，家产应该有很多吧？”张忠得意地发问。

王守仁平静地看了他一眼：

“是的。”

好，要的就是这句话。

“既然如此，为何抄家所得如此之少，钱都到哪里去了？！”

面对表情凶恶的张忠，王守仁开始做认真思考状，然后摆出了一个恍然大悟的表情：

“张公公（张忠是太监），实在对不住，正好这件事要和你商量，我在朱宸濠那里找出来一本账，上面有这些财物的去向记载，还列有很多收钱的人名，张公公要不要看一看？”

奇怪的事情发生了，张忠浑身打了个哆嗦，立刻就不言语了。

因为他知道，这本账本上必然有一个名字叫张忠。

说起这本账，实在是朱宸濠人生中少有的得意之作，以前他曾多次到京城，四处送钱送物，十分之大方，李士实看着都觉得心疼，曾劝他，即使有钱也不能这么花，应该省着点儿。

朱宸濠却得意地笑了：

“你知道什么，我不过是给钱临时找个仓库而已（寄之库耳），到时候自然会拿回来的。”

朱宸濠实在是个黑吃黑的高手，他的意思很简单，等到将来他夺了江山做皇帝，就可以把这些行贿的钱再收回来。连造反都打算要做无本生意，真可谓是官场中的极品，流氓中的流氓。

为了到时候要钱方便，他每送一笔钱，就会记下详细的时间、地点、人物，久而久之，就有了这一本账本。

后来这本要命的账本就落入了王守仁先生的手里，成为了他的日常读物之一。

张忠看着王守仁脸上那急切企盼回答的表情，哭笑不得，手足无措，过了很久

才支支吾吾地说道:

“不必了，我信得过王先生。”

“真的不用吗？”王守仁的表情十分诚恳。

“不用，不用，我就是随便问问而已。”

张忠从此陷入了长期的抑郁状态，作为宫中的高级太监、江彬的死党，他还没有吃过这么大的亏。

一定要报仇！

第十三章

沉默的较量

〇他们曾经受人指使 穷尽各种方法侮辱他 挑起纠纷为难他 但这场斗争的结果是 王守仁赢了 赢得很彻底 不用武力 也不靠强权 以德服人而已

◆ 射箭

中国流传上千年的整人学告诉我们，要整一个人，如果工作上找不到漏洞，那就找他本人的弱点，从他的私生活着手。张忠认为，只要是人，就一定会有弱点，可是王守仁先生实在是个奇迹，他很少喝酒，还不逛妓院，不打麻将，不搞封建迷信，完全是一个守法的好公民。

张忠十分头疼，他绞尽脑汁，苦苦思索，终于从王守仁身上发现了一个他认为可以利用的弱点——瘦。

相信出乎很多人的意料，优秀的军事家王守仁先生，却不是一个身强体壮的人，一直以来他的身体都不好，据史料记载，他还一直患有肺病，身体比较瘦弱。

张忠看着瘦得像竹竿的王守仁，想出了一个整治他的主意，当然了，这件事情的后果是他万万想不到的。

正德十四年（1519）十一月的一天，张忠突然来请王守仁观看京军训练，迫于无奈，王守仁只好答应了。

去到地方一看，京军正在练习射箭。王大人刚准备坐下看，张忠却突然走了过来，挡住了他的视线。他的手中，拿着一张弓。

张忠要王守仁射箭，王守仁说射得不好，不射。

张忠说不射不行，王守仁说那好吧，我射。

用射箭来难为文人，这就是张忠搜肠刮肚想出的好主意，真不知他的脑袋是怎么长的。

京军们停止了练习，他们准备看弱不禁风的王大人出丑。

在放肆的谈笑声和轻视的目光中，王守仁走上了箭场。

他屏住呼吸，搭箭，拉弓，弓满，箭出。

十环（中红心）。

四周鸦雀无声。

他深吸了一口气，从箭筒里抽出第二支箭。

拉弓，弓满，箭出。

还是十环（次中红心）。

张忠的下巴都要掉下来了，他呆呆地看着这个瘦弱的文人，惊得目瞪口呆。

王守仁没有理会张忠，他继续重复着简单的动作，在他的世界中，似乎只剩下了这几个动作，拉弓，弓满，箭出。

依然是十环（三中红心）。

然后他回头，将那张弓还给了张忠，不发一言，回到了自己的座位上，仿佛眼前的这一切和箭靶上的那三支箭与他没有任何关系。

在短暂的沉寂后，围观的京军突然发出了震天的欢呼声，他们佩服眼前的这个奇人。没有人会想到，文质彬彬、和颜悦色的王大人竟然还有这一手。

这些京军被王守仁彻底折服了，他们曾经受人指使，穷尽各种方法侮辱他，挑起纠纷为难他，但这场斗争的结果是：王守仁赢了，赢得很彻底。不用武力，也不靠强权，以德服人而已。

在这惊天动地的欢呼声中，张忠感到了恐惧，彻头彻尾的恐惧，他意识到，这些原先的帮手不会帮他作恶了，他们随时有可能调转头来对付自己。

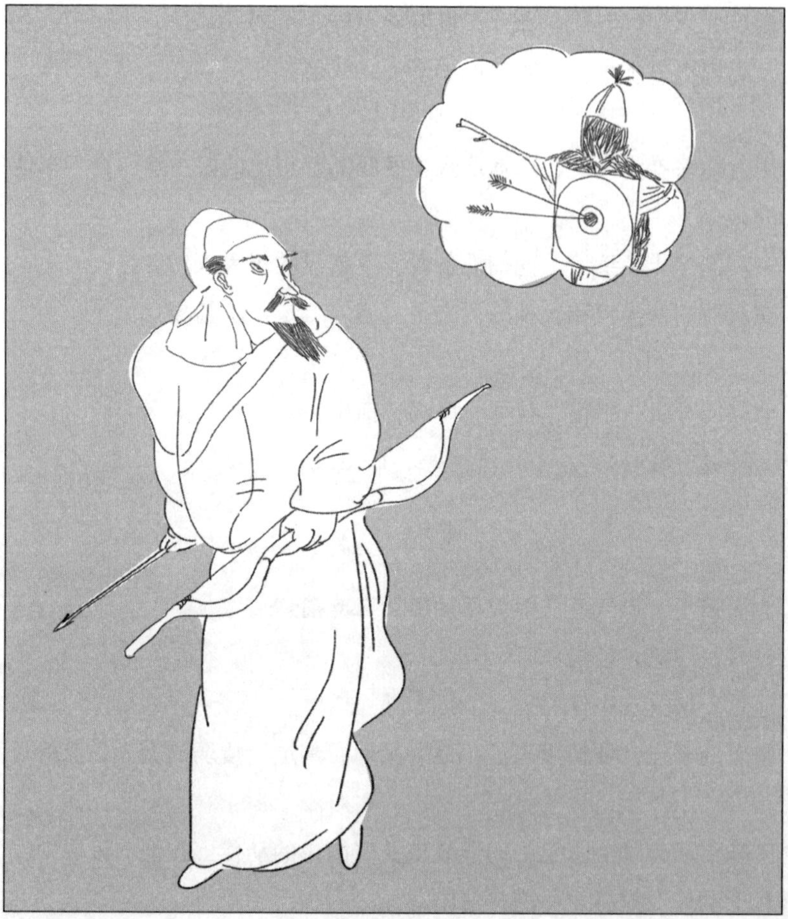

于是在这场射箭表演之后两天，他率领着自己的军队撤出了江西，历时数月的京军之乱就此结束。

江西百姓解脱了，但王守仁却将因此经受更大的考验。

◆ 朱厚照的幸福生活

看着狼狈归来的张忠，江彬气坏了。

他完全无法理解，位高权重的自己，为什么奈何不了一个小小的王守仁。

不能再小打小闹了，要整就把他整死！

这一次，他本着刻苦认真的精神，准备策划一个真正意义上的阴谋，一个足以杀掉王守仁的陷阱。

就在江彬先生刻苦钻研的时候，朱厚照先生正在钓鱼。

对江彬的种种行为，朱厚照并不知道，也不想知道，他只知道现在他十分自由，而且还想继续自由下去。

出了山东，他到达了南直隶（今江苏、安徽一带），这一带湖多，朱厚照先生雅兴大发，每到一处必钓鱼，他还是比较大方的，钓上来的鱼都分给了左右的大臣们。

大臣们当然十分感激，千恩万谢之后，却听见了这样一句话：

“钱呢？”

大家都傻眼了，原来朱厚照先生的鱼是不能白要的，还得给钱才行！看来这位皇帝陛下很有现代劳动观念，付出了劳动就一定要报酬。

朱厚照并不缺钱，他这样做也挣不了几个钱，一句话，不就图个乐嘛。

就这么一路乐过去，到了扬州，惹出了大麻烦。

当时的扬州是全国最大的城市之一，据说人口最高曾达到一百余万，十分繁华。当然了，这里之所以有名，还有一个重要的原因——美女众多。

可是正德十四年（1519）十二月，这座著名城市的街头却出现了一场中国历史上可谓绝无仅有的怪现象。

街道一片混乱，到处都站满了人，但这些人却几乎保持着同一个表情和动作——左顾右盼，这些人四处张望，只为了做一件事——抢人。

参考消息 **扬州瘦马**

扬州自古繁华，富商巨贾云集，特别是两淮地区的盐商都聚集于此。饱暖思淫欲，于是便诞生了“养瘦马”的现象。所谓“瘦马”，说白了就是专门为有钱人培养的预备情人，这些女子个个苗条消瘦，如瘦弱的马儿一样可以任意驱使。在明清时期，“养瘦马”因其暴利，催生出了一个专门的产业：先用极低的价钱将贫苦人家中面容娇好的女孩买回来，然后从文化修养、仪容形体等诸多方面进行精心调教，之后便通过中介寻找买主，以期卖个好价钱。由于扬州瘦马十分出名，于是便有了“要娶小，扬州讨”的说法，一直流传到民国时期。

抢人的方式很简单：一群人上街，碰见男的，二话不说，往家里拉，拉不动的就抬，总之要把人弄回去。

等被抢的这位哆哆嗦嗦到了地方，琢磨着这帮人是要钱还是要命时，却看见了准备已久的锣鼓队和盛装打扮的新娘子。

然后有人走过来告诉他，你就是新郎。

之所以会发生这戏剧性的一幕，原因十分简单——朱厚照喜欢美女。

皇帝感兴趣的事情，自然有人会去代劳，而这位自告奋勇、自行其是的人是个太监，叫做吴经。

很遗憾，这位吴经也不是个好人，他先行一步到达扬州，抢占了很多民宅，说是皇帝要用，然后他又征集（抢）了很多未婚女人，也说是皇帝要用。

对于这位吴经的行为，很多史书都用了一个共同的词语来描述——矫上意。

矫上意，通俗地说，就是打着皇帝的名号干坏事，让皇帝背黑锅。因为朱厚照并没有让他来干这些缺德事。

客观地讲，朱厚照确实是干过很多荒唐的事情，私生活也算丰富多彩，但从他容忍大臣、能辨是非的一贯表现看，这个人还是比较靠谱的，可偏偏他不能容忍一成不变、老气横秋的生活，他喜欢自由自在，驰骋遨游。

而这种兴趣爱好是那些传统文官读书人很难接受的，他也没兴趣和老头子官僚一起玩，所以搞到最后，陪在他身边的都是一些不三不四，却会找乐子的小人。

这些人没有什么以天下为己任的责任感，天天伺候这位大爷，无非也是为了钱，借着办事，趁机自己捞点儿油水，那实在是再自然不过的事情了。

所以在我看来，朱厚照的黑锅虽然多，却背得也不冤，毕竟人家陪你玩，也是要拿工钱的。

吴经就是这样一个拿工钱的人，他占房子、抢女人之后，故意放出风去，让人家拿钱来赎，也算是创收的一种方式。

他这样一搞，不但搞臭了皇帝的名声，还搞出了这场让人哭笑不得、空前绝后的大恐慌。

鉴于征集对象限于未婚女子，人民群众立刻想出了对策，无论如何，必须先找一个男人来顶着，到了这个关口，什么学历、文凭、相貌、家世都不重要了，只要是男的就行。

于是老光棍们的幸福时光到了，原本找不到老婆，现在却一下子成了紧俏产品，很快被抢光，有一些有老婆的也被抢了，不过这个问题不大，当年娶两个老婆也是国家允许的。

而那些平日就出名的风流才子此刻就麻烦了，由于声名在外，立刻成为了多家抢夺的对象，据说有一位姓金的秀才被三家同时拉住，最后被人多势众的一家抢了回去，他本人倒有几分骨气，乘人不备就爬墙逃走，可刚落地没多久，就又被另一家抢了回去。

相信对于这一景象，很多男同志都是身不能至，心向往之，不过请诸位节哀，在今天这一幕是绝对不会出现的，最新数据显示，男女比例已经达到 117:100，按照这个比例，一百多人中就有十七位先生是注定要将光棍进行到底了。

据说这个比例还在进一步拉大，相信在不久之后的将来，娶到老婆的仁兄们就可以自豪地拍拍胸脯，喊一声老天保佑，阿弥陀佛了。

最后还要告诫大家，这种上街抢人的方式如果用在现代，那是未必能够行得通的，因为在今天的街头，凭外表相貌抢人，只能保证你抢到的是人，却不一定是个男人。如果你运气好，没准还能抢到几个超女。

无论如何，扬州算是彻底乱了，如果闹下去情况会完全失控，大祸将起。万幸的是，扬州还有一个叫蒋瑶的知府。

这位蒋知府平日与人为善，但事情到了这个地步，不出头不行了，他跑去找吴经，希望他捞一把就够了，及早收手。

吴经哪里把这个地方官放在眼里，只漫不经心地回了一句：

“胆敢抗命，就杀了你！”

蒋知府说了半天好话，却得到这么一个答复，气愤到了极点，他豁了出去：

“趁早告诉你，我抗命自然该死，但百姓是朝廷的百姓，要是逼反了他们，到时追究责任，你也跑不掉！”

吴经一盘算，倒也是这么回事，这才老实了点儿，局势终于得到了控制。

要说这位蒋知府也真是硬汉，经过这么一番折腾，他也彻底想开了，无非就是一死，还有什么话不敢讲，他打定主意，要让朱厚照早点儿滚蛋。

朱厚照真的来了，他老人家倒还比较老实，只是拿着渔竿去湖边钓鱼。蒋知府也在一旁陪同，此时江彬已经得到了吴经的报告，说这个蒋瑶妨碍他们发财。于是江彬准备难为一下这位知府。

正巧此时，朱厚照钓上了一条大鱼，他按照老传统，开玩笑地说："这条鱼可卖五百金！"

江彬在一旁听见，立刻说道：

"蒋知府，这条鱼你就买了吧。"

这明显是坑人，可出人意料的是，蒋瑶竟然答应了，他不但答应，还马上赶回家拿钱。

没过多久，蒋瑶就捧着一些首饰和一堆衣服回来了。

朱厚照奇怪了：

"你这是干什么？"

蒋瑶昂着头大声说：

"国库没有钱！我只有这些东西了。"

江彬吓得脸都白了，可是朱厚照却没有发火。

他低头想了一下，笑了起来，把鱼丢给了蒋瑶：

"你去吧，这条鱼送给你了。"

事情到这里也算告一段落了，但蒋知府可谓是多年死火山突然爆发，一发不可收拾，打定了主意，就算死也要把朱厚照这尊大佛送出扬州。

不久之后，朱厚照派人来找他要当地特产——琼花。

蒋瑶先生是这样回答的：

"琼花本来是有的，但自从宋徽宗去北方打猎，这花就绝种了，所以没花送陛下。"

这是一句十分刻薄的话，前面曾经说过，所谓去北方打猎，学名是北狩，就是当俘虏的意思，这是明目张胆地把朱厚照先生比作亡国之君。

传话的人吓得目瞪口呆，半天待着不动。

蒋瑶随即大喝一声：

“愣着干什么，照原话去回就是了，有什么事我来承担！”

然而，出乎所有人的意料，什么事情也没有发生，朱厚照听到了这句话，只是

参考消息 **琼花**

史载，琼花乃扬州特产，且仅有一株。当地人特为之建“琼花观”，后又在花旁建“无双亭”，以示天下无双。据说隋炀帝开凿大运河的初衷，就是为了到扬州欣赏琼花，不想花没看成，反倒亡了国。有趣的是，琼花似乎对扬州特别有感情：宋仁宗和宋徽宗在位时，曾两度将其移栽至开封，但都因逐渐枯萎而不得不移回故里；到了宋孝宗年间，又把它移栽到杭州皇宫中，第二年即枯，发回原产地后，又繁茂如初。1276年，宋朝灭亡，琼花随即枯死，从此灭绝，世人皆曰此花乃有情之物。后来有个叫金丙瑞的道士，以“聚八仙”补种在琼花观中，后人称琼花者，实为“聚八仙”。

叹了口气，笑了笑，轻松地表达了他的意见：

“也就这样了，我们离开这里吧。”

在这场皇帝与文官的斗争中，执著的蒋瑶胜利了，他准备欢送朱厚照先生早离疆界。

可是朱厚照先生永远是出人意料的，就在即将离开扬州的时候，他找来了蒋瑶，直截了当地告诉他：自己不能白来，无论如何，你得搞点儿本地土特产给我。

这就是传说中黑暗专制、恐怖独裁的明朝皇帝，如此低声下气地要东西，着实体现了其“专制独裁”的本质。

朱厚照的态度固然让人吃惊，但更意外的事情还在后头。

对于皇帝的要求，蒋瑶只回答了一句话：

“扬州没有土特产。”

对此，朱厚照又是一阵苦笑，但皇帝大人就这么空手开路似乎不太体面，结果无奈之下，他硬要了五百匹苎白布，也算挣回了点儿面子。

蒋瑶终于松了口气，虽然他不喜欢朱厚照，但基本礼仪还是要的，人都要走了，总得意思意思，于是他命令下属摆了酒席，请朱厚照吃饭，算给皇帝大人送行。

可在酒席上发生的事情却让这位知府终生难忘。

朱厚照郑重其事地接受了邀请，向官员们挥手致意，大家正准备聆听他的指示，这位仁兄却突然翻了脸：

“摆这么多酒席干什么，我也吃不了，你们竟然如此浪费吗？”

下面的蒋瑶捏了捏自己的脸，他怕自己在做梦，一夜之间，朱厚照怎么就转了性，成了勤俭持家的模范？

可皇帝大人似乎越说越气，发了话：

“我不吃了！”

看着皇帝发了火，官员们不知所措，现场气氛十分尴尬。不过不用急，朱厚照先生的话还没说完。

没等官员们反应过来，朱厚照却又换了一副笑脸，补充了刚才发言的下半句：

“把这些酒席折成银两交给我就是了。”

现场立刻陷入了寂静，极度的寂静。

怎么着？吃不了打包带走也就罢了，您还要折现金？

这兄弟还真讲实惠啊！

看着发愣发呆的官员们，朱厚照得意了，他放肆地开怀大笑，就此扬长而去。

皇帝陛下自然不缺钱，更不用说这几个酒席钱，他这样做的原因很简单——这是一件很有趣的事情。

娱乐百官，其乐无穷啊！

正德十四年（1519）十二月丙辰，朱厚照终于到达南京。至此，自八月从北京出发，一路走一路游，足足四个月时间，朱厚照终于到达了他此次旅行的终点。

在这里，他将遭遇人生中最大的危机。

◆ 不祥的预兆

当朱厚照得意洋洋地踏入南京城时，他身边的江彬也被激动的情绪所笼罩。

但是他激动的原因与朱厚照先生截然不同，经过长期的筹划和准备，他的计划已经完成，即将进入实施阶段，而实施的最佳地点，就是南京。

而在这之前，他还必须处理一个心头大患——王守仁。

但王守仁先生太不容易对付，所以这次他设计了一个极为阴毒的圈套，并指使张忠具体执行。

参考消息 **禁猪令**

从扬州到南京的路上，朱厚照发布了一道禁令：全国范围内禁止养猪、杀猪、吃猪肉。对于这么一个奇怪的规定，他解释道：第一，“猪”与“朱”姓同音；第二，他本人正好属猪；第三，吃猪肉容易身上生疮。因此，养猪就等于养皇帝，杀猪就等于杀皇帝，而且吃猪肉很不利于身体健康，谁要再敢跟猪“有染”，全家老小全部流放充军。一纸令下，闹得人心惶惶，老百姓害怕引火烧身，纷纷将家中的猪处理掉。杨廷和闻知此事后，上书对禁猪令进行批驳。朱厚照迫于压力，才废止了这一荒唐的规定。

不久之后，张忠在朱厚照面前转悠的时候，突然不经意间感叹了一句：

“王守仁实在不是个忠臣啊。”

朱厚照问他为什么。

“他现在一直在直隶（南）江西一带，竟这么久都不来朝见陛下，实在目中无人，陛下如果不信，可以召见他，此人一定不会来的！”

听起来是个有意思的事情，朱厚照决定试一试。

江彬之所以能肯定王守仁不会应召，其中大致包含了“狼来了”的原理。

以往江彬经常假冒朱厚照的名义矫旨办事，大家心里都有数，而王守仁和他矛盾很深，唯恐上当受骗，前来受死。而以王先生的性格，万万不会想到，这次的旨意真的是皇帝陛下发布的。

王巡抚，安心待着吧，藐视皇帝的罪名你是背定了！

可没过多久，他就又蒙了，因为有人告诉他，王守仁已经赶到了芜湖，正准备觐见皇帝。

让你来你不来，不让你来你偏来！江彬想去撞墙了。

这自然还是要托张永先生的福，他及时通知了王守仁，让他日夜兼程，快马赶过来，给了江彬一个下马威。

所谓朝中有人好办事，实在不是一句空话。

朱厚照也知道王守仁到了，他倒真的想见见这位传奇人物，这下可把江彬、张忠急坏了，他们多方阻挠，准备把王守仁赶回去，绝不让他与皇帝见面。

王守仁已经受够了，他知道江彬还要继续整他，这场猫捉老鼠的游戏很难有终结的时候，为了给江彬一个教训，他准备反击。

一天后，张忠突然急匆匆地跑来找江彬，告诉了他一个惊人的消息：

“王守仁不见了！”

又是一头雾水。

“他去哪里了？”

“派人去找了，四处都找不到。”

见鬼了，总不至于成仙了吧，看见他的时候嫌他碍眼，心烦；看不见他的时候怕他搞阴谋，心慌。

“快去把他给我找出来！”江彬快要精神崩溃了。

王守仁没成仙，他脱掉了官服，换上了便装，去了九华山，在去的路上，他逢人便说，自己已经看破红尘，不想争名夺利，准备到山里面当道士，了此余生。

王巡抚要当道士！这个轰动新闻顿时传遍了大街小巷，张永不失时机地找到了朱厚照，告诉他，王守仁平定了叛乱，却不愿意当官，只想好好过日子，所以打算弃官不干，去修道了此一生。

朱厚照被感动了。

他找来江彬，狠狠地骂了他一顿，让他今后老实点儿不要再乱来。

然后他传令王守仁，不要再当道士了，继续回来当他的官。

于是王道士在山里吃了几天斋，清了清肠胃，又一次光荣复出。

江彬决定放弃了，因为他终于清醒地意识到，王守仁先生是一个可怕的对手，是绝对无法整倒的。

而更重要的是，不久之后他要做一件惊天动地的事，如果稍有不慎，就会人头落地，必须集中所有精力，全力以赴。

正德十五年（1520）一月，行动正式开始。

南京兵部尚书乔宇如同往常一样，召集兵部的官员开会，并讨论近期的防务情况，南京虽然也是京城，也有六部都察院等全套中央班子，却是有名无实，一直以来，这里都是被排挤、养老退休官员们的藏身之处。

参考消息　**九华山奇遇记**

弘治十四年（1501），王守仁外出办差，事毕游览九华山。当时山中有个蓬头垢面的道士，人称“蔡蓬头”，善谈神仙道术。王守仁前去拜访，不料蔡蓬头始终不肯多谈。经不住王守仁的再三请教，他才开了口：“虽然你待我礼遇有加，但终究还是一副官相。”说罢便一笑而别。王守仁不甘心，听说地藏洞中有一个不食烟火的苦行僧，于是翻山越岭去探访。到了洞中，发现和尚铺松针而卧，鼾声如雷。待其醒后，两人从佛法到理学，越谈越投机，有相见恨晚之感。十八年后，王守仁再次造访九华山，却发现僧人已经不知所踪，只好感慨“会心人远空遗洞”了。

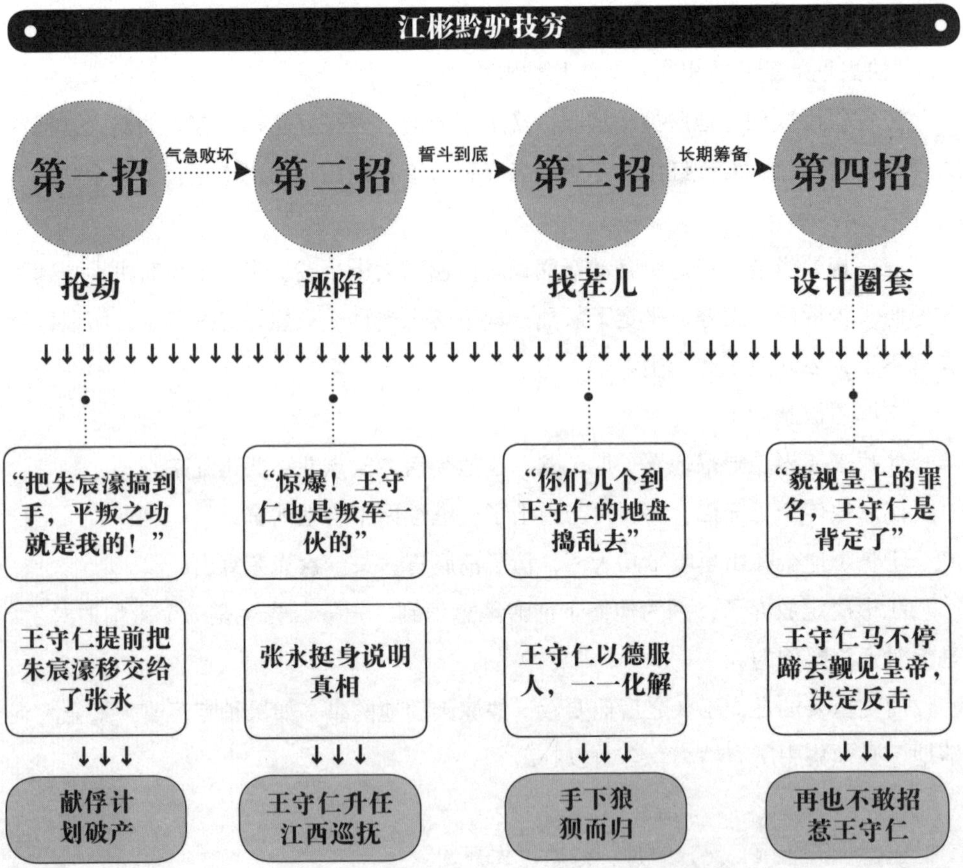

但兵部是一个例外，南京兵部尚书又称为南京守备，手握兵权，负责南直隶地区的防务，是一个极其重要的位置。

因此，虽然其他部门的例会经常都会开成茶话会和聊天会，兵部的例会气氛却十分紧张，但凡有异常情况，都要及时上报，不然就会吃不了兜着走。

会议顺利进行，在情况通报和形势分析之后，乔宇正式宣布散会。

就在他也准备走的时候，却看见了一名千户向他使了个眼色。

乔宇不动声色，留了下来，等到众人走散，这位千户才凑到他跟前，告诉了他一件十分奇怪的事情——江彬曾经派人去找守门官，想要索取城门的钥匙。

乔宇当时就呆了，他很清楚这一举动的意义。

城门白天打开，晚上关闭，如有紧急情况要开门，必须通报兵部值班人员，获得许可才能开。这件事情奇怪就奇怪在，如果是皇帝要开门进出，自然会下令开门，而江彬是皇帝的亲信，日夜和皇帝待在一起，要钥匙干什么用？

答案很简单：他要干的那件事，是绝对不会得到皇帝同意的。

乔宇打了个寒战，他已经大致估计到了事情的严重性。

“你去告诉守门官，自即日起，所有城门钥匙一律收归兵部本部保管，没有我的允许，任何人不得借用，违令者立斩！”

“如果江指挥（江彬是锦衣卫指挥使）坚持要呢？”

“让他来找我！”

江彬很快得知了乔宇不肯合作的消息，他勃然大怒，虽说乔宇是兵部尚书，堂堂的正部级高干，他却并不放在眼里。

江彬的狂妄是有根据的，他不但接替钱宁成为了锦衣卫指挥使，还被任命兼管东厂，可谓是天字第一号大特务，向来无人敢惹。但他之所以敢如此嚣张，还是因为他曾经获得过的一个封号——威武副将军。

这是个在以往史书中找不到的封号，属于个人发明创造，发明者就是威武大将军朱寿，当然了，这个朱寿就是朱厚照同志本人。

朱厚照是一把手，他是二把手，他不嚣张才是怪事。

可当江彬气势汹汹地找到乔宇时，却意外地发现，乔宇似乎比他还要嚣张，无论他说什么，乔宇只是一句话：不借。

苦劝也好，利诱也好，全然无用。江彬没办法了，他恶狠狠地威胁乔宇，暗示会去皇帝那里告黑状。

然而乔宇直截了当地告诉他：你去好了，看你能怎么样！

江彬不是没脑子的人，乔宇这种官场老手竟然不怕他，还如此强硬，其中必定有问题。

他忍了下来，回去便派特务去监视调查乔宇，结果让他大吃一惊，庆幸不已，原来这位乔宇不但和朝中很多高官关系良好，竟然和张永也有私交，张永还经常去他家里串门。

而乔尚书的履历也对这一切作了完美地注解——他的老师叫杨一清。

江彬发现乔宇是对的，他确实不能把此人怎么样，他不想得罪张永，更不敢得罪杨一清，刘瑾的榜样就在前面，他还想多活个几年。

很明显，这条路是走不通了，必须用别的方法。

江彬的判断十分准确，张永确实和乔宇关系紧密，但他并不知道，就在他调查乔宇的同时，张永的眼线也在监视着他。

根据种种迹象，张永和乔宇已经断定，江彬有谋反企图。但此人行动多变，时间和方式无从得知，所以他们只能静静地等待。

参考消息 **乔宇还珠**

乔宇特别热爱游山玩水，很多地方都留有他的趣事。据说他年轻时曾在冠山苦读，山中有一狐妖心生爱慕，便化作美女，每夜到他房中，吐出一颗红珠让他含住，天明即收珠而去。乔宇含着珠子，学问进展神速，忽有一晚，他不慎将珠子咽了下去。狐妖大惊失色，含泪道："你我的缘分到此为止，愿你多加努力，四十年后可到太行山嶂石岩见我。"说罢便消失不见了。后来乔宇平步青云，但始终不忘与狐妖的约定。四十年后，他弃官回乡，到嶂石岩还愿，遇到一只狐狸的尸体。乔宇感觉不舒服，一张嘴，就将珠子吐了出来。谁知狐狸忽然翻身跃起，将珠子含在口中，转眼就不见了。

第十四章

终结的归宿

○王守仁的一生 是光明的一生 他历经坎坷 却意志坚定 混迹官场 却心系百姓 他反对暴力和贪欲 坚信正义和良知

◆ 失踪之谜

前方迷雾重重。

这是张永和乔宇的共同感觉，毕竟朱厚照每天都和江彬待在一起，明天会发生什么事情，只有天知道。

虽然他们对即将发生的事情进行过预想，有着充分的思想准备，但当那一天终于到来时，事情的诡异程度仍然大大超出了他们的想象。

正德十五年（1520）六月丁巳朔，乔宇突然气喘吁吁地跑到张永的府邸，他的脸上满是惊恐，一把抓住张永的衣袖，半天只说出了一句话：“不见了！不见了！”

张永脸色立刻变得惨白，他没问谁不见了，因为只有那个人的失踪才能让乔宇如此惊慌。

就在一天前，朱厚照前往南京附近的牛首山游览，当年南宋名将岳飞曾经在这里打败过金军，朱厚照对此地神往已久，专门跑去玩了一天。

可是就在天色已晚的时候，有人惊奇地发现，朱厚照失踪了！

但是奇怪的是，皇帝不见了，他的随从和警卫们却并不惊讶，也没有大张旗鼓地去寻找，似乎很奇怪，却也算正常——负责护卫工作的人是江彬。

虽然江彬封锁了消息，但是乔宇有乔宇的人，这件事很快就传到了他的耳朵里，他吓得魂都快没了，连忙赶来找张永，并提出了他的意见。

“情况紧急，为防有变，我这就派兵把江彬抓起来！”

张永倒是比较镇定，他告诉乔宇，目前还不能动手，毕竟局势尚未明朗，而且朱厚照这人比较没谱，出去玩个露营之类的也算正常，抓了江彬，过两天朱大爷自己回来了，那就麻烦了，况且如果匆忙动手，还可能会逼反江彬。

所以目前唯一能做的事情就是多派些人出去寻找。

“先等等吧。”

这是明代历史上最为离奇的一次失踪，让人费解的是，对于此事，史书上竟然也是讳莫高深，其背后极可能有人暗中操纵，实在是神秘莫测。

一天过去了，两天过去了，十几天过去了，朱厚照连个影子都没有。

“不能再等了！”

已经近乎疯狂的乔宇再也无法忍受了，在这些等待的日子里，他如同生活在地狱里，万一朱厚照真的在他的地盘上遇害，别说江彬，连杨廷和这帮人也不会放过他。

“怎么办？”

他用盼救星的眼光看着张永，得到的却是这样一个回答：

“我也不知道。”

见惯风浪的张永这次终于手足无措了，如此怪事，活不见人，死不见尸，找谁算账呢？外加这位朱同志又没有儿子，连个报案的苦主也没有，上法院都找不到原告，他也没了主意。

突然，一道亮光在他的脑海中浮现，他想起了一个人：

“那个人一定会有办法的。”

几天后，王守仁接到了张永的邀请。

当他听完这件离奇事件的详细介绍后，就立刻意识到，局势已经极其危险了。

但与此同时，他也作出了一个重要的判断——朱厚照还没有死。

“何以见得？”张永还是毫无头绪。

“团营目前还没有调动的迹象。”

所谓团营，是朱厚照自行从京军及边军中挑选训练的精锐，跟随他本人作战，大致可以算是他的私人武装，但平时调动大都由江彬具体负责。

“如果陛下已经遭遇不测，江彬必定会有所举动，而团营则是他唯一可用之兵，但而今团营毫无动静，想必是陛下受江彬蒙骗，藏身于某地，如此而已。”

张永和乔宇这才松了口气，既然人还活着，那就好办了。

然而王守仁却并不乐观，因为他的习惯是先说好消息，再说坏消息。

他接着告诉这二位弹冠相庆的仁兄，虽然朱厚照没有死，却也离死不远了。

他提出了一个关键的问题：隐藏皇帝是很危险的事情，江彬一向谨慎，也早就过了捉迷藏的年龄，为什么突然要出此险招呢？

答案是——他在试探。

试探谋杀后可能出现的后果，试探文官大臣们的反应，而在试探之后，他将把这一幕变成事实。

在一层层地抽丝剥茧后，王守仁终于找到了这个谜团的正确答案。

现在必须阻止江彬，让他把朱厚照带出来，可是怎么才能做到这一点呢？

面对着张永和乔宇那不知所措的目光，王守仁笑了。

他总是有办法的。

第二天，南京守备军突然开始行动，在南京附近展开搜索，但他们的搜索十分奇怪，虽然人数众多，规模庞大，却似乎既没有固定的对象，也没有固定的区域。而此时，南直隶和江西驻军也开始紧张地操练备战，气势汹汹、声威浩大。

对于这一切，很多人都是云里雾里，搞不懂到底发生了什么事情。

但江彬是知道的，他明白，自己的阴谋已经被人识破了，突然出来这么大场面，无非是有人要告诉他，不要痴心妄想惹啥麻烦，最好放老实点儿。

于是在失踪了数十天后，朱厚照终于又一次出现了，对他而言，这次游玩是一次极为难忘的经历。至于阴谋问题，并不在他的考虑范围之内。

玩也玩够了，朱宸濠也到手了，朱厚照终于准备回家了。

但在此之前，他还要演一出好戏。

正德十五年（1520）八月癸巳，南京。

在一片宽阔的广场中，朱厚照命令手下放出了朱宸濠，但朱宸濠先生的脸上并没有任何的喜悦，因为他的四周都是虎视眈眈的士兵。在仅仅获得了几秒钟的自由后，朱厚照一声令下，他又被抓了起来，重新关进牢房。

这就是朱厚照的安排，他一定要亲自抓一次朱宸濠，哪怕是演戏也好，想来也只有他才能想出这种耍着人玩的花样。

终于平定了“叛乱”，朱厚照心满意足，带领全部人马踏上了归途。

在回去的路上，朱厚照也没有消停，路过镇江，他还顺道去了杨一清先生的家，白吃白住闹了几天，搞得老头子好长时间不得休息，这才高兴地拍拍屁股走人。

闹也好，玩也好，至少到目前为止，朱厚照的江南之旅还是十分顺利的，阴谋似乎并不存在，那些黑暗中蠢蠢欲动的人对他也毫无办法。

皇帝就要回京了，在那里没有人再敢打他的主意，江彬的计划看来要落空了。

可是朱厚照绝对不会想到，死神的魔爪已经悄悄伸开，正在前方等待着他。

那个改变朱厚照一生的宿命之地，叫做清江浦。

正德十五年九月己巳，朱厚照来到了这个地方，这个充满了迷雾的神秘未知之地。

这一天，他坐上了一只小船，来到积水池，准备继续他的兴趣爱好—— 钓鱼。

参考消息 **外号帝**

朱厚照为了彰显个性，十分喜欢给自己起外号：他热衷骑射，就取名叫朱寿，封威武大将军；他曾学习鞑靼语，便给自己取了个蒙古名字——忽必烈；又因学习藏语，便自号“领吉班丹”；他信奉喇嘛教，于是就给自己取了个佛号“大庆法王”；他还对伊斯兰教很感兴趣，便取了一个阿拉伯名字，叫妙吉敖兰。除此之外，为了显得自己有文化品位，他还起了个堂号，叫“锦堂老人”。直到在清江浦落水后，他还不忘调侃自己一下：哇，水里居然也有皇帝，那我干脆就叫“水帝”吧——这估计是他最后一个外号了。

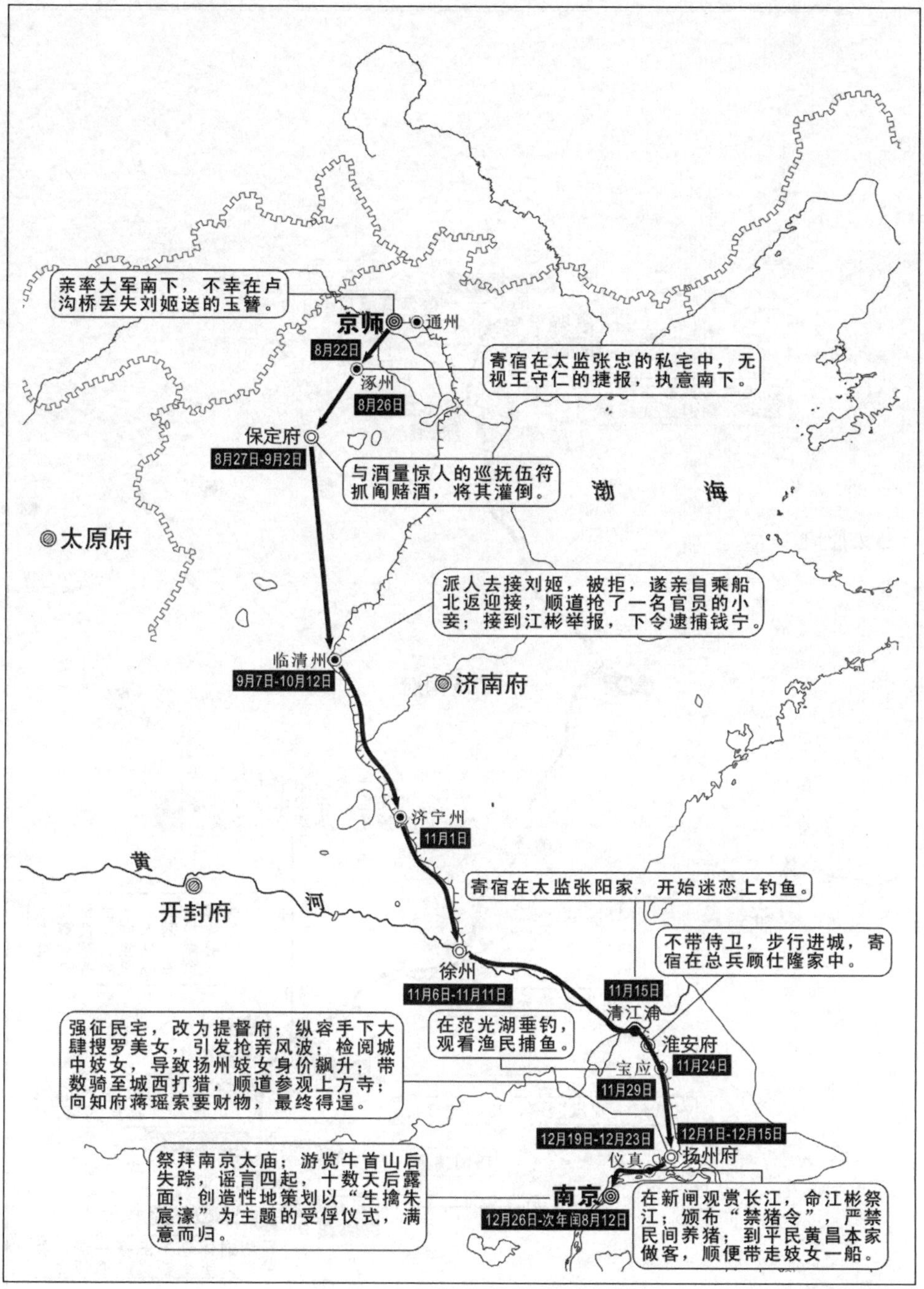
亲率大军南下，不幸在卢沟桥丢失刘姬送的玉簪。
京师
通州
8月22日
涿州
8月26日
寄宿在太监张忠的私宅中，无视王守仁的捷报，执意南下。
保定府
8月27日-9月2日
与酒量惊人的巡抚伍符抓阄赌酒，将其灌倒。
渤 海
太原府
派人去接刘姬，被拒，遂亲自乘船北返迎接，顺道抢了一名官员的小妾；接到江彬举报，下令逮捕钱宁。
临清州
9月7日-10月12日
济南府
济宁州
11月1日
黄
河
开封府
寄宿在太监张阳家，开始迷恋上钓鱼。
不带侍卫，步行进城，寄宿在总兵顾仕隆家中。
徐州
11月6日-11月11日
11月15日
清江浦
在范光湖垂钓，观看渔民捕鱼。
淮安府
11月24日
宝应
11月29日
强征民宅，改为提督府；纵容手下大肆搜罗美女，引发抢亲风波；检阅城中妓女，导致扬州妓女身价飙升；带数骑至城西打猎，顺道参观上方寺；向知府蒋瑶索要财物，最终得逞。
12月19日-12月23日
12月1日-12月15日
仪真
扬州府
祭拜南京太庙；游览牛首山后失踪，谣言四起，十数天后露面；创造性地策划以“生擒朱宸濠”为主题的受俘仪式，满意而归。
南京
12月26日-次年闰8月12日
在新闸观赏长江，命江彬祭江；颁布“禁猪令”，严禁民间养猪；到平民黄昌本家做客，顺便带走妓女一船。

↑ 朱厚照南巡

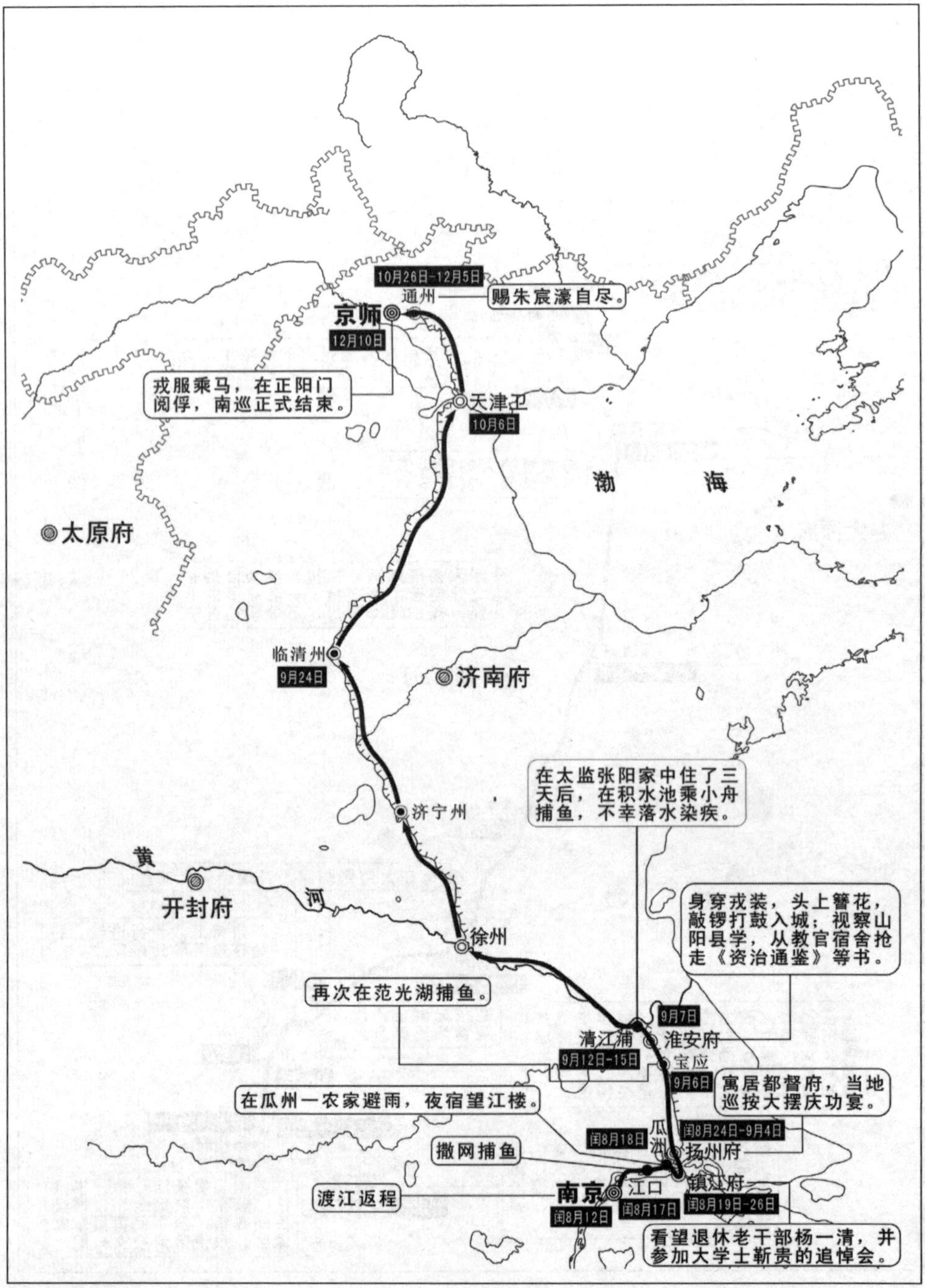
10月26日-12月5日
通州
赐朱宸濠自尽。
京师
12月10日
戎服乘马，在正阳门阅俘，南巡正式结束。
天津卫
10月6日
渤 海
太原府
临清州
9月24日
济南府
在太监张阳家中住了三天后，在积水池乘小舟捕鱼，不幸落水染疾。
济宁州
黄
河
开封府
身穿戎装，头上簪花，敲锣打鼓入城；视察山阳县学，从教官宿舍抢走《资治通鉴》等书。
徐州
再次在范光湖捕鱼。
9月7日
清江浦
淮安府
9月12日-15日
宝应
9月6日
寓居都督府，当地巡按大摆庆功宴。
在瓜州一农家避雨，夜宿望江楼。
闰8月18日
瓜洲
闰8月24日-9月4日
扬州府
撒网捕鱼
南京
江口
镇江府
渡江返程
闰8月12日
闰8月17日
闰8月19日-26日
看望退休老干部杨一清，并参加大学士靳贵的追悼会。

↑ 朱厚照北归

然而不久之后，他突然落入了水中。

另一个千古谜团就此展开。

随从们立刻跳入水中，把他救了上来，朱厚照似乎也不怎么在意，然而这之后的事情却开始让人摸不着头脑。

朱厚照虽然不怎么读书，却是一个体格很好的人，他从小习武，好勇斗狠，长期参加军事训练，身体素质是相当不错的。

然而奇怪的是，这次落水之后，他的身体突然变得极为虚弱，再也没有了以往的活力和精神，整日待在家中养病，却未见好转。

对于这次落水，史书上多有争论，从来都没有一个定论，我自然也不可能给出一个结论。

但南京的城门钥匙、牛首山的突然失踪，一切的一切似乎并不是单纯的巧合。

还有那一天跟随他钓鱼的随从和警卫们，我只知道，在牛首山失踪事件发生的那一天，他们作为江彬的下属，也负责着同样的工作。

江彬谋反疑云

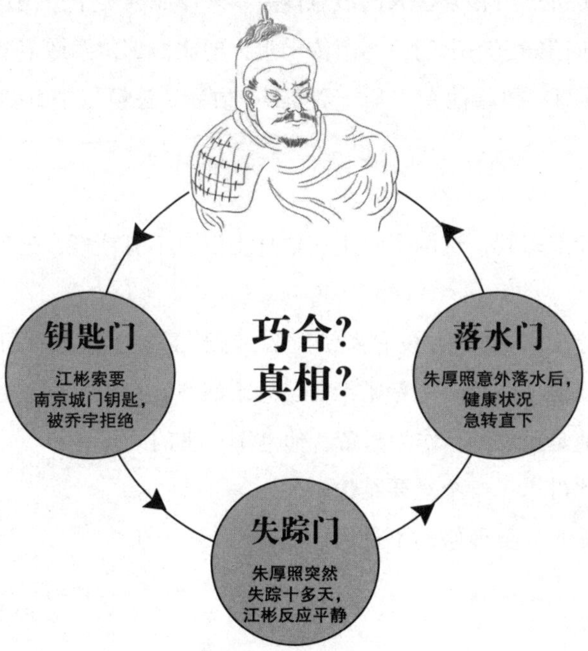

这个谜团似乎永远也无法解开了，所有的真相都已在那一天被彻底掩埋。

从此，朱厚照成为了一个病人，那个豪气凌云、驰骋千里的人不复存在，他将在死神的拖拽下一步步走向死亡。

正德十六年（1521）三月乙丑，这一幕精彩离奇的话剧终于演到了尽头。

奄奄一息的朱厚照看着四周的侍从护卫，留下了他人生的最后一句话，就此结束了他多姿多彩的传奇一生。

“我的病已经没救了，请告诉皇太后，国家大事为重，可以和内阁商议处理，以前的事情都是我的错，与旁人无关。”

对于朱厚照的这段遗言，有人认为是假的，因为在许多人的眼里，朱厚照永不会有这样的思想觉悟，他的人生应该是昏庸到底、荒淫到底的。

其实我也希望这段遗言不是真的，不过动机完全不同。

如果这段话确实出自朱厚照之口，那将是他妥协的证明，这位个性张狂、追求自我的反叛者，与那些限制他自由的老头子和规章制度斗争了一辈子，却在他人生的最后一刻，放弃了所有的努力，选择了屈服。

如果这是真的，那才是一个彻头彻尾的悲剧。

因为他的传奇经历和某些人的故意抹黑，朱厚照成为了中国历史上知名度极高的一位皇帝，所谓好事不出门，坏事传千里，他比他那位勤政老实的父亲要出名得多，如果在《辞海》里给他专门开一个词条，估计“注解”中有两个词是跑不掉的：昏庸、荒唐。

以皇帝的标准来看，这两个词用在他身上倒也不算冤枉，他实在不是个敬业的劳动者。

但以人的标准来看，他并没有做错什么，他不残忍，也不滥杀无辜，能分清好歹。所以在我看来，他不过是一个希望干自已想干的事、自由自在度过一生的人。

作为人，他是正常的；作为皇帝，他是不正常的。

所以我就此得出了一个重要结论：

皇帝这份活儿，真他娘的不是人干的。

◆ 传道

朱厚照的人生走到了终点，但正德年间另一位传奇人物的人生却还在继续着，王守仁仍然在续写着他的辉煌。

叛乱平定了，俘虏交上去了，阎王小鬼也打发走了，到此应该算是功德圆满。王大人也终于可以歇歇了，正在这个时候，张永来了，不过这次他是来要一样东西的。

他要的，就是朱宸濠的那本账本。

张公公在朝廷中是有很多敌人的，平时就打得你死我活，现在天赐良机，拿着这本账本，还怕整不死人吗？

在他看来，王守仁算是他的人，于情于理都会给他的。

然而王守仁的回答却实在出人意料：

“我烧掉了。”

张永的眼睛当时就直了。

面对着怒火中烧的张永，王守仁平静地说出了他的理由：

“叛乱已平，无谓再动兵戈，就到此为止吧。”

张永发现自己很难理解王守仁，他不要钱、不要官，不但不愿落井下石，连自己的封赏也不要，为了那些平凡的芸芸众生，他甘愿功成身退，拱手让人。

这个世上竟然有这样的人啊！

一声叹息之后，张永走了，走得心服口服。

一切都结束了，世界也清静了。经历了人生最大一场风波的王守仁，终于获得了片刻的安宁。

当然，只是片刻而已，因为像他这样的人，不惹麻烦自然有麻烦来找他。

这次找他麻烦的人，来头更大。

嘉靖元年（1522），新登基的皇帝看到王守仁的功绩，赞叹有加，决定把他应得的荣誉还给他，还当众发了脾气：

“这样的人才，为什么放在外面，即刻调他入京办事！”

然而，之后奇怪的事情发生了，这道命令却迟迟得不到执行，拖到最后，皇帝连催了几次，吏部才搞出一个莫名其妙的结果——调南京兵部尚书。

皇帝都说要他入京了，吏部吃了豹子胆，敢不执行?

吏部确实没有执行皇帝的命令，但他们也没有抗命，因为他们执行的，是另一个人的命令。

在当时的人们看来，这个人比皇帝厉害。

因为连当时的皇帝，都是这位仁兄一手拥立的。

此人就是我们的老朋友杨廷和，这次找王守仁麻烦的人正是他。

杨廷和大致上可以算是个好人（相对而言），虽然他也收收黑钱，徇徇私，但归根结底他还是努力干活的，朱厚照在外面玩的这几年，没有他在家拼死拼活地干，明朝这笔买卖早就歇业关门了。

但他也有一个致命的缺点——心胸狭窄，很难容人。他和王守仁的老上级王琼有着很深的矛盾，对于王守仁这样的人，自然不会手下留情。

对于这样的一个结果，王守仁却并不在意，对于一个视荣华为无物，置生死于度外的人来说，这算得上什么呢？

他收拾东西，去了南京，接任兵部尚书。

历史是神奇的，虽然对于杨廷和的恶整，王守仁并没有反击，但正德年间的著名定律——不能得罪王守仁，到了嘉靖年间竟然还是有用的。

杨廷和先生不会想到，他很快也要倒霉了，让人匪夷所思的是，虽然那件让他倒霉的事王守仁并未参与，却也与之有着莫大的关系。

那是以后的事了，杨廷和先生还得等一阵子，可是王守仁的不幸却已就在眼前。

嘉靖元年二月，王守仁刚到南京，就得知他的父亲王华去世了。

这位老先生前半辈子被王守仁折腾得够呛，后半辈子却为他而自豪，含笑而去，也算是死得瞑目。

这件事情沉重地打击了王守仁，他离任回家守孝，由于过于悲痛，还大病了一场。

正是这次打击和那场大病，最终使他放下了所有的一切。

父亲的训斥、格竹子的执著、刘瑾的廷杖、龙场的悲凉、悟道的喜悦、悲愤的逃亡、平叛的奋战，如此多的官场风波，刀光剑影，几起几落，世上再也没有一样东西，可以扰乱他的心弦。

他终于可以静下心来，一心一意地搞他的哲学。

他虽然已经名满天下，却毫无架子，四处游历讲学，无论是贫是富，只要前来听讲，他就以诚相待，即使这些人另有目的。

嘉靖元年，一位泰州的商人来到了王守仁的家，和王守仁比起来，他只是个无名小卒，但奇怪的是，他却吸引了很多人的注意。

因为这位仁兄的打扮实在惊人，据史料记载，他穿着奇装异服，戴着一顶纸糊的帽子，手里还拿着笏板，放在今天这打扮也不出奇，但在当时，就算是引领时代潮流了。

他就穿着这一身去见了王守仁，很多人并不知道，在他狂放的外表后面，其实隐藏着另一个目的，然而，他没有能够骗过王守仁。

王守仁友善地接待了这个人，与他讨论问题，招待他吃饭，他对王守仁的学识佩服得五体投地，便想拜入门下，王守仁答应了。

不久之后，他又换上了那套行头，准备出去游历讲学。

王守仁突然叫住了他，一改往日笑颜，极为冷淡地问他，为何要这种打扮。

回答依然是老一套，什么破除理学陋规、讲求心学真义之类。

王守仁静静地听他说完，只用一句话就揭穿了他的伪装：

“你不过是想出名而已（欲显尔）。”

这人彻底呆住了，这确实是他的目的，在他出发前，唯恐身份太低，被人家瞧不起，希望利用王守仁来扩大名声，所以想了这么个馊主意来炒作自己。

这位仁兄还是太嫩了，要知道，王守仁先生看起来慈眉善目，却是耍诈的老手，当年他老哥出来骗人的时候，估计书生同志还在穿开裆裤。

眼见花招被拆穿，也不好意思待下去了，他拿出了自己最后的一丝尊严，向王守仁告别，准备回家。

王守仁却叫住了他，对他说，他仍然是自己的学生，可以继续留在这里，而且想住多久就住多久。

此人终于明白，所谓家世和出身，从来都不在王守仁的考虑范围之内，他要做的，只是无私地传道授业而已。

他收起了自己的所有伪装，庄重地向王守仁跪拜行礼，就此洗心革面，一心向学。

这个人的名字叫做王艮，他后来成为了王守仁最优秀的学生，并创建了一个鼎鼎大名的学派——泰州学派（王艮是泰州人）。

泰州学派是中国历史中第一个真正意义上的思想启蒙学派，它发扬了王守仁的心学思想，反对束缚人性，引领了明朝后期的思想解放潮流。

此学派影响极大，精英辈出，主要传人有王栋、徐樾、赵贞吉、何心隐等，这些人身份相差极大，如赵贞吉是朝廷高级官员，何心隐却是社会不稳定因素，经常闹事，实在是五花八门，龙蛇混杂。

但这一派中影响最大的却是另外两个人，一个被称为“中国历史上最伟大的思想家之一，思想启蒙解放的先锋”（官方评价），叫做李贽。

对于这位李贽先生，如果你没有听说过，那是不奇怪的，毕竟他不是娱乐圈的人，曝光率确实不高，但他在中国思想哲学史上的名声实在是大得吓人，这位仁兄还是一位传奇人物，关于他的事情后面还要讲，这里就不多说了。

而另一个人更为特别，此人不是泰州学派的嫡传弟子，只能算个插班生，但如果没有这个人，明代的历史将会改写。

这个影响了历史的人的名字，叫做徐阶。

参考消息 **好学的王艮**

王艮出身灶户之家，由于家庭贫困，他很早就辍学了。但是他发愤苦读，终于成了一代宗师。有一次，他一边走路一边看书，居然跌到河里去了。狼狈地爬上岸后，他自嘲道：“好几天没有工夫洗澡了，今日下河，一可打打浴，二可清醒一下头脑，真是乐事一桩。”为了让人们多学习，他还专门写了一首《乐学歌》：“人心本自乐，自将私欲缚。私欲一萌时，良心还自觉。一觉便消除，人心依旧乐。乐是乐此学，学是学此乐。不乐不是学，不学不是乐。乐便然后学，学便然后乐。乐是学，学是乐。于乎天下之乐何如此学，天下之学何如此乐。”

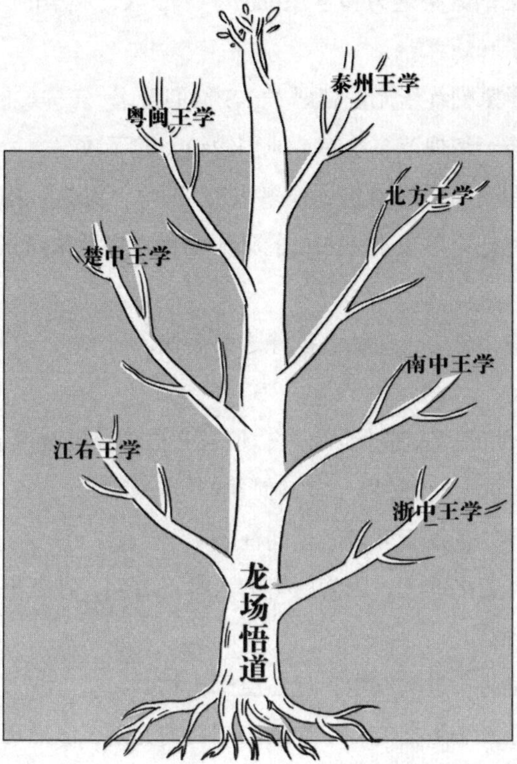

王学的弟子流派←

这是一个重量级的人物，也是后面的主角人选，目前暂时留任候补休息。

◆ 光芒

王守仁是一个伟大的人。

他不嫌弃弟子，不挑剔门人，无论贫富贵贱，他都一视同仁，将自己几十年所学倾囊传授；他虚心解答疑问，时刻检讨着自己的不足，没有门户之见，也不搞学术纷争。

据我所知，能够这样做的，似乎只有两千年前的那位仁兄——孔子。

他四处讲学，用自己的人格魅力和学识征服了无数人，心学的风潮逐渐兴起，但他的这一举动也惹来了麻烦。

官方权威的程朱理学家们终于无法容忍了，在他们看来，王守仁的“异端邪说”就如同洪水猛兽，会荡涤一切规范与秩序，他们纷纷发起了攻击。

写文章的写文章，写奏折的写奏折（很多人都是官），更绝的是，当时的中央科举考试的主考官，竟然把影射攻击王守仁的话，当做考题拿来考试，真可谓空前绝后，举世奇观。

漫天风雨，骂声不绝，总之一句话，欲除之而后快。

对于这一“盛况”，他的门人都十分气愤，但王守仁却只笑着说了一句话:

“四方英杰，各有异同，议论纷纷，多言何益？”

这不仅仅是一句回答，也是王守仁一生的注解。

他的这种态度打动了更多的人，因为所有的人都已看到，在狂潮之中，王守仁依然屹立在那里，泰然自若。

心如止水者，虽繁华纷扰世间红尘，已然空无一物。

是的，前进的潮流是无法阻挡的，正如同王守仁的光芒，纵然历经千年，饱经风雨，终将光耀于天地万物之间。

嘉靖六年（1527）五月，天泉桥。

王守仁站在桥上，看着站在他眼前的钱德洪与王畿。

参考消息　董沄拜师

浙江海宁有个叫董沄的名士，六十八岁那年在浙江绍兴游历，恰逢王守仁在会稽山中讲学，便赶去拜会。经过交流后，董沄完全被王守仁的学问、人品所折服，坚决要拜王守仁为师。王守仁知道后，十分为难：“天下哪有弟子比老师年岁还大的？我实在不敢当呀！”董沄的朋友也劝他说：“你都这么一大把年纪了，又何必自讨苦吃呢？”董沄却笑着说：“我拜阳明先生为师，才能真正脱离苦海，难道你们想把我拖回去不成？”在他的执意坚持下，王守仁只好接受他的拜师礼，收下了这位超龄的弟子。两年后，王守仁病逝。董沄悲痛异常，悔恨自己没有早点拜师，此后他坚持钻研阳明心学，直至七十七岁去世。

这两个人是他的嫡传弟子,也是他的心学传人。他之所以在此时召集他们前来,是因为最后的时刻就要到了。

不久之前，朝廷接到急报，两广地区发生了少数民族叛乱，十分棘手，两广总督姚镆急得跳脚，却又束手无策，万般无奈之下，皇帝想到了王守仁。

于是王守仁先生又一次接手了救火队员的工作，他被委任为左都御史，前往平叛。

此时他的身体已经很差了，经过长期征战和常年奔波，他再也经不起折腾了。而且此时他已然成为了知名的哲学家，有很高的学术声望，完全可以拒绝这个差事。

可是如果他拒绝，他就不是王守仁了，他的这一生就是为国为民活着的。王哲学家决定再次拿起武器，深入两广的深山老林去爬山沟。

但在此之前，他还有几句必须要说的话。

钱德洪和王畿肃穆地看着老师，他们在等待着。

王守仁打破了沉默:

“我即将赴任,但此去必定再无返乡之日,此刻即是永别之时,望你们用心于学,今后我不能再教你们了。”

钱德洪和王畿当即泪流满面，马上跪倒在地，连声说道:

“老师哪里话！老师哪里话！”

王守仁却笑着摇摇头:

“生死之事，上天自有定数，我已五十有六，人生已然如此，别无牵挂，只是有一件事情还要交代。”

钱德洪和王畿停止了悲泣，抬起了头。

“我死之后，心学必定大盛，我之平生所学，已经全部教给了你们，但心学之精髓，你们却尚未领悟，我有四句话要传给你们，毕生所学，皆在于此，你们要用心领会，将之发扬光大，普济世人。”

天地竟是如此之宁静，大风拂过了空旷的天泉桥，在四周传来的阵阵风声中，王守仁高声吟道:

无善无恶心之体，有善有恶意之动。

知善知恶是良知，为善去恶是格物。

钱德洪与王畿一言不发，屏气凝神，记下了这四句话。

此即为所谓心学四诀，流传千古，至今不衰。

吟罢，王守仁仰首向天，大笑之间飘然离去：

“天地虽大，但有一念向善，心存良知，虽凡夫俗子，皆可为圣贤！”

号哭而来，欢笑而去，人生本当如此。

这就是中国哲学史上著名的“天泉论道”，王守仁将他毕生的坎坷与智慧的结晶传授给了后人，从这个意义上讲，他已经完成了自己的使命。

但是王守仁先生还不能光荣退休，因为他还要去山区剿匪。

王先生虽说是哲学家，但某些方面却很像湘西的土匪，放下枪就是良民，拿起枪就是悍匪，一旦兵权在手，大军待发，他就如同凶神恶煞附身，开始整顿所有部队，严格操练。

这其实并不矛盾，因为王守仁很清楚，对于叛乱者，讲解哲学是没有用的，只有开展武装斗争，枪杆子才是硬道理。

这就是智慧，这就是知行合一的真意。

不过估计王守仁先生也没想到，他的到来对这场叛乱会产生怎样的影响，起码他肯定不知道自己的名声到底有多大。

在听到王守仁前来征讨的消息后，领导叛乱的两个首领当即达成了共识——

参考消息 **满街都是圣人**

王守仁认为人都有良知，天生就能判断善恶是非，从这点上来讲，圣人和老百姓没有什么区别，人人都可成圣。他的这一观点，跟禅宗的“人人皆有佛性，人人皆可成佛”有异曲同工之妙。有一天，学生王艮出游归来。王守仁问道：“你在外面看到了什么？”王艮答道：“但见满街都是圣人。”王守仁听了很高兴：“你看满街人是圣人，满街人倒看你是圣人。”

投降。

王先生实在是名声在外，他的光辉业绩、犯事前科早就街知巷闻，连深山老林里的少数民族也是闻名已久，叛乱者也就是想混口饭吃，犯不着和王先生作对，所以他们毫不迟疑地决定接受朝廷招安。

但这二位首领倒还有个担心，由于王先生之前的名声不好（喜欢耍诈），他们两个怕就算投了降，到时候王先生阴他们一下，翻脸不认人怎么办？

但事到如今，投降生死未卜，不投降就必死无疑，还是投降吧。

其实王守仁先生还是守信用的，只有对不讲信义、玩弄阴谋的人，他才会痛下杀手，见到这二位首领后，他下令拖出去打了顿板子（教训一下），就履行了诺言。

就这样，朝廷折腾了几年毫无办法的两广之乱，王守仁先生老将出马，立马就解决了。

这件事情给他赢得了更多的荣誉，朝廷上下一片赞扬之声，但这最后的辉煌也燃尽了王守仁的生命之火，他即将走向生命的尽头。

嘉靖七年（1528）十月，他的肺病发作，在生命垂危之际，他提出了最后一个要求——回家，从哪里来，就回哪里去吧！

可是他的病情实在太重了，要等到上级审批，估计坟头上都长草了，王守仁当机立断，带着几个随从踏上了回乡之路。

但他终究没有能够回去。

嘉靖七年十一月，王守仁到达了江西南安，再也走不动了，这里就是他最后的安息之地。

在临终之前，他的门人聚在他的身旁，问他还有什么遗言。

王守仁笑了笑，用手指向胸前，留下了他在人世间的最后一句话：

“此心光明，亦复何言。”

鸟，我知道它能飞；鱼，我知道它能游；兽，我知道它能走。飞的我可以射，走的我可以网，游的我可以钓。

但是龙，我不知该怎么办啊！学识渊深莫测，志趣高妙难知；如蛇般屈伸，如龙般变化，龙乘风云，可上九天！

王阳明的光辉人生

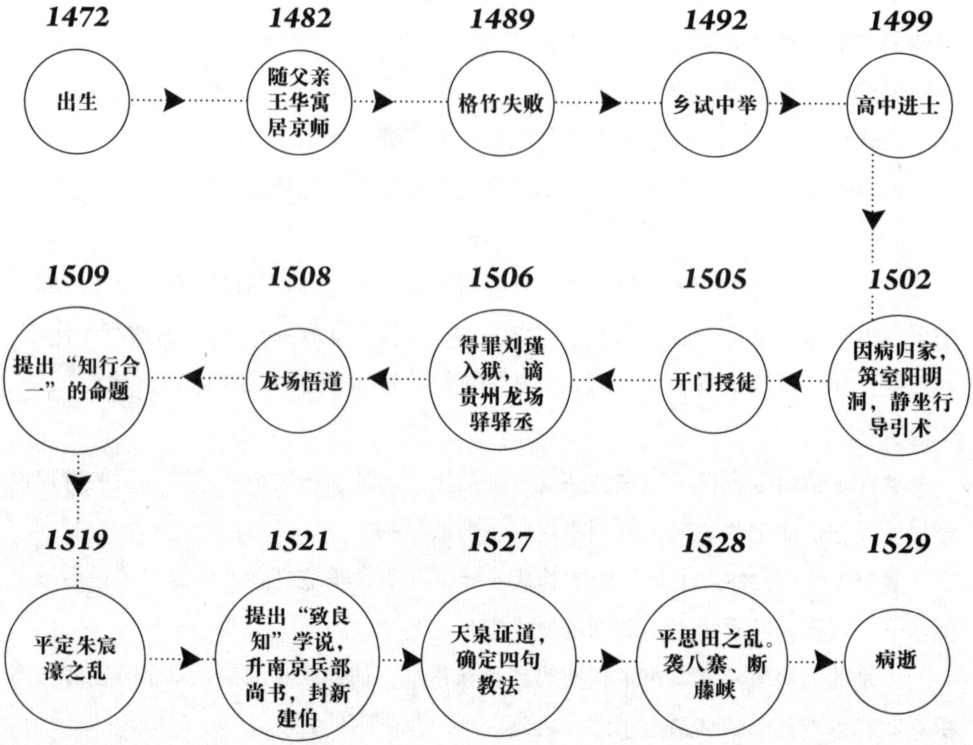

对于王守仁先生，我别无他法，只能用这段两千多年以前的文字来描述他，这是他应得的称颂。

他的心学，是中华文明史上的一朵奇葩，是值得我们每个人为之骄傲的财富，他吹响了人性解放的号角，引领了明代末期的思想解放潮流，他的思想流传千古，近代的康有为、孙中山等人都从中受益匪浅。

除了中国外，他的心学还漂洋过海，深刻影响了日本、韩国等东亚国家，他本人也被奉为神明，受人日日顶礼膜拜，那位东乡平八郎大将就是他的忠实粉丝。

彪炳显赫，自明之后，唯此一人而已。

王守仁的一生，是光明的一生，他历经坎坷，却意志坚定，混迹官场，却心系百姓，他反对暴力和贪欲，坚信正义和良知。

赞:

王守仁是一个高尚的人，一个纯粹的人，一个有道德的人，一个脱离了低级趣味的人，一个有益于人民的人。

他是真正的圣贤，当之无愧。

第十五章

新的开始

○正德十六年（1521）四月二十三日，那个略显羞涩的少年朱厚熜来到了京城，即位成了新的皇帝，改明年为嘉靖元年，是为嘉靖皇帝

◆ 聪明的选择

朱厚照死的时候，最忙的人是杨廷和。

公正地讲，王守仁先生虽然是千古难得的圣贤，却并非一个掌握时局的人物，他长期担任中央下派干部，基本不在京城混，这种编外人员实在说不上是朝廷重臣。在那些年中，真正支撑国家大局的人是杨廷和。

在正德十六年（1521）三月的那个深夜，当皇帝驾崩的消息传来后，杨廷和并不悲痛，这并非是他对自己的学生毫无感情，实际上，他根本就没有时间悲痛。

那个风雨欲来的夜里，他会见了两个惊慌失措的人，一个是谷大用，另一个是张永。

他们来的目的很简单，只讨论一个问题——谁当皇帝？

朱厚照兄实在是不够意思，玩够了拍屁股就走了，您倒是轻松了，可是苦了剩下来的兄弟们，这么大个摊子，您倒是给留个接手的人啊！

由于玩得太厉害，朱皇上没生孩子（哪来这工夫），可大明国不能没有皇帝，这下子张永也慌了，他虽然手握大权，毕竟只是个太监，到底该怎么办，他也没

主意了，只能跑去找杨廷和。

相对于他们的慌乱，杨廷和先生却是稳如泰山，面对着张永急切的目光，他只是淡淡地说了一句：

“兄终弟及，皇位自然有人接任。”

那么，这个接替皇位的人是谁呢？

“兴献王之子，宪宗皇帝之孙，孝宗皇帝之从子，大行皇帝之从弟。”

张永和谷大用这才松了口气。

请注意，以上说的不是四个人，而是一个人，毕竟人家是皇族，祖宗三代是都要说清楚的，要知道，当年为了查实刘备先生的中山靖王之后的地位，找出来的族谱长度堪与大学论文相比。

这个背负着四个身份的幸运儿，名叫朱厚熜。他就是明代历史上统治时间第二长的嘉靖皇帝。

此时的杨廷和自然十分喜欢这位他推举的皇位继承人，但在不久之后，他将会改变自己的看法，当然了，这毕竟是之后的事情。

而现在，看着神情放松、放心大胆准备官升一级的张永和谷大用，杨廷和却板起了面孔：

“事情还没了结。”

是的，正德年间的这一场大戏，还差最后的一幕才能完成。

而这最后一幕的主角，就是江彬先生，他解决了钱宁，但没有能够搞垮王守仁，现在他将面对自己的新对手——杨廷和。

很快，杨廷和发布了命令，解散由朱厚照组建，由江彬操纵的团营，解除了他

参考消息　大行皇帝

中国古代，每个皇帝驾崩后，都会有一个谥号和庙号。但在这两个称号没有确定之前，又该怎么叫呢？古人讲究避讳，对于那些刚去世的皇帝，统一尊称为“大行皇帝”。所谓“大行”，就是永远离去的意思。大行皇帝的谥号和庙号一旦确定，就改以谥号和庙号作为其正式的称呼了。同样的，对于刚刚去世的皇后，一般都要尊称为“大行皇后”。

杨廷和
拨乱反正

迎立新君
|
引《皇明祖训》为据，主张立兴献王长子为帝

诛杀江彬
|
解散江彬操纵的团营，与太监张永合谋，设计将其诛杀

手中的武装。然后他发布命令，由张永、郭勋等人控制京城防务，严禁任何军队调动。

很明显，这是要动手了，京城很快就陷入了风雨飘摇之中，流言蜚语四处乱飞。一贯骄横的江彬也顿时乱了阵脚，慌作一团，不知如何是好，无奈之下只能每天和同伙商量对策。

凑热闹的人似乎也不少，不久之后的一天，京军都督张洪深夜突然到杨廷和的家里，通报了一件事情。

“现在江彬那一帮人正在四处活动，他们可能要造反，首辅不可不防！”张洪用饱含忧虑的语气提醒着杨廷和。

然而杨廷和却不以为然:

“你不用怕江彬造反，而今天下大定，他以何造反？况且即使他想造反，他的部下也不会跟着他，你多虑了，在我看来，江彬绝不会反！”

张洪看着态度坚决的杨廷和，叹了口气，走了。在他背后为他送行的，是杨廷和那道意味深长的眼神。

他离开了杨廷和的府邸，却没有回家，而是去了另一个人——江彬——的住处。

这位张洪是江彬的心腹，他是奉命来打探消息的，得到了暂时无事的保证，江彬终于松了口气。

与此同时，杨廷和却叫来了内阁里的蒋冕和毛纪，准备拟订一个天衣无缝的计划。

很快，江彬接到了一个通知，他获邀参加一个仪式，原来宫里要修工程，按照规定，必须先搞一个祭奠仪式（封建迷信害死人），他老兄也在被邀之列。

这在江彬看来，是一件十分光荣的事情，所以他去了。

江彬先生这一辈子干过很多坏事，害过很多人，用恶贯满盈来形容实在并不过分，现在终于到了还本付息的时候了。

风萧萧兮易水寒，欠了债兮你要还。

带着一大群随从的江彬出了门，直奔皇宫而去，可是到了宫门口，护卫通知他，参加仪式，只能让他单独进去，闲杂人等不得入内。

江彬争了一下，但涉及程序规定，他也就没有再说什么。丢下了所有手下，只身一人进了宫。

从这里也着实可以看出，江彬先生实在不是个读过书的人，要知道，这一招从古用到今，屡试不爽，是宫廷政变、杀人灭口、报仇雪恨的必备绝招，远到吕后，近到朱棣，都是这一招的长期稳定用户。

现在用户名单上又多了一个名字——杨廷和。

江彬进了宫，行完了礼，正准备撤，张永却突然拦住了他，说想请他吃饭。

张永的面子是不能不给的，江彬就跟着他去了，可饭局还没见到，半路上突然跳出来了一个大臣，对江彬说，你先别走，还有一道太后的旨意给你。

江彬虽然不读书，却也不是笨蛋，他看了看不怀好意的张永，然后又看着那位准备宣读旨意的大臣，立刻作出了准确的判断。

江彬毕竟是武将，他挣脱了张永的手，拔腿就跑，张永却没有追，只是冷冷地看着他离去的身影。

既然喜欢运动，那就让你多跑会儿吧。

于是江彬先生就此开始了他人生的最后一次长跑。事实证明，江彬先生虽然经常干坏事，但身体素质还是相当不错的，他先是跑到了西安门，可是大门早已关闭。估计这位兄弟没有学过撬锁，爬墙的技术也不过关，一拍大腿，接着跑吧！

江彬选手的长跑素质真不是盖的，全速奔跑之下，他很快就跑到了北安门（顺时针方向），到了地方没人给他掐表递毛巾，却有一群看门的太监等着他。

“江都督，你别再跑了，有旨意给你！”

江彬倒还颇有幽默感，一边跑还一边回了句：

“今天哪里还有什么旨意！”

于是新的一幕出现了，江彬在前面跑，一群太监在后面追，估计江先生也是跑累了，慢慢地被后面的太监选手们追上，于是大家一拥而上，终结了江彬先生企图打破明代田径纪录的幻想。

不知道是太监们过于激动还是心理问题，据史料记载，江彬先生被抓后，身体没受啥苦，胡子却被人扯了个干净。

正德年间的最后一个权奸就以这种喜剧方式结束了他的一生。总体来说，表现得还是相当不错的。

杨廷和终于解决了所有的对手，他确实验证了当年邱濬的预言，此刻国家已经在他一人的掌握之中。

在正德皇帝去世的四十余天里，大明帝国没有皇帝，唯一说话算数的就是这位杨先生，他在皇室子孙中千挑万选，终于找到了那个叫朱厚熜的人。

选择这个人的原因有两个：其一，他的血缘很近，而且据说很聪明，非常机灵。

其二是一个不大方便说出来的原因，这孩子当时只有十五岁，对于官场老手杨廷和来说，这是一个比较好控制的人。

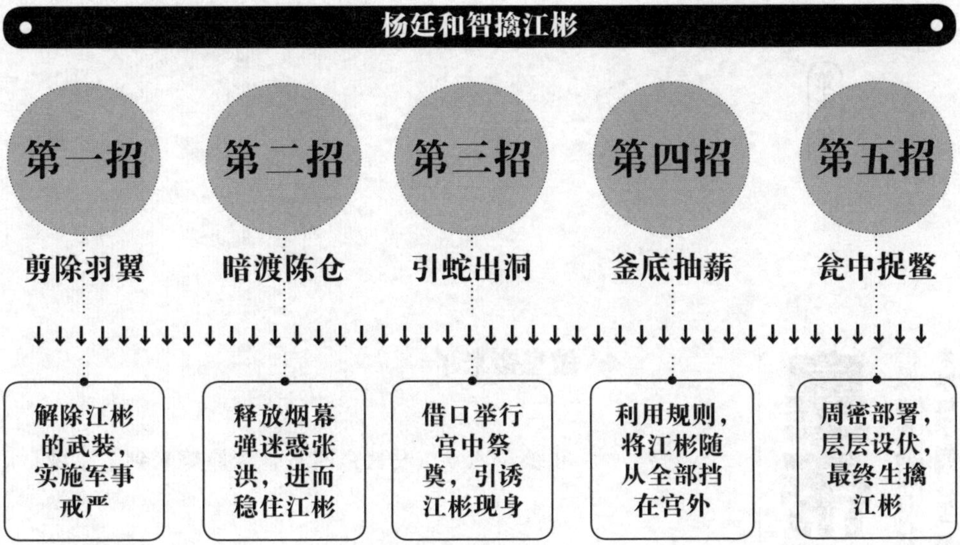

杨廷和的前半生是十分顺利的，他斗倒了刘瑾，斗倒了江彬，王守仁也被他整得够呛，老油条、老狐狸这样的词语已经不足以形容他的智慧和狡诈。

但是这次他失算了，谁说年纪小就容易控制？要明白，圣人曾经说过：后生可畏，焉知来者不如今！

正德十六年（1521）四月二十三，那个略显羞涩的少年朱厚熜来到了京城，继位成了新的皇帝，改明年为嘉靖元年，是为嘉靖皇帝。

战无不胜的杨廷和先生那辉煌的前景和未来就将断送在他的手上。

参考消息 **工作经验很重要**

兴献王朱祐杬的香火不怎么旺盛：四个孩子夭折了三个，只有小儿子朱厚熜健康地活了下来。正德十四年（1519），朱祐杬暴病而亡，年仅四十四岁。十三岁的朱厚熜遂成了整个王府的主心骨，父亲的英年早逝，让他一下子成熟了很多。按照规定，亲王去世后，世子不能马上袭封，必须守孝满三年后奏请朝廷批准方可。朱厚熜便以王世子的身份开始掌管王府的大小事务，很快便显露出了极高的管理天赋，也因此获得了朝廷元老们推选时的一致通过。

第十六章

皇帝很脆弱

○必须亮出自己的獠牙　才能有效地控制住所有的人　即使是皇帝也不例外　这就是少年朱厚熜学到的第一课

◆ 做皇帝来了

正德十六年（1521）四月，朱厚熜来到了京城。

在此之前，他住在湖广的安陆（湖北钟祥）。这位皇室宗亲之所以住在那个小地方，倒不是因为谦虚谨慎，这其实也是没办法的事情，因为他的父亲兴献王就被封到了那里。作为藩王的子弟，他没有留京指标。

现在情况不同了，他已经得知，自己的堂兄朱厚照死掉了，他将有幸成为新一任的天下统治者。

十五岁的少年朱厚熜仰头看着远处雄伟的京城城墙，想到自己即将成为这里的主人，兴奋的血液冲进了他的大脑。

可还没等他激动得热泪盈眶，一群官员就迎了上来，出乎他意料的是，这帮人其实并不只是来迎接他的。

"请殿下（此时尚未登基）从东安门进宫，到文华殿暂住。"

换了一般人，对这个要求似乎不会太敏感，只要能到伟大首都就行，还在乎走哪条路吗？至于住处，反正当了皇帝，房子都是你的，住哪里都是可以的。

可是朱厚熜不愿意，他不但不愿意，甚至表现出了极度的愤怒。

因为像他这样的皇家子弟，十分清楚这一行为代表着什么意思——皇太子即位。

根据明代规定，这条路线是专门为皇太子设计的，做皇帝不走这条路。

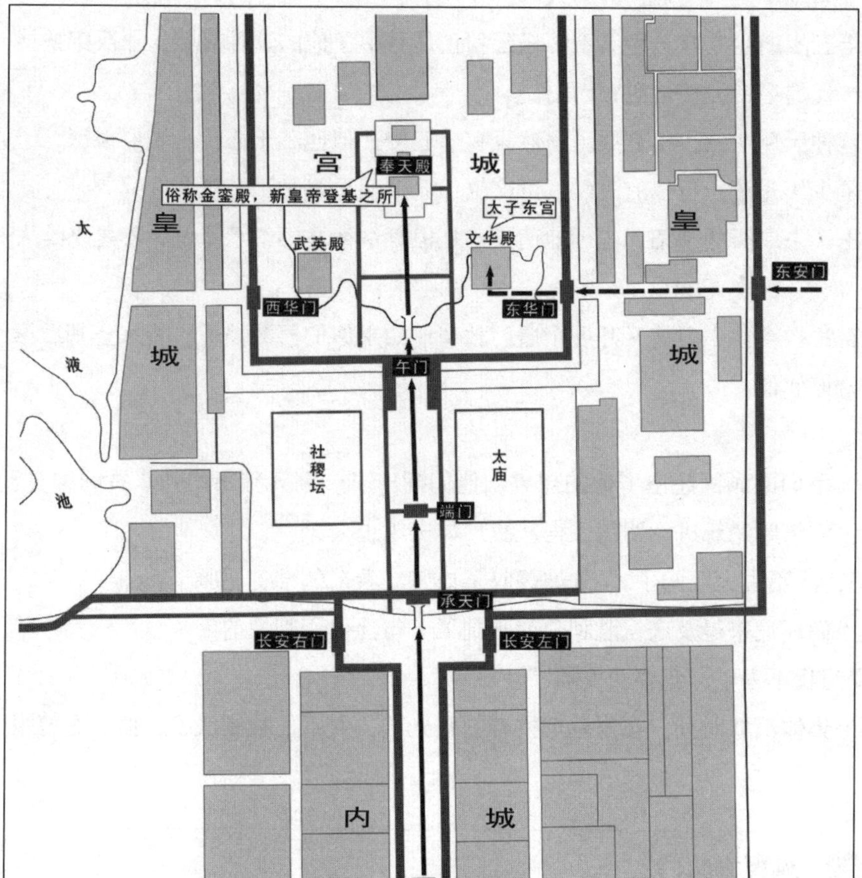

← 朱厚熜入宫路线

“我要走大明门，进奉天殿！”

这才是正牌的皇帝进京路线。

然而官员们不同意，他们也不多说，只是堵在那里不走。在他们看来，这个十五岁的少年会乖乖地就范，听他们的话。

可惜朱厚熜不是一个好糊弄的人。

这个十五岁的少年有一种天赋，杨廷和正是看中了他的这种天赋，才决定扶持他成为新一代的皇帝，使他脱颖而出。

他的这种天赋叫做少年老成，虽然只有十五岁，但他工于心计，城府很深，十几岁正好是少年儿童长身体的时候，可这位仁兄很明显多长了心眼儿。

他拿出了朱厚照的遗诏，告诉他们自己是根据法律文书继承皇位，不是来给人当儿子的。

搞完普法教育，朱厚熜又开展了屠刀教育：如果你们再敢挡道，将来登基后第一个就收拾掉你们。

然而大臣们的顽固超出了他的想象，他们摆出了一副死猪不怕开水烫的神态，看那意思，你朱厚熜想进大明门，得从我尸体上迈过去。

“好吧，我不去大明门了。”朱厚熜叹了口气。看来他准备屈服了。

可大臣们还没来得及庆祝胜利，就听到了一句让他们震惊的话：

“东安门我不去了，我要回安陆。”

下面是集体沉默时间，在朱厚熜挑衅的眼光下，大臣们被制伏了，他们看着眼

参考消息 **风雨大明门**

大明门为“皇城第一门”，始建于明永乐年间。李自成攻占北京后，曾短暂地改称为大顺门。等到清朝，又将其改名为了大清门。民国成立后，政府决定将大清门改为中华门。由于做牌匾的石料不好找，当时的人图省事儿，就想直接用原来的牌匾在反面刻字。谁知把“大清门”的牌匾摘下来后，才发现背后赫然刻有“大明门”三个字，原来这个懒办法早在两百多年前就被人用过了。不得已，政府只好又赶制了一块牌匾。1954年，为了扩建天安门广场，中华门被拆除。1976年，毛泽东逝世后，又在原址上修建了毛主席纪念堂。

前这个略显稚嫩的少年，陷入了空前的恐慌。

不要紧，不要紧，既然不让我进大明门，我连皇帝都不做了，你们自己看着办吧。

古语有云::“宁为玉碎，不为瓦全。”可是眼前的这位仁兄既不是玉，也不是瓦，而是一块砖头。拦路的官员们商量片刻，换了一副恭谨的态度，老老实实地把朱厚熜迎了进去。

必须亮出自己的獠牙，才能有效地控制住所有的人，即使是皇帝也不例外。这就是少年朱厚熜学到的第一课。

皇帝从大明门进宫的消息很快就传到了杨廷和那里，但他并没有在意，在他看来，这不过是小孩子耍耍性子而已，没什么大不了的。

话虽如此，他也没有放松警惕，必须让这小子接受点儿教训，才能使他彻底明白，这个地方到底由谁来管事。

很快，他就拟订了一个计划。

朱厚熜进了皇宫，却并没有丝毫的不适应，他看着金碧辉煌的宫殿，十分踏实地坐上了堂兄的座位。

这里应该是属于我的，我本就是这里的主人。

从这一天起，明代历史上最为聪明、心眼儿最多的嘉靖皇帝开始了他长达四十余年的统治，前面等待着他的，将是无数的考验和折磨。

在他登基后的第六天，第一次攻击开始了。

这一天，礼部尚书毛澄突然上书，奏疏中引经据典，长篇大论，列举了很多人的事迹，念了很长时间。一般来说，这种东西都会让皇帝听得打瞌睡，但这一次例外发生了。

朱厚熜从第一个字开始就在认真地听，而且越听脸色越难看，到后来竟然站了起来，脖子上青筋直冒，怒目盯着毛澄，恨不得撕了他。

为什么呢？这倒真不能怪朱厚熜先生没有风度，换了是你，听到了毛澄说的那些话，估计你早就操起板砖上去拍毛先生了。

事情全出在毛澄的奏折上。

他的这份文件写得很复杂，但意思很简单：

皇帝陛下，我们认为您现在不能再管您的父亲（兴献王）称为父亲了，根据古代的规定，您应该称呼他为叔叔（皇叔考），您的母亲也不能叫母亲了，应该叫叔母（皇叔母）。从今以后，您的父亲就是孝宗皇帝，管他叫爹就行。

最后顺便说一句，为保证您能够顺利地改变称呼，免除您的后顾之忧，我们几个人商定，如果大臣中有谁反对这一提议的，可以定性为奸邪之人，应该推出去杀头（当斩）。

朱厚熜虽然年纪小，但读书很早，这篇文章的意思他十分明白，但也十分纳闷：

怎么回事？当个皇帝竟然连爹都当没了？不能认自己的爹，我爹是谁还得你们给我指定一个？这种事还能强行摊派？

他发出了怒吼：

“父母都能这样改来改去吗？”

皇帝发怒了，后果不严重。因为杨廷和先生的回答是可以。

朱厚熜不是个笨人，当他看见朝中大臣们异口同声支持杨廷和的时候，就已经清楚了这个幕后人物的可怕。

于是这个十五岁的少年丢掉了皇帝的尊严，叫来了身边的太监，让他去请杨廷和进宫。

朱厚熜叫杨廷和进宫，却并没有在大殿上下达命令，而是安排他进了偏殿，恭恭敬敬地请他喝茶。说白了，他是找杨廷和来谈判的。

于是这位少年皇帝放下皇帝的架子，用恭维上级的口气吹捧了杨廷和一番，表扬他的丰功伟绩，最后才为难地表示，自己的父母确实需要一个名分，希望杨先生能够成全。

可是这个历经四朝，已经六十三岁的老头子却是一点儿面子都不给。他认真地听取了皇帝大人的意见，表示会认真考虑，之后却是如肉包子打狗——一去不回。

无奈之下，朱厚熜只好和杨廷和玩起了公文游戏，他把表达自己意思的文书下发，要内阁执行。

然而，这所谓的圣旨竟然被杨廷和先生退了回来，因为根据明代规定，内阁首辅如果认为皇帝的意见不对，可以把圣旨退回去，这种权力的历史学名叫做“封驳”。

普通老百姓如果有了委屈没处告状，可以去上访，然而朱厚熜先生连这个最后的退路都没有，因为他的上访信只能交给他自己。

难道真的连爹都不能要了？无奈的朱厚熜终于意识到，他虽然是皇帝，却是真正的孤家寡人。在这座宫殿里，皇帝的称号论斤卖也值不了多少钱，要想得到所有人的承认和尊重，只能够靠实力。

然而，他没有实力，不但得不到支持，连一个为自己父母争取名分的理论说法都没有，要论翻书找法条，他还差得太远。

眼看父母的名分就要失去，痛苦的朱厚熜却软弱无力，毫无办法，但天无绝人之路，在他最为绝望的时候，一个合适的人在合适的时间、合适的地点出现了。

◆ 算卦

四年前（正德十二年，1517年），京城。

一个举人垂头丧气地离开了发榜处，这里刚刚贴出了这一科的会试结果，前前后后看了十几遍之后，他终于确认自己又没有考上。

为什么要说又呢？

因为这已经是他第七次落榜了，这位仁兄名叫张璁，他中举人已经差不多二十年，此后每三年进一次京，却总是连个安慰奖也捞不着，而这次失败也彻底打垮了他的耐心和信心。

他不打算继续考下去了，看这个情形，没准儿等自己孙子娶了老婆，还得拄着拐棍去北京考试，就算到时考上了，估计不久后，庆功会就得和追悼会一起开了。

那就去吏部报到吧，按照政府规定，举人也可以做官，就算官小，毕竟能够混个功名也是好的。

然而，就在他即将踏入吏部大门，成为一位候补官员的时候，却遇见了一个改变他命运的人。

这个人姓萧，时任都察院监察御史，他这个御史除了告状之外，倒也搞点儿副业——算卦，据说算得很准，于是张璁先生抱着死马当活马医的觉悟，请他给自己算了一卦。

萧御史拿出了江湖先生的架势，测字看相一套行头下来，沉默了。

张璁没有心思和他捉迷藏，急切地向他询问结果。

"再考一次吧。"

这不是张璁想要的答案，在科举这口大铁锅里，他已经被烤煳了。

"只要你再考一次，一定能够考中！"萧半仙打了包票，然而更刺激的还在下面："你考上之后，几年之内必定能够大富大贵，入阁为相！"

张璁瞪大了眼睛，看着神乎其神的萧半仙：兄弟你的牛皮也吹得太大了吧！

连个进士都混不上，还谈什么入阁为相，张璁不满地盯着萧御史，他认为对方明显是在拿自己寻开心，准备结束这场荒唐的对话，去吏部接着报到。

然而，萧御史拉住了他，认真地对他说道：

"再考一次吧，相信我，没错的。"

张璁犹豫了，虽然再失败一次很丢人，但他已经考了二十年了，债多了不愁，顶多是脸上再加一层皮，思前想后，他决定再考一次。

正德十六年（1521），第八次参加会试的张璁终于得偿所愿，他考上了，虽然名次不高（二甲第七十余名），但总算是中了进士。

不过，这个考试成绩实在不好，他没有被选中成为庶吉士，这就注定他无法成为翰林，因为当时的惯例，如不是翰林，要想入阁就是痴人说梦，更何况张璁贤弟已经四十七八岁了，这个年纪也就只能打打牌、喝喝茶，等到光荣退休。

这样看来，萧半仙仍然是个大忽悠。

张璁先生不抱任何指望了，他被分配到礼部，却没有得到任何工作，估计是礼部的官员对这个半老头子没啥兴趣，只给了他一个实习生的身份。

人只要没事做，就会开始瞎琢磨，张璁就是典型范例，他穷极无聊之下，看到了毛澄先生撰写的那份"爹娘名分问题研究报告"，顿时如同醍醐灌顶，幡然醒悟！

他终于意识到，萧半仙可能是对的，庶吉士当不上了，翰林也当不上了，但入阁为相依然是可能的！

这是一个绝佳的机会，飞黄腾达就在眼前！

但风险也是很大的，张璁十分清楚，他的对手并不只是自己的顶头上司毛澄，真正的敌人是那个权倾天下,比皇帝还厉害的杨廷和。得罪了他,是绝对不会有好下场的。

因此，在当时的朝廷里，大臣们宁可得罪皇帝，也不敢得罪杨大人，十年寒窗混个功名，大家都不容易啊。所以这事很多人都知道，但谁也不敢多嘴。

可偏偏张璁先生是个例外，他这个功名本来就是碰来的，和捡的差不多，况且中了进士之后也是前途渺茫，连个正经工作都没有。实在太欺负人了。

光脚的不怕穿鞋的，谁怕谁，大不了就当老子没考过好了！

张璁先生虽然不算是个好考生，但也有个特长——礼仪学。他对于古代的这套形式主义很有心得，此刻正中下怀，挑灯夜战，四处查资料，经过整夜的刻苦写作，一篇惊世大作横空出世。

他看着这篇心血之作，兴奋之情溢于言表。睁着满布血丝、发红的双眼，他急匆匆地向宫中奔去。他明白，自己的命运即将改变。

明代历史上最著名的政治事件之一——大礼议事件，就此拉开序幕。

这篇文书的内容就不介绍了，这是一篇比较枯燥的文章，估计大家也没有兴趣读。在文中，张璁引经据典，旁征博引，只向朱厚熜说明了一个观点——你想认谁当爹都行。

朱厚熜实在是太高兴了，他拿着张璁的奏折，激动地对天高呼:

“终于可以认我爹了！”(吾父子获全矣！)

朱厚熜如同打了激素一般，兴奋不已，他即刻召见了杨廷和，把这篇文章拿给

参考消息 **具体情况具体分析**

按照宗法制的规定：大宗无子时,要由小宗过继给大宗,过继者要以被过继者为父。为此，杨廷和特意从史书里选了两位著名人物给自己的说辞增添依据：汉哀帝和宋英宗。这两位皇帝有个共同特点：都是由藩王而被立为皇太子，然后继位为帝的。在杨廷和看来，嘉靖皇帝应该借鉴两位前辈的先例，老老实实地给别人当儿子。对此，张璁针锋相对地提出了反驳：汉哀帝和宋英宗都是预先立为太子，养在宫中，然后才继位的，因此给别人当儿子是应该的；而嘉靖皇帝则不同,他不是预立为嗣，而是根据祖训名正言顺地继承皇位的，根本就不需要过继给别人当儿子。

他看，在这位少年皇帝看来，杨先生会在这篇文章面前屈服。

杨廷和看完了，却没有说话，只是开始冷笑。

朱厚熜问："你笑什么？"

杨廷和答："这人算是个什么东西，国家大事哪有他说话的份儿？！"

说完，他放下了奏章，行礼之后便扬长而去。只留下了气得发抖的朱厚熜。

好吧，既然这样，就不要怪我不客气了！

朱厚熜发作了，他不管三七二十一，马上写了一封手谕，命令内阁立刻写出文书，封自己父母为太上皇和皇太后。

我是皇帝，难道这点儿事情都办不成吗？

事实生动地告诉朱厚熜，皇帝也有干不成的事情，如果杨廷和先生不同意的话。

内阁的效率甚高，反应甚快，办事十分干净利落，杨廷和连个正式回函都没有，就把那封手谕封了起来，退还给朱厚熜。

皇帝又如何？就不怕你！

朱厚熜气愤到了极点，他万没想到皇帝竟然当得这么窝囊，决心和杨廷和先生对抗到底。

双方斗得不亦乐乎，你来我往，实在是热闹非凡，可上天似乎觉得还不够闹腾，于是他又派出了一个猛人上场，不闹得天翻地覆决不甘休！

这位新上场的选手成为了最终解决问题的人，但此人并非朝廷重臣，也不是手握兵权的武将，而只是一个三十多岁的中年妇女。当然，她也不是什么外人，这位巾帼英豪就是朱厚熜他妈。

俗语有云：女人比男人更凶残。这句话用在这位女士身上实在再合适不过了。

这位第一母亲本打算到京城当太后，结果走到通州才得知她不但当不上太后，连儿子都要丢了。身边的仆人不知道该怎么办，询问她的意见。

"车驾暂停在这里，大家不要走了。"

那么什么时候动身呢？

随从们发出了这样的疑问，毕竟下人也有老婆孩子，不能总拖着吧。

“想都别想！”第一母亲突然发出了怒吼，“你们去告诉姓杨的（杨廷和先生），名分未定之前，我绝不进京！”

这就是所谓传说中的悍妇，兴献王（朱厚熜父亲封号）先生娶了这么个老婆，想来应该相当熟悉狮子吼神功，这许多年过得也着实不轻松。

现在人都到齐了，大家就使劲儿闹吧！

嘉靖皇帝朱厚熜一听到自己母亲到了，顿时兴奋不已，他趁热打铁，直接派人告诉杨廷和，如果你再不给我父母一个名分，我妈不来了，我也不再干了，宁可回安陆当土财主，也不当皇帝！

张璁也看准了机会，又写了一篇论礼仪的文章，要求杨廷和让步给个名分。

一时之间，三方遥相呼应，大有风雨欲来、誓不罢休之势。

但他们最终并没有能够得到胜利，因为他们的对手是杨廷和。

腥风血雨全经历过，权臣奸宦都没奈何，还怕你们孤儿寡母？既然要来，就陪你们玩玩吧，让你们看看什么叫高层次！

首先，他突然主动前去拜访朱厚熜，告诉他内阁已经决定，将他的父亲和母亲分别命名为兴献帝和兴献后，也算给了个交代。

当朱厚熜大喜过望之时，他又不动声色地给张璁分配工作——南京刑部主事。

南京刑部是个养老的地方，这个安排意思很简单——有多远你就滚多远，再敢没事找事，就废了你。

最后是那位悍妇，她可不像她的儿子那么好打发，对于目前的称呼还不满意，非要在称号里加上一个“皇”字。

研究这种翻来覆去的文字把戏，实在让人感到有点儿小题大做死心眼儿，但杨廷和却不认为这是小事，他用一种极为简单的方式表达了自己的反对。

如果要加上那个字也可以，那我杨廷和就辞职回家不干了。

这一招也算历史悠久，今天的西方政治家们经常使用，杨廷和先生当然不是真的想辞职，朝廷中都是他的人，如果他走了，这个烂摊子怎么收拾？谁买你皇帝的账？

果然这招一出，朱厚熜就慌乱了，他才刚来几天，内阁首辅就不干了，里里外外的事情谁应付？

于是朱厚熜决定妥协了，他放弃了自己的想法，打算向杨廷和先生投降，当然了，是假投降。

第一回合就此结束。杨廷和先生胜。

可能现代的很多人会觉得这一帮子人都很无聊，为了几个字争来争去，丝毫没有必要，是典型的没事找抽型。

持这种观点的人并不真正懂得政治，一位伟大的厚黑学政治家曾经用这样一句话揭开了背后隐藏的所有秘密：

观点斗争是假的，方向斗争也是假的，只有权力斗争才是真的。

他们争来争去，只是为了一个目的——权力，几千年来无数人拼死拼活，折腾来折腾去，说穿了也就这么回事。

◆ 计划

张璁垂头丧气地去了南京，他明白这是杨廷和对他的惩罚，但既然是自己的选择，他也无话可说。

然而正是在南京，他遇见了另一个志同道合的人，在此人的帮助下，他将完成自己的宏伟梦想——入阁。这个人的名字叫做桂萼。

参考消息　没事儿吓孩子玩

嘉靖元年正月十一，皇帝祭祀完天地刚一回宫，乾清宫突然发生了火灾，随即便起了大风，风助火势，烧去多幢房屋，几乎烧到了清宁宫后殿（皇后寝宫）。这本来是一件普通的安全事故，但大臣们却因此大做文章。第二天，内阁就上了一道折子：“为何皇上郊祀时万里无云，大礼成后就有天变呢？又为何火起不在他处，偏偏在兴献后所居的近处，这莫非是加称尊号的缘故，让祖宗的在天之灵不高兴吗？”嘉靖皇帝从小就非常迷信，被内阁这一咋呼，一下子就被唬住了，很长时间内都不再坚持封尊。

桂萼也是一个不得志的人，他很早就中了进士，可惜这人成绩差，只考到了三甲，连张璁先生都不如，分配工作也不得意，只得了一个县令。这人不会做人，得罪了上司，被发配到刑部，混了一个六品主事。

当张璁第一次与桂萼交谈，论及个人的悲惨遭遇和不幸经历时，桂萼已经认定，这位刑部同事将是自己一生的亲密战友。

在无人理会、无所事事的南京，桂萼和张璁在无聊中打发着自己的时光，不断地抱怨着自己悲惨的人生，痛诉不公的命运，直到有一天，他们握紧了拳头，决定向那个高高在上、不可一世的人发起进攻。

但摆在他们面前的问题是很实际的，张璁是二甲进士，桂萼是三甲进士，而他们的对手杨廷和先生则是十三岁中举人、二十岁当翰林的天才。张璁和桂萼是刑部主事，六品芝麻官，杨廷和是朝廷第一号人物，内阁首辅。

差生对优等生，小官对重臣，他们并没有获胜的希望。

但老天爷似乎注定要让萧半仙的预言兑现，他向这两位孤军奋战的人伸出了援手。

不久之后，一个叫方献夫的人出现了，他站在了张璁、桂萼一边，为他们寻找与杨廷和作战的理论弹药。

此后，黄宗明、霍韬等人也加入了张璁的攻击集团。

这些人的名字就不用记了，之所以单列出来，只是因为他们有着一个共同的老师——王守仁。

此时王守仁先生已经不在朝廷里混了，他被杨廷和整顿后，改行当了老师，教起学生来。需要说明的是，虽然他的学生参加这次政治斗争并非出自他的授意，但根由确实来源于他。

由于王守仁先生的专业是心学，一向主张人性解放，学这门课的人见到不平之事一般都会去管管，就这么解放来、解放去，终于解放到了皇帝的头上。

嘉靖先生虽然贵为天子，却被老油条杨廷和先生欺负，连父母都不能认，这件事情干得很不地道，当时许多人都看不过去，其中最为义愤填膺的就是心学的传人们。他们有钱出钱，有力出力，为打倒专横跋扈的杨廷和提供了理论依据。

由此我们得出了明代官场第一魔咒：无论如何，千万不要去惹王守仁。

但王守仁先生的魔力还不止于此，他活着的时候，得罪他的没有好下场；在他死后，其精神力量依然光辉夺目，成为无数奸邪小人的噩梦。

于是，在不久之后的一天，张璁找到了桂萼，希望他干一件事情——上奏折向杨廷和开炮。

桂萼不干。

他虽然也算是个愤怒中年，但这种引火烧身的事情倒也不敢干，便又把矛头对准了张璁：

"这件事太过冒险，要干你自己去干。"

张璁胸有成竹地看着他：

"这是你扬名立万的机会，尽管放心，若此折一上，我等必获全胜！"

桂萼饶有兴致地等待着他如此自信的理由。张璁却只是笑而不答。

张璁的自信确实是有理由的，他得到了一个重量级人物的支持，这位仁兄也是我们的老朋友了，他就是杨一清先生。

说来他也算是阴魂不散，混了几十年，搞垮无数猛人，虽然原先他和杨廷和是同志关系，有过共同的革命战斗友谊（对付刘瑾），但事情闹到这个地步，他也觉得杨廷和太过分了，杨先生向来帮理不帮亲，他掉转了枪口，成了张璁集团的幕后支持者。

张璁从未如此自信过，他做梦也想不到，自己这个微不足道的小人物竟然得到了如此大的支持。

很好，所有的一切都已齐备，攻击的时刻到了。

第十七章

大臣很强悍

○于是 无论是真心还是假意 下朝的大臣们一个也没走成 在杨慎的带领下 他们一起向左顺门走去 沉积了三年的愤怒和失落将在那里彻底夜喷发

嘉靖二年（1523）十一月，张璁向那个看似坚不可摧的对手发动了进攻。

桂萼首先发难，他上书皇帝，表示现有称谓并不适宜，应该重新议礼。

这份文书呈上之后，嘉靖自然是十分高兴，他又叫来了杨廷和，问他的看法。为了对付这块硬骨头，嘉靖已经作了长时间的准备，然而这一次，杨廷和的表现出乎他的意料。

老江湖杨廷和没有再表示反对，却也不赞成，只是淡淡地对皇帝行了礼，叹息一声道：

"我已经老了，请陛下允许我致仕吧。"

嘉靖惊呆了，他不知道这位老江湖又打什么算盘，当时就愣住了。

杨廷和没有开玩笑，他确实是不想干了，对于这位六十四岁的老人来说，长达四十余年的钩心斗角、你来我往，他已经彻底厌倦了。

于是历经四朝不倒的杨廷和终于退休了，虽然无数人反对，无数人挽留，他还是十分决然地走了。

第二回合，嘉靖胜。

嘉靖在高兴之余，又有几分纳闷，为什么这个权倾天下、无数次阻挠自己的老头子会突然自动投降呢？

这是一个萦绕他多年的谜团，直到四十多年后，他才找到了答案。

同样的疑问也困扰着另一个人，这个人就是杨廷和的儿子，叫做杨慎。

这位仁兄实在是个了不得的人物，他的知名度比他爹还要高，而且这个人还干过一件更让人惊叹的事情——他中过状元。

这件事情看起来没什么大不了的，毕竟中状元虽然难得，也不是什么新闻，最多只能说明他是个优等生，如此而已。但此事之所以十分轰动，是因为他中状元的年份有点儿问题。

杨慎先生是正德六年（1511）的状元，而在那一年，他的父亲杨廷和已经是入阁掌控大权的重量级人物。

古人是讲面子的，像杨慎这种高干子弟如果中了状元，不但不是个光彩的事情，反而会引发很多人的议论。可怪就怪在这件事情没有引发任何争议。

因为所有的人都认为杨慎是理所当然的状元。他少年时，学名已经传遍天下，这个人还有个著名的外号——“无书不读”，由此可见他博学到了何等程度。

于是杨慎中状元就成了很正常的事情，他要是不中，反倒是新闻了。但事实可能并非如此，根据另外一些资料记载，他的这个状元可能是潜规则的产物，也就是当年唐伯虎案件中的那个“约定门生”。

据说在那一年殿试之前，曾有一个人私底下找到了杨慎，向他透露殿试的问题，使得杨慎轻松夺得了状元。而那个人就是杨廷和的好同事、内阁第一号人物李东阳。

但无论如何，杨慎先生确实是才高八斗、学富五车，当他的父亲执意要退休时，他也发出了同样的疑问——你为什么要走？

杨廷和笑了笑，告诉他这个年少气盛的儿子：到时候你自然会明白的。

可杨慎并没有仔细琢磨父亲的这句话，他只知道，张璁告了黑状，皇帝赶走了他爹，这个仇不能不报！

于是杨慎强行从他父亲的手中接过了旗帜，成为了张璁的新对手。

可是还没等到他发起进攻，另一帮人就先动手了。

嘉靖三年（1524）二月，内阁最后的反击开始。

杨廷和的离去触碰了最后的警报线，在内阁大臣的授意下，礼部尚书汪俊上书了，但他并非一个人战斗，这位兄台深知人多力量大，发动了七十三个大臣和他一起上书，奏折中旁征博引，大发感慨，这还不算，他的落款也是相当嚣张：声称“八十余疏二百五十余人，皆如臣等议”。

这意思就是，我现在上书还算是文明的，如果你再不听，还有八十多封奏折，二百五十多人等着你，不用奏折埋了你，口水也能淹死你！

要换了一年前，估计嘉靖就乖乖认错投降了，可是经过和杨廷和先生艰苦卓绝的斗争，这位少年皇帝不再畏惧任何人，因为他已然明白，这个世界只属于有实力的人。

但毕竟对手是一大堆读书人，论学历、论口才，皇帝根本就不是这些应试教育奇才的对手，于是他下达了一个命令——召桂萼、张璁进京。

既然你们要闹，那就索性搞大一点儿，开个辩论会，看看谁骂得过谁！

内阁听到了风声，当时就慌乱了，他们十分清楚，如果张璁等人进京辩论，自己一定会失败！原因很简单，因为道理并不在他们一边。

逼着皇帝不认自己的爹，这种缺德事情哪有什么道理好讲。

不过，老油条就是老油条，汪俊等人见势不妙，马上找到了嘉靖皇帝：

“臣等考虑过了，皇上圣明，兴献帝后名号前应该加上‘皇’字。”

这就是混了几十年的老官僚，眼见形势不妙，立刻见风使舵，水平高超，名不虚传。

嘉靖高兴地笑了，他苦苦追求的目标终于达到了。

当然了，妥协是要获取代价的。

“请陛下下令，无关官员不必再参与此事。”

所谓无关官员，就是张璁和桂萼。

其实，嘉靖还是不满意的，因为到目前为止，他还有两个爹，一个是明孝宗朱祐樘，他亲爹兴献帝只能排老二，而且名号也不好听——本生皇考恭穆献皇帝。

朱厚熜争爹

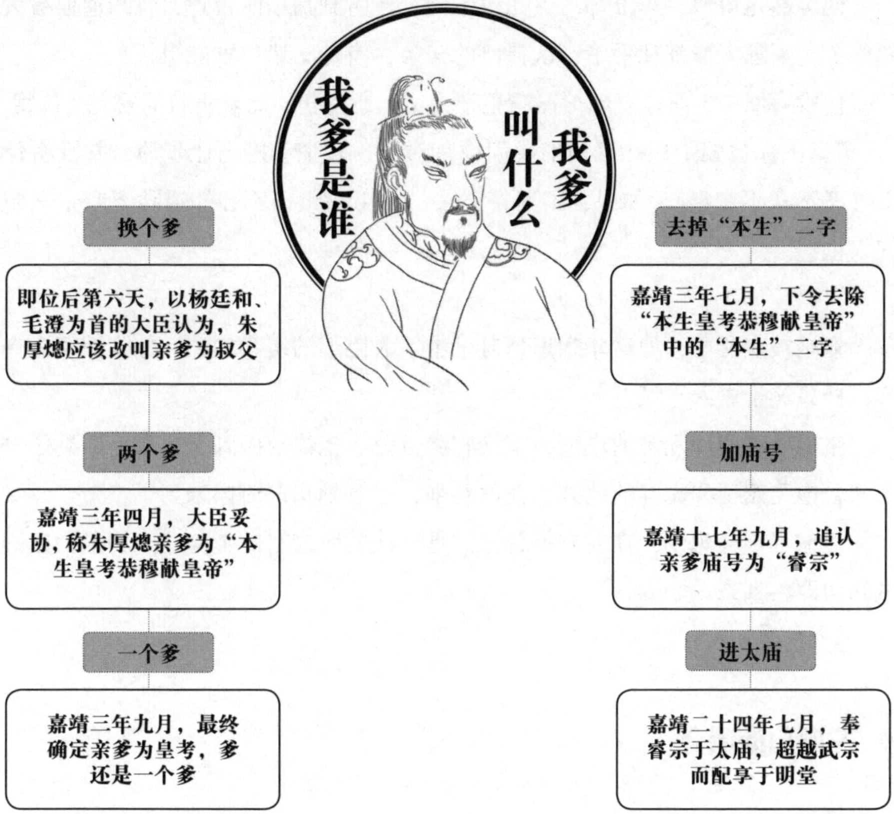

后面的称呼倒是没有什么问题，关键是前面的那两个字——本生。

这实在是个让人不快的称呼，因为将来嘉靖先生要介绍自己祖宗的时候，会比较麻烦，他必须指着孝宗皇帝牌位——这是我爹，然后再指着兴献帝牌位——这是我本生爹。

在目前的形势下，只要嘉靖能够坚持下去，就能够摆脱这种窘境，给自己父亲一个恰当的名分，然而此时，他犯了糊涂。

因为这位皇帝虽然聪明，毕竟还是个孩子，本就没有什么更大的企图，爹娘有个名分就够了，事情到了这里，他也觉得差不多了，于是他答应了汪俊的要求，派出使者让张璁打道回府。

当使者见到张璁的时候，已经是嘉靖三年（1524）四月，张璁这位慢性子才刚刚走到凤阳。

他虽然走得慢，思维却一点儿也不慢，一听到嘉靖的旨意，就知道他被大臣们忽悠了，天理人情都在手中，认自己的父亲，有什么错！谁能阻拦！

他没有回去，而是立刻给嘉靖皇帝上了一封奏折，此奏折言简意赅，值得一提：

“皇上你被骗了！礼官们怕我们进京对质，才主动提出让步的，并没有什么意义（孝不孝不在皇），如果你不坚持下去，天下后世仍不会知道陛下亲生父亲是何许人也！”

嘉靖被点醒了，他这才意识到自己中了大臣们的缓兵之计。他收回了命令，张璁、桂萼终于进入京城。

张璁看着四周熟悉的环境，不禁感慨万分，他终于回到了北京，回到了这个他当初曾饱受蔑视和侮辱的地方，在他看来，一展抱负的时候来到了。

但他绝不会想到，在前方等着他的是一次前所未有的考验，一场最为猛烈的急风暴雨即将到来。

◆ 左顺门的圈套

张璁进城了，内阁却保持了让人难以理解的平静，其实原因很简单，他们确实辩不过张璁，因为道理从来都不会站在强迫人家认爹的一方。

大臣们彻底没辙了，但张璁先生离胜利仍然十分遥远，因为一个更强的对手已经站在他的面前。

当时的内阁掌权者主要是蒋冕、毛纪这些老头子，他们饱经风雨，经验丰富，也知道这件事情干得不地道，准备就此了事。但事情的发展已经超出了他们的控制。

因为新一代的青年官员已经崛起，而他们的领导者正是老同事的儿子杨慎。

在杨慎看来，张璁不过是个无耻小人，赶走了他的父亲，冒犯了自己的权威，对于这样的人，一定要彻底消灭!

但按照目前的形势，要公开辩论，恐怕很难驳倒对方，那该怎么办呢?

杨慎不愧是高干子弟，略一思索，就想出了一个绝妙的主意——找人打死张璁。

文斗不行就改武斗，这种黑社会常用的手段竟然是杨慎的第一选择，真不知道他这些年读的都是些什么书。

其实以杨慎的身份，要打死张璁这样的小官并不难，找几个打手埋伏起来，趁着夜深人静之时一顿猛揍，张璁想不死都很难。到时候报个抢劫案件，最后总结一下当前治安形势，提醒大家以后注意夜间安全，可谓神不知鬼不觉。

可是杨慎估计是当太子党的时间太长了，谁都不放在眼里，竟然想出了一个耸人听闻的计划。他不但打算干掉张璁，还选择了一处让人意想不到的行凶地点——皇宫。

他要在皇帝的眼皮底下，文武百官面前，当众打死张璁!

当然了，大明还是有法律的，打死人是要偿命的，杨慎并不是没有脑子的，他选择的那个行凶地点是一个特殊的地方，在这里打死人是不用负责任的。

而这个天王老子也没法管的合法杀人地域叫做左顺门。

左顺门之所以能够得到死刑豁免权，那还是有着悠久的历史传统的。因为在七十多年前，这里曾经打死过三个人，而且所有行凶者全部无罪释放。

这就是正统年间的左顺门事件，王振的三个同党在左顺门附近被大臣们一顿海扁，全都做了孤魂野鬼。按说打死了也就打死了，可也出了个副作用，此后这个地方竟然成了一些人心目中的圣地，每逢朝中出了个把小人，就有人到这里来拜、来骂，也没人去管。

久而久之，这里就成了打死奸邪小人的指定地点，最后甚至发展到刑部官员也默认了此地的特殊意义，表示如果在这里打死人，可以按照前例不予追究。

换句话说，这就是个打死人不偿命的地方。

高干子弟杨慎选择这个地方，可谓用心歹毒，这么一来，张璁死后也只能做个糊涂鬼，连个申冤的地方都找不到。

杨慎的主意得到了众人的赞成，于是一个合法杀人的犯罪计划就这样定下来了。杨慎理所当然地成为了集团头目。

杨头目的计划其实很简单，就是大家埋伏在左顺门附近，等到张璁走到地方，大家一拥而出，乱拳将他打死，然后各自跑回家。

看上去似乎很完美，但事实证明，这实在是个烂得不能再烂的蹩脚计划。

因为杨头目虽然书读得好，却没有打架的经验，他忘记了两个很重要的问题：首先，皇宫不是菜市场，也不是监狱的放风场所，几十个衣冠楚楚的大臣不去上朝，却四处瞎转悠，只要张璁还没疯，就肯定知道事情不妙。

其次，我们知道，但凡高水平的打群架斗殴，都有固定的行动计划、逃跑路线，事前统一分发兵器（如菜刀、木棍等），事后找人出来背黑锅，一应俱全才开始行动。

杨头目啥也没有就敢动手，实在是缺乏考虑，但就是这么个计划，还是差点儿把张璁和桂萼送进了鬼门关。

大臣们定下计划之后，就开始每天在左顺门闲逛，就等着张璁、桂萼进京了。

可是他们等来等去，却始终不见张璁的踪影，按说这人应该进京了，偏偏就是不见踪影，难道他还长了翅膀？

张璁没有翅膀，却有心眼，他在进京的路上已经得知有人想黑他，到了京城后没有马上觐见，却躲了起来，趁人不备才一路小跑进了宫，杨慎等人得到消息的时候，张璁早就安全撤退了。

实现了胜利大逃亡的张璁终于定下了神，他拍了拍胸口，坐在家里开始安心喝茶，在他看来，事情已经结束了。

可是这位仁兄实在高兴得过了头，忘记了另一个极为重要的人——桂萼。

桂萼和张璁是皇帝的两大理论干将，本该同时进京，可偏偏他们是分头走的，张璁走得快，桂萼走得慢，张璁得到了消息，桂萼却还被蒙在鼓里。虽说当年桂萼没有手机，没法收到短信通知，但张璁实在应该派人给他报个信，可张兄兴奋之余，把这茬儿给忘了，这下桂萼同志要吃苦头了。

话说桂萼先生一路洋洋得意地进了京，按捺不住兴奋的心情，也不去看老战友张璁，迫不及待地进了宫。

踏入皇宫的那一刻，桂萼真正感觉到了权力的力量，一个无人理会的芝麻官历经磨难，终于走到了中央舞台。

他旁若无人地扫视着四周的人，周围的人也以诧异的眼光看着他，在脑袋充血的桂萼看来，这是对他的羡慕和妒忌。

所以他并没有在意，直到他走到了左顺门。

这一路上，桂萼的回头率很高，他也已经习惯了被人关注，但在左顺门，迎接他的已不仅仅是关注。

当桂萼出现的时候，立刻引发了大幅度的骚动，原先散布在四周的官员们立刻聚拢起来，眼中放射出恶狼般饥渴的目光，大声的叫喊此起彼伏:

“来了！来了！不要让他跑了！”

事实证明，桂萼是一个运动神经十分发达的人，看着那群如狼似虎的大臣向自己冲来，桂萼没有停下来对此进行详尽分析和研究，而是立刻撒腿就跑。

于是继江彬之后，皇宫中的第二次赛跑又开始了，桂萼跑，大臣们追，而赛跑成绩也证明，天天坐机关确实危害人的体质，这群大臣连当年的那帮太监都不如，愣是没有跑过桂萼。

桂萼以百米冲刺的速度一路向宫门冲过去，由于没有上级的授意，宫门仍然是开启的，桂萼像兔子一样窜了出去，就此逃出生天。

气喘吁吁的杨慎追到了门口，却眼睁睁地看着桂萼带着一路烟尘扬长而去，气急败坏却也没有办法。他终于知道了要组织一次成功的斗殴有多么困难。

杨慎失败了，但桂萼却是惊魂未定，他刚到北京，人生地不熟，也不知道该去什么地方，和杨廷和的儿子作对，谁还敢为他们出头呢？

关键时刻，张璁派人找到了他，告诉他有一个人可以保护他们的人身安全。

这个人的名字叫做郭勋。

张璁的判断是正确的，在当时敢于公开和杨慎作对的，也只有郭勋了。

这位郭勋是何许人也？他有什么资本敢和高干子弟杨慎对着干？

答案很简单，他也是高干子弟，而且他家比杨慎家厉害得多。杨慎他爹杨廷和不过是个首辅，而郭勋家的后台可就大了去了。

在朱元璋的屠刀之下，洪武年间的功臣大都提前到阎王那里报到了，但事实证明，绝世高人依然是存在的，有两位仁兄就突破各种阻碍和死亡陷阱，终于熬了过来，活得比朱元璋长。

这两个人一个叫耿炳文，另一个叫郭英。

耿炳文我们已经介绍过了，由于他擅长防守，不会进攻，被朱元璋留下来为自己的子孙保驾护航，也就是说他的存活是出于领导的实际需要，并不值得骄傲。

对比之下，郭英的待遇就很奇怪了，他也是身经百战，而且很能打仗，这样的一个人为什么能够活下来？

只要我们分析一下，你就会发现他确实有充分的生存理由。

首先他的妹妹是朱元璋的老婆——著名的郭宁妃，而且这位英雄母亲还给朱元璋生下了一个儿子——鲁王朱檀。

其次，他还是朱元璋的亲家，他的儿子娶了朱元璋的女儿。

最后，他很低调。

这样的一个人，朱元璋实在没有杀掉他的理由，毕竟是熟人，确实不好意思动手。

所以，郭家就成了功臣中硕果仅存的名门，不管外面腥风血雨，漫天风浪，这一家子却总是稳如泰山，长命百岁。

不但郭英本人活得很够本，他的子孙也不是孬种，在正统年间土木堡惨败后镇守大同，为国家立下奇功的郭登就是郭家的优秀子孙。

到了嘉靖年间，这一家人势力越来越大，比如郭勋虽然不是朝中重臣，也没有发言权，却没人敢惹，因为他虽不管朝政，却管禁军！

手上有这么一帮子打手，杨慎就算长了十个脑袋，也不敢跑到他家去闹事。

之后的事情就简单了，张璁和桂萼每天提前上朝，到了下班时间两个人看准机会，一溜烟就往东华门跑，出门之后直奔郭勋家，可以肯定的是两个人的运动功底相当扎实，杨慎一直都没有找到机会下手。

每天集结斗殴是个比较麻烦的事情，慢慢地大臣们都失去了打群架的热情，张璁和桂萼就这样躲了过去。而郭勋也就此成为了张璁等人的死党。

当然了，郭勋这种人是从来不做亏本生意的，他之所以要袒护张璁，原因十分简单——投机。

他早已看出，张璁身后有着皇帝的支持，而这位少年皇帝十分厉害，将来必定能够控制大局，所以他把筹码全部押了下去。

现在看来，他是个高明的赌徒，但他万万没有想到，这次赌博最终让他送掉了自己的性命。

◆ 最后的示威

郭勋先生离他最后的结局还有很长一段时间，至少在目前，他还是十分得意的，而情况正如他所预期的那样，张璁即将成为这场战斗的胜利者。

参考消息 **畅销书的魅力**

郭勋虽然出身武将世家，他本人却十分爱好文艺，曾主持刻印过很多有价值的图书。《水浒传》的早期善本，就是他刊刻的，史称“郭武定本”。根据野史记载，郭勋亲自操刀撰写了以大明开国为背景的长篇小说——《英烈传》。在书中，郭勋发挥自己的想象力，将祖先郭英描写成了英雄，其功不仅与徐达、常遇春相当，还在鄱阳湖之战中射死了陈友谅。这本书刊印后，嘉靖帝受其影响，觉得郭英功大赏薄，便赐其配享太庙，并加封郭勋为翊国公世袭。郭勋一箭双雕，堪称明代最成功的畅销书作家。

虽然局势很不利，但杨慎并没有举手投降，既然不能肉体消灭，他就换了个方法，联合三十多名大臣上了一封很有趣的奏折，大意如下：

“我们这些大臣谈论的都是圣人（程颐、朱熹）的学说，张璁、桂萼却是小人的信徒，既然皇上你宁可信任张璁、桂萼，而不相信我们的话，那就请把我们全部免官吧！”

这一招叫做以退为进，杨慎老爹早就已经用过，实在不新鲜，嘉靖同志看过后只是付之一笑，根本不予理睬。

另一方面，张璁、桂萼却是平步青云，被任命为翰林学士，而在他们的帮助下，嘉靖先生的计划也已提上日程，他准备不久之后，就把那个碍眼的“本生”从父亲的称呼中去掉。

杨慎终于走进了死胡同，皇帝不听他的话，他也无力与皇帝对抗，事情到了这个地步，他已无计可施。

然而，上天似乎并不打算放弃他，在这几乎绝望的关头，它给了杨慎最后一个机会。

嘉靖三年，七月，戊寅。

朝堂上又是骂声一片，大臣们争相反对张璁、桂萼，陈述自己的观点，可是嘉靖已经掌握了对付这些人的办法——不理。无论要骂人的还是想吵架的，他压根儿就不答理，等到这帮兄弟说累了，下班时间差不多也到了，嘉靖随即宣布散朝，告诉那些想惹事的大臣：今天到此为止，明天请早！

日子就这样在争吵中一天天地过去，在嘉靖看来，今天和以往没有什么不同，可是他错了，沉寂的怒火终会点燃，而时间就在今天。

因为在那些愤愤不平的人群中，有一个心怀不满的人即将爆发！

这个人是吏部右侍郎何孟春，今天他心情不好，因为他费尽心机写的一封骂人奏折被留中了。

所谓留中，就是奏折送上去没人理，也没人管，且极有可能在未来的某一天，你会在废纸堆里或是桌脚下发现它们的踪影。自己的劳动成果打了水漂，何孟春十分沮丧。

不能就这么算了！他打定了主意。

"诸位不必丧气！"何孟春突然大声喊道，"只要我们坚持下去，皇上必定会回心转意！"

这一声大喝把大家镇住了，所有的人都停了下来，准备听他的高见。

吆喝结束了，下面开始说理论依据：

"宪宗年间，为慈懿皇太后的安葬礼仪，我等先辈百官在文华门痛哭力争，皇帝最后也不得不从！今日之事有何不同，有何可惧！"

这里我插一句，何孟春先生说的事情确实属实，不过这事太小，所以之前没提，诸位见谅。

听到这句话，大家马上理论联系实际，就地开展了诉苦运动，你昨天被欺负了，我前天被弹劾了，大家你一言我一语，众人情绪逐渐高涨，叫喊声不绝于耳，愤怒的顶点即将到来。

形势已经大乱，文官们争相发言，慷慨激昂，现场搞得像菜市场一样喧嚣吵闹，混乱不堪，谁也听不清对方在说些什么。

关键时刻，一声大喝响起，中气十足，盖住了所有的声音，明史上最为响亮的

参考消息 **熊出没，注意！**

弘治十一年夏，一头大黑熊从西直门奔入北京城中。咬死一人、拍伤一人后才被官军追上射杀。消息传开后，熊便成了朝野上下的热门话题。何孟春却在此时抛出了一个很另类的观点："大家多准备一些水缸，做好火灾防备吧。"说来奇怪，这一年京城内屡发大火，幸亏有他的提前预警，才将损失降到了最低。何孟春的解释是这样的："宋代绍兴年间，有只熊窜入永嘉城中，州守高世则就下令各处做好火灾预防工作，原因是'熊'字上面是'能'，下面是四点一个火字底，加起来就是'能火'，这分明就是火灾的前兆嘛。"

一句口号就此诞生:

“国家养士百五十年，仗节死义，正在今日！”

发言者正是杨慎。

要说这位仁兄的书真不是白念的，如此有煽动性的口号也亏他才想得出来。

一声怒吼之后，现场顿时安静下来，所有的人都停了下来，目不转睛地看着杨慎，看着这个挥舞着拳头、满面怒容的人。

面对着眼前这群怒火中烧的青年人，杨慎的血液被点燃了。父亲的凄凉离场、高干子弟的门第与尊严使他确信，正义是站在自己这一边的。

话已经说出口了，事到如今，要闹就闹到底吧！

杨慎又一次振臂高呼:“事已至此，大家何必再忍，随我进宫请愿，诛杀小人！”

愤青们的热情就此引爆，他们纷纷卷起袖子，在杨慎的率领下向皇宫挺进。

但接下来发生的事情就比较流氓了，因为在这个世界上，闹事的人固然很多，和平爱好者也不少，许多大臣看到杨慎准备惹事，嘴上虽然没说，但脚已经开始往后缩，那意思很明白，你去闹你的事，我回家吃我的饭。

可就在他们准备开溜的时候，意想不到的事情发生了。

人群中突然跳出来两个人，跑到了金水桥南，堵住了唯一的出口，这两个人分别是翰林院编修王元正和给事中张翀，他们一扫以往的斯文，凶神恶煞地喊出了一句耸人听闻的话:

“今天谁敢不去力争，大家就一起打死他！”

这就太不地道了，人家拖家带口的也不容易，你凭啥硬逼人家去，但此时已经容不得他们有丝毫犹豫了，去可能会被打屁股（廷杖），但不去就会被乱拳群殴！

如此看来，杨头目实在有点儿搞黑社会组织的潜质。

于是，无论是真心还是假意，下朝的大臣们一个也没走成，在杨慎的带领下，他们一起向左顺门走去，沉积了三年的愤怒和失落将在那里彻底喷发。

实际上，这绝不仅仅是一次单纯的君臣矛盾。如果仔细分析，就会发现其中另有奥妙。

根据史料记载，参加此次集体示威的官员共计二百二十余人，其中六部尚书（正部级）五人，监察院都御史（正部级）二人，六部侍郎（副部级）三人，另有三品以上高级官员三十人，翰林院、詹事府等十余个国家重要机关的官员一百余人。

中央一共六个部，来示威的就有五个部长，意思已经很明白了：皇帝你要是再不让步，今天咱们就闹腾到底，明天不过日子了！

这不是一次简单的冲突，而是最后的摊牌！

这群人气势汹汹，除了手里没拿家伙，完全就是街头斗殴的样板，宫里的太监吓得不轻，一早就躲得远远的，左顺门前已然是空无一人。嘉靖人生中的第一次危机到来了，他将独自面对大臣们的挑战。

二百多人到了地方，不用喊口令，齐刷刷地跪了下来，然后开始各自的精彩表演：叫的叫，闹的闹，个别不自觉的甚至开始闲扯聊天，一时之间人声嘈杂，乌烟瘴气。

十八岁的朱厚熜终于开始发抖了，自从他进宫以来，就没消停过，经历多场恶战，对付无数滑头，但这种大规模的对抗他还是第一次遇到。

毕竟还是年轻，他压抑不住心中的慌张，准备妥协。

不久之后，几个司礼监太监来到了左顺门，向官员们传达了皇帝的意思，大致内容是这样的：

“你们辛苦了，我都知道了，事情会解决的，大家回去吧！”

这就是传说中的“官话”，俗称废话。

老江湖们置之不理，依然自得其乐，该闹的闹，该叫的叫。没有人去搭理这几个太监，只是喊出了一句口号：

“今日不得谕旨，誓死不敢退！”

太监们铩羽而归，朱厚熜也没有别的办法，既然一次不行，那就来第二次吧，既然要谕旨，就给你们谕旨！

于是太监们走了回头路，转达了皇帝的旨意，让他们赶紧走人，可这帮人就是不动，无奈之下，太监们开始向那些跪拜在地的人讨饶：诸位大爷，拜托你们就走了吧，我们回去好交差。

可是在那年头，跪着的实在比站着的还横，大臣们是吃了秤砣铁了心，今天你朱厚熜不说出个一二三，决不与你善罢甘休！

朱厚熜又一次发抖了，但这次的原因不是恐惧，而是愤怒。他已经忍耐了太久，自打进宫以来，这帮老官僚就没把他放在眼里，干涉自己的行为不说，当皇帝连爹妈都当没了，现在竟然还敢当众静坐，事情闹到这个份儿上，也应该到头了。

“锦衣卫，去把带头的抓起来！”

既然已经图穷，那就亮刀子吧，对付秀才，还是兵管用。

一声令下，锦衣卫开始行动，这帮子粗人不搞辩论也不讲道理，一概用拳头说话，突然冲入人群一阵拳打脚踢，把带头的八个人揪了出来，当场带走关进了监狱。

朱厚熜这一下子把大臣们打蒙了，他们没想到皇帝竟然真的动了手，在棍棒之下，一些人离去了。

朱厚熜原本认为用拳头可以解决问题，可事实证明他错了，他的暴力将引发更为疯狂的反击。

当锦衣卫冲进人群乱打一通的时候，杨慎早已躲在了一旁，这位仁兄实在是个精明人，一看情况不对就跳到了旁边，打仗是重要的，但躲子弹也是必要的。

估计他的隐藏工作做得还不错，锦衣卫抓首要分子的时候，竟然把这位仁兄漏了过去，但事实证明，杨慎虽然机灵，却并不奸猾，没有给他爹丢脸，就此一走了之。

面对着锦衣卫的围攻，杨慎握紧了拳头，愤怒扫荡着他的大脑，冲动的情绪终于到达顶点，他已经彻底失去了理智。

当人们有所动摇，准备离去的时候，他又一次站了出来，点燃了第二把火：

“今日事已至此，各位万不可退走！若就此而退，日后有何面目见先帝于地下！”

他的这声吆喝再次起到了火上浇油的作用，杨头目发话了，自然是有种的就跟上来，大家又围拢过来，虽说走了几十个，但留下来的一百多人都是真正的精华——年纪轻、身体好、敢闹事。

事情彻底失去了控制。

一百多名精英闹事分子纷纷站起身来，一拥而上，冲到了左顺门，他们这次的斗争方式不再是跪，而是哭。

所谓男儿有泪不轻弹，只是未到伤心处，但这一百多位好汉倒未必有什么难言之隐、伤心之处，根据本人考证，这帮兄弟应该基本没流什么眼泪，他们所谓的哭，其实是“号”。

哭是为了发泄情绪，流泪是最为重要的，而闹事要的就是声势，低声哭没啥用，一定要做到雷声大雨点小，以最小的精力换取最大的效果。在这种工作思想的指导下，一百多人放声大号，天籁之音传遍宫廷内外，直闹得鸡犬不宁、人仰马翻。

带头的杨慎和王元正不愧是领袖人物，还哭出了花样——撼门大哭。大致动作估计是哭天抢地的同时，用头、手拍门，活脱脱一副痛不欲生、寻死觅活的模样。

朱厚熜快要崩溃了，赶走一批竟然又来一批，跪就跪吧，闹就闹吧，还搞出了新花样！开始他还没怎么想管，估摸着这帮人过段时间哭累了也就回去了。

可他小看了这帮人的意志力，要知道他们虽然跑步水平不高，但号哭的耐力还是相当持久的，这一百多号人从早朝罢朝后一直哭到中午，压根儿就没有回家吃饭的意思，而且还大有回家拿被子挑灯夜哭的势头。

这倒也罢了，关键是一百多人在这里号哭，此情此景实在太像遗体告别仪式，搞不清情况乍一看还以为新皇帝又驾崩了，政治影响实在太坏。

皇帝的忍耐已经到了极限，他也不打算再忍下去了，既然抓带头的不管用，那就一不做二不休，把所有的人都抓起来！

他又一次派出了锦衣卫，不过，这回他多长了个心眼儿，加了一道工序——记录名字。

朱厚熜终于下定了决心，参与这次事件的人一个都不能少，全部严惩不贷！

可当锦衣卫拿着纸和笔来到大臣们面前准备记录的时候，意想不到的情况出现了。

按照常理，此时的大臣们应该是惊慌失措、隐瞒姓名，可让锦衣卫大吃一惊的是，这些书呆子知道他们的来意后却是大喜过望，立即表示不用他们动手，自己愿意主动签名留念。

原来这帮兄弟根本就不害怕皇帝整治，他们反而觉得，因为这件事情被惩处是一件足以光宗耀祖的事情，以后还能在子孙面前吹吹牛：你老子当年虽然挨了打，受了罚，但是长了脸!

纵使憨直，诚然不屈，这就是明代官员的气节。

但让人啼笑皆非的是，这些人一点儿也不小气，觉得自己光荣还不够，本着荣誉人人有份儿的原则，在上面还代签了许多亲朋好友的名字，把压根儿没来的人也拉下了水。

于是原本现场只有一百四十多个人，名单却有一百九十个，真可谓是多多益善。

签完了名字，锦衣卫二话不说，把这一百多号人几乎全部抓了起来，关进了监狱，这场嘉靖年间最大的示威运动就此平息。

皇宫终于恢复了平静，大臣们也老实了，话是这么说，但事情不能就此算数，因为气节是要付出代价的。

第十八章

解脱

○战胜了无数的敌人 最终却也逃不过被人击败的命运 在这场权力的游戏中 绝不会有永远的胜利者 所有的荣华富贵 恩怨荣辱 最终不过化为尘土 归于笑柄而已

第二天，朱厚熜开始了全面反击，明代历史上最大规模的廷杖之一就此拉开序幕。

除了年纪太大的、官太高的、体质太差一打就死的，当天在左顺门闹事的大臣全部被脱光了裤子，猛打了一顿屁股。此次打屁股可谓盛况空前，人数总计一百四十余人，虽然事先已经经过甄别，但仍有十六个人被打成重伤，经抢救无效一命呜呼，死亡率高达百分之十二，怎一个惨字了得。

但最惨的还不是这十几位兄弟，死了也就一了百了，另外几位仁兄却还要活受罪。比如杨慎先生，他作为反面典型，和其他六个带头者被打了一顿回笼棍。

棍子倒还在其次，问题在于行刑的时间，距离第一次打屁股仅仅十天之后，杨头目等人就挨了第二顿，这种杠上开花的打法，想来着实让人胆寒。

毕竟是年轻人，身体素质过硬，第二次廷杖后，杨慎竟然还是活了下来，不过，由于他在这次行动中表现过于突出，给朱厚熜留下了过分深刻的印象，皇帝陛下还给他追加了一个补充待遇——流放。

杨慎的流放地是云南永昌，这里地广人稀，尚未开化，实在不是适合居住之地，给他安排这么个地方，说明皇帝陛下对他是厌恶到了极点。

从高干子弟到闹事头目、流放重犯，几乎是一夜之间，杨慎的命运就发生了翻天覆地的变化，但这已经不重要了，他目前唯一要做的是收拾包袱，准备上路。

俗话说“大难不死，必有后福”。杨慎却没什么福气，两次廷杖没有打死他，皇帝没有杀掉他，但天下实在不缺想杀他的人，在他远行的路上，有一帮人早就设好了埋伏，准备让他彻底解脱。

但这帮人并非皇帝的锦衣卫，也不是张璁的手下，实际上，他们和杨慎并不认识，也没有仇怨，之所以磨刀霍霍设下圈套，只是为了报复另一个人。

这个人就是杨慎他爹杨廷和，他万万没有想到，正是当年他做过的一件事情，给自己的儿子惹来了杀身之祸。

杨廷和虽然有着种种缺点，却仍是一个为国操劳鞠躬尽瘁的人，他在主持朝政的时候，有一天和户部算账，尚书告诉他今年亏了本（财政赤字），这样下去会有大麻烦，当年也没有什么扩大内需、增加出口，但杨廷和先生就是有水平，苦思冥想之下，他眼前一亮，想出了一个办法。

增加赋税是不可行的，要把老百姓逼急了，无数个朱重八就会涌现出来，过一把造反的瘾，这个玩笑是不能开的。

既然开源不行，就只能节流了，杨廷和动用了千百年来屡试不爽的招数——裁员。

应该说，杨廷和先生精简机构的工作做得相当不错，很快他就裁掉了很多多余

参考消息　**一代才女黄娥**

在中国历史上，夫妻俱有才名的，汉代有司马相如和卓文君，宋代有赵明诚和李清照，元代有赵孟頫和管道升，而到了明代，则首推杨慎和黄娥。杨慎自不必提，乃明代第一才子。黄娥则是工部尚书黄珂之女，精通文史，能诗擅赋，是远近闻名的大才女。杨廷和和黄珂同朝为官，私交很好，便结成了亲家。婚后，杨慎和黄娥十分恩爱，夫妻间多有诗词唱和。但好景不长，五年后，杨慎被流放云南，黄娥却始终不离不弃，她守在四川家中，一面操持家务，一面等待丈夫归来。这一等就是三十年，直到杨慎去世，都没能再见上一面。

机构和多余人员，并将这些人张榜公布，以示公正，国家就此节省了大量资源，但这也为他惹来了麻烦。

要知道，那年头想在朝廷里面混个差事实在是不容易的，很快，他的这一举动就得到了一句著名的评语——终日想，想出一张杀人榜！

虽然他得罪了很多人，但毕竟他还是朝廷的首辅，很多人只敢私下骂骂，也不能把他怎么样，但是现在机会来了。

由于杨廷和实在过于生猛，他退休之后人们也不敢找他麻烦，可杨慎不同，他刚得罪了皇帝，半路上黑了他估计也没人管，政治影响也不大，此所谓不杀白不杀，杀了也白杀。

此时杨慎身负重伤，行动不利，连马都不能骑，但朝廷官员不管这些，要他立刻上路，没办法，这位仁兄只能坐在马车里让人拉着走。

看来杨先生是活到头了，他得罪了皇帝和权臣，失去了朝廷的支持，在前方，有一帮亡命之徒正等着他，而他连逃跑的力气都没有，只能一路趴着（没办法）去迎接阎王爷的召唤。

但这次似乎连阎王爷都觉得自己庙小，容不下这位天下第一才子，最终也没敢收他，因为杨先生实在是太聪明了。

自打他上路的那天起，他的车夫就陷入了深深的迷茫之中，因为这位雇主实在太过奇怪，总是发出奇怪的指令，走走停停，而且完全没有章法，有时走得好好的却非要停下休息，有时候却快马加鞭一刻不停。

直到顺利到达了云南，杨慎才向他们解开了这个谜团：要不是我，大家早就一起完蛋了！

要知道杨先生被打的是屁股，而不是脑袋，他的意识还是十分清醒的，早就料到有人要找他麻烦，路上虽然一直趴着，脑子里却一刻也没消停过。他派出自己的仆人探路，时刻通报消息，并凭借着良好的算术功底，根据对方的位置与自己的距离，以及对方的行进方向变化来计算（确实相当复杂）自己的行进速度和日程安排。

就这样，杀手们严防死守，东西南北绕了个遍，却是望穿秋水君不来，让杨慎溜了过去。

虽说如此，顺利到达云南的杨慎毕竟也还是犯人，接下来等待着他的将是孤独与折磨。

但这位仁兄实在太有本事了，人家流放痛苦不堪，他却是如鱼得水，杨先生一无权二无钱，刚去没多久，就和当地官员建立了深厚友谊（难以理解），开始称兄道弟，人家不但不管他，甚至还公然违反命令，允许他回四川老家探亲。其搞关系的能力着实让人叹为观止。

杨慎就这样在云南安下了家，开始吟诗作对，埋头著书，闲来无事还经常出去旅游，日子倒还过得不错，但在他心中的那个疑团却一直没有找到答案。

当年父亲为什么要主动退让，致仕（退休）回家呢？

以当时的朝廷势力，如果坚持斗争下去，绝不会输得这么快、这么惨，作为官场浮沉数十年，老谋深算的内阁首辅，他必定清楚这一点，却出人意料地选择了放弃。

杨慎想破脑袋也想不明白，他实在无法明了其中的缘由。

直到五年后，他才最终找到了答案。

嘉靖八年（1529），杨廷和在四川新都老家去世，享年七十一岁。

这位历经三朝的风云人物终于得到了安息。

杨慎是幸运的，他及时得到了消息，并参加了父亲的葬礼，在父亲的灵柩入土为安、就此终结的那一刻，杨慎终于理解了父亲离去时那镇定从容的笑容。

从年轻的编修官到老练的内阁首辅，从刘瑾、江彬再到张璁，他的一生都是在斗争中度过的，数十年的你争我夺、起起落落，这一切也该到头了。

战胜了无数的敌人，最终却也逃不过被人击败的命运，在这场权力的游戏中，绝不会有永远的胜利者，所有的荣华富贵、恩怨荣辱，最终不过化为尘土，归于笑柄而已。

想来你已经厌倦了吧！杨慎站在父亲的墓碑前，仰望着天空，他终于找到了最后的答案。

留下一声叹息，杨慎飘然离去，解开了这个疑团，他已然了无牵挂。

他回到了自己的流放地，此后三十余年，他游历于四川和云南之间，专心著书，

杨廷和的一生

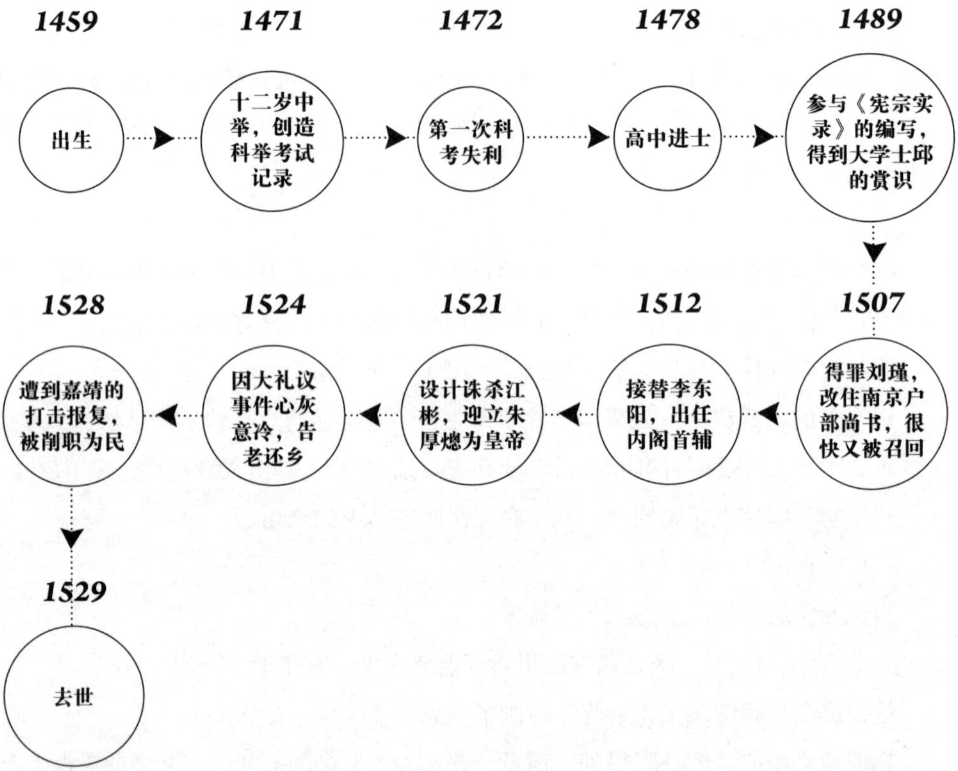

研习学问，写就多本著作流传后世。纵观整个明代，以博学多才而论，有三人最强，而后世学者大都认为，其中以杨慎的学问最为渊博，足以排名第一。

这是一个相当了不得的评价，因为另外两位仁兄的名声比他要大得多，一个已经死了，另一个与他同一时代，但刚出生不久。

已经去世的人就是《永乐大典》的总编，永乐第一才子解缙；而尚未出场的那位叫做徐渭，通常人们叫他徐文长。

能够位居这两位仁兄之上，可见杨慎之厉害。其实，读书读到这个份儿上，杨慎先生也有些迫不得已，毕竟他待的那个地方，交通不便、语言不通，除了每天用心学习，天天向上，似乎也没有什么别的事干。

杨慎就这样在云南优哉游哉地过了几十年，也算平安无事，但他想不到的是，死亡的阴影仍然笼罩着他。

因为在朝廷里，还有一个人在惦记着他。

朱厚熜平定了风波，为自己的父母争得了名分，但这位聪明过头的皇帝，似乎并不是一个懂得宽恕的人，他并不打算放过杨氏父子这对冤家。

但出人意料的是，他最终原谅了杨廷和，因为一次谈话。

数年之后，频发天灾，粮食歉收，他十分担心，便问了内阁学士李时一个问题:

“以往的余粮可以支撑下去吗？”

李时胸有成竹地回答:

“可以，太仓还有很多储粮。这都是陛下英明所致啊！”

朱厚熜不明白，他用狐疑的眼光看着李时。

李时不敢怠慢，立刻笑着回禀:

“陛下忘了，当年登基之时，您曾经下过诏书裁减机构，分流人员，这些粮食才能省下来救急啊！”

朱厚熜愣住了，他知道这道诏书，但他更明白，当年拟定下达命令的人并不是他。

“你错了，”朱厚熜十分肃穆地回答道，“这是杨先生的功劳，不是我的。”

可皇帝终究是不能认错的，这是个面子问题。于是，在死后一年，杨廷和被正式恢复名誉，得到了应有的承认。

朱厚熜理解了杨廷和，却始终没有释怀和他捣乱的杨慎。所以在此后的漫长岁月里，当他闲来无事的时候，经常会问大臣们一个问题:

“杨慎现在哪里，在干什么，过得如何？”

朱厚熜问这个问题，自然不是要改善杨慎的待遇，如果他知道此刻杨先生的生活状态，只怕早就跳起来派人去斩草除根了。

幸好杨慎的人缘相当不错，没等皇帝问起，大臣们都会摆出一副苦瓜脸，倾诉杨慎的悲惨遭遇，说他十分后悔，每日以泪洗面。

听到这里，皇帝陛下才会高兴地点点头，满意而去，但过段时间他就会重新发问，屡试不爽，真可谓恨比海深。

但杨慎终究还是得到了善终，他活了七十二岁，比他爹还多活了一岁，嘉靖三十八年才安然去世，著作等身，名扬天下。

但比他的著作和他本人更为出名的，还是他那首让人耳熟能详的词，这才是他一生感悟与智慧之所得：

滚滚长江东逝水，浪花淘尽英雄，是非成败转头空，青山依旧在，几度夕阳红。

白发渔樵江渚上，惯看秋月春风，一壶浊酒喜相逢，古今多少事，都付笑谈中！

历古千年，是非荣辱，你争我夺，不过如此！

◆ 嘉靖的心得

我相信，杨慎先生已经大彻大悟了，但嘉靖先生还远远没有到达这个层次，很明显，他的思想尚不够先进。

他曾经很天真地认为，做皇帝是一件十分轻松的事情，就如同一头雄狮，只要大吼一声，所有动物都将对它俯首帖耳。当他的指令被驳回，他的命令无人听从，他的制度无人执行时，他才发现：在这个世界上，任何人都是靠不住的，能够信任

参考消息 **毛宗岗与《三国演义》**

毛宗岗是清初著名的文学评论家，他效仿金圣叹删减《水浒传》的做法，对原本《三国演义》做了一次大手术，在情节、回目、诗文等方面都做了重大的变动。现在流行的一百二十回版本，就是他的杰作。不过，毛宗岗在做这项工作的时候，没有太多的著作权意识：首先是杨慎的《临江仙》，被他拿去做了开篇词，却不给杨慎署名；其次是名言“话说天下大势，分久必合，合久必分”，这是他自己写的，但也不署名。这种做法产生了误导，为了表达对偶像金圣叹的敬意，他居然还把自己的修改本署名为金圣叹，实在是低调到了极点。

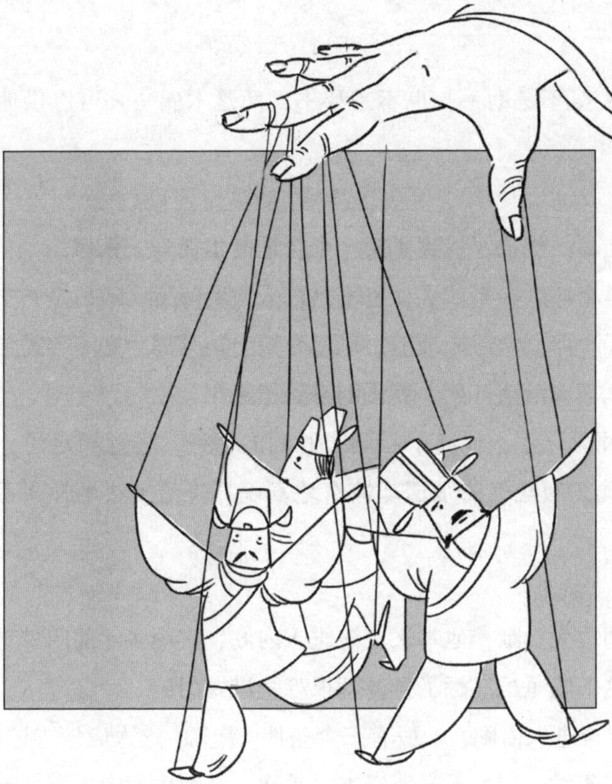

的只有他自己。

于是，在这场你死我活的斗争中，胜利者嘉靖得到了唯一的启示：只有权谋和暴力，才能征服所有的人，除此之外，别无他途。

要充分地利用身边的人，但又不能让任何人独揽大权，威胁到自己的地位，这

参考消息 **《明伦大典》**

左顺门事件后，嘉靖为了引导舆论，命礼部尚书席书牵头，编纂《大礼集议》。书中正取张璁等五人，附取熊浃等六人，外加楚王、枣阳王，共计十三位议礼派的奏疏，将其编辑成了上、下两卷。书修成之后，很多议礼派得到了升迁，这引起了很多人的嫉妒和不满。很快上林苑监丞何渊等人就上书，抱怨自己之前所上的奏疏被人扣押了，强烈要求重新修订《大礼集议》。于是嘉靖再次组织人马，对这套书做了大幅度的修改，并亲自作序，赐名《明伦大典》，随后刊行天下，议礼派功臣也都得到了表彰和奖励。

就是他的智慧哲学。

所以，他需要的大臣不是助手，也不是秘书，而是木偶——可以供他操纵的木偶。

在驱逐了杨廷和之后，他已经找到了第一个合适的木偶——张璁。

张璁大概不能算是个坏人，当然了，也不是好人，实际上，他只是一个自卑的小人物，他前半生历经坎坷，学习成绩差，也不会拍上司马屁，好不容易借着大礼议红了一把，还差点儿被人活活打死，算是倒霉到了家。

经过艰苦奋斗，九死一生，他终于看到了胜利的曙光，杨廷和走了，杨慎也走了，本以为可以就此扬眉吐气的张璁却惊奇地发现，自己虽然是胜利者，却不是获益者。

考虑到张璁同志的重大贡献，他本来应该进入内阁，实现多年前的梦想，可此时张先生才发现，他这条咸鱼虽然翻了身，却很难跳进龙门。

这里介绍一下，要想进入内阁，一般有三个条件: 首先，这人应该进过翰林院，当过庶吉士，这是基本条件，相当于学历资本。其次，必须由朝中大臣会推，也就是所谓的民主推荐，当然了，自己推荐自己是不行的。最后，内阁列出名单，由皇帝拍板同意，这就算入阁了。

我们把张璁同志的简历对比一下以上条件，就会发现他实在是不够格。

学历就不用说了，他连翰林院的门卫都没干过，而要想让大臣们会推他，那就是痴人说梦，光是骂他的奏折就能把他活埋，对于这位仁兄，真可谓是全朝共讨之，群臣共诛之。

于是张璁先生只剩下了最后一根救命稻草——皇帝同意。

可光是老板同意是不够的，群众基础太差，没人推举，你总不好意思毛遂自荐吧。

事情到这里就算僵住了，但张璁先生还是有指望的，因为皇帝陛下的手中还有一项特殊的权力，可以让他顺利入阁，这就是中旨。

所谓中旨，就是皇帝不经过内阁讨论推举，直接下令任免人员或是颁布法令，可谓是一条捷径。但奇怪的是，一般情况下，皇帝很少使用中旨提拔大臣，而其中原因可谓让人大跌眼镜——皇帝愿意给，大臣不愿要。

明代的官员确实有几把硬骨头，对于直接由皇帝任命的官员，他们是极其鄙视的，只有扎根于人民群众，有着广泛支持率的同志，才会得到他们的拥护，靠皇帝下旨升官的人，他们的统一评价是——不要脸。

考虑到面子问题，很多人宁可不升官，也不愿意走中旨这条路。

但你要以为张璁先生是碍于面子，才不靠中旨升官，那你就错了。张璁先生出身低微，且一直以来强烈要求进步，有没有脸都难说，至于要不要脸，那实在是一个很次要的问题。

之所以不用中旨，实在也是没有办法的事，要怪只能怪张璁先生的名声太差了，皇帝还没有任命，内阁大臣和各部言官就已经放出话来，只要中旨一下，就立刻使用封驳权，把旨意退回去！

事情搞成这样，就没什么意思了，会推不可能，中旨没指望，无奈之下，张璁开动脑筋，刻苦钻研，终于想出了一个绝妙的主意。

虽说在朝中已经是人见人厌，处于彻底的狗不理状态，但张璁相信，他总能找到一个支持自己的人。经过逐个排查，他最终证实了这一判断的正确性。

那个可以帮助他入阁的人就是杨一清。

杨一清可以算是张璁的忠实拥护者，当初他听说张璁议礼的时候，正躺在床上睡午觉，也没太在意这事儿，只是让人把张璁的奏章读给他听，结果听到一半，他就打消了瞌睡，精神抖擞地跳下了床，说出了一句可怕的断言：

“即使圣人再生，也驳不倒张璁了！”

虽然这话有点儿夸张，但事实证明杨一清是对的，之后他成为了张璁的忠实支持者，为议礼立下了汗马功劳，而到了入阁的关键时刻，张璁又一次想起了这位大人物，希望他出山再拉兄弟一把。

杨一清答应了，对于这位久经考验的官场老手来说，重新入阁玩玩政治倒也不失为退休前的一件乐事。

怀着这种意愿，杨一清进入了内阁，再次投入了政治的漩涡。

事情果然如张璁等人预料，嘉靖皇帝一下中旨，弹劾的奏章就如排山倒海般压了过来，朝中骂声一片。

但群众再激动，也抵不上领导的一句话，在杨一清的安排下，皇帝的旨意顺利得到了执行，张璁终于实现了当年萧半仙的预言，顺利入阁成了大学士。

张璁终于心满意足了，他对杨一清先生自然是感恩戴德，而杨一清也十分欣慰。二十年前，张永帮了他，并从此改变了他的命运；二十年后，他给了张璁同样的待遇，使这个小人物达成了最终的梦想。

但是杨一清没有想到，他的这一举动非但没有得到善意的回报，反而使他的半生荣誉功名毁于一旦。

◆ 张璁的诡计

公正地讲，在大礼议纷争的那些日子里，张璁还是一个值得肯定的人，他挺身而出，为孤立无助的少年天子说话，对抗权倾天下的杨廷和。应该说，这是一个勇敢的行为，虽说他是出于投机的目的，但实际上，他并没有做错什么。

让人认自己的父母，有错吗？

可是当他终于出人头地，成为朝中大官的时候，事情却发生了翻天覆地的变化。

参考消息　云南第一人

科举始于隋代，但由于各种原因，直到元朝末年，云南才正式施行了科举制度。在云南历史上，一共出了一千多名进士，这其中，杨一清无疑是杰出的代表。他七岁能文，十岁被破格选入翰林院读书，十四岁乡试中解元，十八岁高中进士，二十一岁做了中书舍人，二十二岁就被邀请到翰林院讲经，是不折不扣的天才。此后，他历经四朝，三起三落，先后三次总制三边，两次入阁，是历史上唯一一个做到宰相级别的云南人。

变化的起因来源于张璁本人，这位老兄自打飞黄腾达之后，就患上了一种疾病。

更麻烦的是，他得的不是简单的发烧感冒，而是一种治不好的绝症。事实上，这种病直到今天都没法医，它的名字叫心理变态。

而在张璁先生身上，具体临床表现为偏执、自私、多疑、看谁都不顺眼、见谁踩谁等。

说来不幸，张先生之所以染上这个毛病，都是被人骂出来的。

自从他出道以来，就不断地被人骂，先被礼部的人欺负，连工作都不给安排，议礼之后他得到的骂声更是如滔滔江水连绵不绝，没有骂过他的人可谓是稀有动物，奏章上的口水就能把他淹死。

张先生青年时代本来就有心理阴影，中年时又被无数人乱脚踩踏，在极度的压力和恐惧之下，他的心理终于被彻底扭曲。

一个也不放过，一个也不饶恕。这就是张璁的座右铭。

于是张先生就此开始了他的斗争生涯，但凡是不服他的、不听他的、不伺候他的，他统统给予了相同的待遇——恶整。不是让你穿小鞋，就是找机会罢你的官，不把你搞得半死不活决不罢休。

今天斗，明天斗，终于斗成了万人仇。无数官员表面上啥也不说，背后提到张璁这个名字，无不咬牙切齿、捶胸顿足，甚至有人把他的画像挂在家里，回家就对着画骂一顿，且每日必骂，风雨无阻。

可笑的是，张学士一点儿也没有自知之明，上班途中还经常主动热情地和同事们打招呼，自我感觉实在是相当的好。

张璁先生的奋斗史为我们生动地诠释了一个深刻的道理——人是怎么傻起来的。

欺负下级也就罢了，随着病情的恶化，他又瞄准了一个更为强大的目标——杨一清。

杨一清其实是个很好说话的人，平时也不怎么和张璁计较，但张璁是个说他胖就开始喘的人，越来越觉得杨一清碍事（杨一清是首辅），为了能够为所欲为，他决定铤而走险，弹劾自己的领导。

于是在嘉靖八年（1529），张璁突然发动了进攻，张先生果然不同凡响，一出手就是大阵仗，派出手下的所有主力言官上奏弹劾杨一清，而在奏章里，张璁还额外送给杨一清一个十分响亮的外号——奸人。

张璁之所以敢这么干，是经过周密计划的，皇帝和自己关系好，朝中又有自己的一帮死党，杨一清虽是老干部，但初来乍到，根基不牢，要除掉他应该不成问题。

这个打算本来应该是没错的，如无意外，皇帝一定会偏向他的忠实支持者张璁先生，但人生似乎总是充满了惊喜。

很快，杨一清就得知自己被人告了，却毫不吃惊，这套把戏他见得多了，闭着眼睛也知道是谁干的，但奇怪的是，他并没有大举反击，只是上了封奏折为自己辩护，顺便骂了几句张璁，然后郑重地提出辞职。

张璁很意外，在他看来，杨一清的这一举动无异于自掘坟墓。这是因为杨一清向皇上私下推荐，他才得以顺利入阁的，而且据他所知，此人与嘉靖皇帝的关系一般，远远不如自己，提出主动辞职也威胁不了任何人。

莫非杨一清已经看破红尘，大彻大悟？事情就这么完了？

存在着如此天真的想法，充分说明张璁同志还没有开窍儿，要知道，杨一清先生成化八年（1472）中进士，一直在朝廷混，迄今为止已经干了五十七年，他的工龄和张璁的年龄差不多。如果翻开杨先生那份厚重的档案，数一数他曾经干掉过的敌人名单（如刘瑾、杨廷和等），然后再掂下自己的斤两，相信张璁会作出更加理智的判断。

不久之后，结果出来了，皇帝陛下非但没有同意杨一清的辞呈，反而严厉斥责了张璁等人，要他们搞好自我批评。

这下子张璁纳闷了，杨一清和嘉靖确实没有什么渊源，为何会如此维护他呢？

这实在不能怪张璁，因为他不知道的事情确实太多。

十多年前，当朱厚熜还是个十一二岁的少年，在湖北安陆当土财主的时候，他的父亲兴献王曾反复对他说过这样一句话：

“若朝中有三个人在，必定国家兴旺、万民无忧！”

朱厚熜牢牢地记住了父亲的话，也记住了这三个人的名字：李东阳、刘大夏、杨一清。

在朱厚熜看来，杨一清就是他的偶像，张璁不过是个跟班，跟班想跟偶像斗，只能说是不自量力。

于是在朱厚熜反复恳求下，杨老干部勉为其难地收回了辞职信，表示打死不退休，愿意继续为国家发光发热。

张璁彻底没辙了，但他没有想到，更大的麻烦还在后头。

官员已经忍了很久了，他们大都吃过张璁的亏，要不是因为此人正当红，估计早就去跟他玩命了，现在复仇的机会总算到了。

很快又是一顿乱拳相交，口水横飞，张璁顶不住了，朱厚熜也不想让他继续顶了，便作出了一个让张璁伤心欲绝的决定——辞退。

而张璁也着实让皇帝大吃了一惊，他听到消息后没有软磨硬泡，也没痛哭流涕，却采取了一个意外的举动——拔腿就跑。

张璁先生似乎失礼了，无论如何，也不用跑得这么快吧。

跑得快？再不快跑就被人给打死了！

事实上，张璁兄对自己的处境是有着清醒认识的，虽说那帮人现在看上去服服帖帖，一旦自己翻了船，他们必定会毫不犹豫地踏上一脚，再吐上口唾沫。

于是他和桂萼连行李都没怎么收拾，就连夜逃了出去，速度之快着实让人瞠目结舌。

当张璁逃出京城的那一刻，他几乎已经完全绝望，经历了如此多的风波挫折，才坐到了今天的位置，在这个狼狈的深夜，他将失去所有的一切。

似乎太快了点儿吧！

可能上天也是这样认为的，所以它并未抛弃张璁，这一次它不过是和张先生开了个小玩笑，不久之后张璁将拿回属于他的一切，他的辉煌仍将继续下去，直到他遇见那个宿命中真正的敌人。

事实证明，张璁是一个很有效率的人，他八月份跑出去，可还不到一个月，他就跑了回来。当然，是皇帝陛下把他叫回来的。

之所以会发生这样的变化，竟然只是因为张璁的一个同党上书骂了杨一清。其实骂就骂了，也没什么大不了，在那年头，上到皇帝，下到县官，没挨过骂的人扳着指头也能数出来，官员们的抗击打能力普遍很强，所以杨一清也并不在乎。

但问题在于，皇帝在乎。

他赶走张璁其实只是一时气愤，对于这位为自己立下汗马功劳的仁兄，他还是很有感情的，并不想赶尽杀绝。冷静下来后，他决定收回自己的决定，让张璁继续去当他的内阁大臣。

张璁就此官复原职，而与此同时，杨一清却又一次提出了退休申请。

斗了几十年，实在没有必要继续下去了，就此结束吧。

但这只是杨一清的个人愿望，与张璁无关。经历了这次打击，他的心理疾病已经发展到了极为严重的程度，对于杨一清，他是绝对不会放过的。

其实，皇帝不想让他的这位偶像走，也不打算批准他的辞呈，但这一次，张璁却用一种极为巧妙的方式达到了自己的目的，赶走了杨一清。

当许多言官顺风倒攻击杨一清，要求把他削职为民的时候，张璁却作出了出人意料的举动——为杨一清求情。

张先生求情的经典语句如下：

“陛下请看在杨一清曾立有大功的份儿上，对他宽大处理吧！”

就这样，在不知不觉中，杨一清被张璁理所当然地定了罪，而和削职为民比起来，光荣退休实在是天恩浩荡，坦白从宽了。

于是杨一清得到了皇帝的恩准，回到了家中，准备安度晚年。

但这一次他没有如愿。

在老家，杨一清先生还没来得及学会养鸟、打太极，就得到了一道残酷的命令——削去官职，收回赏赐，等待处理。

杨先生的罪名是贪污受贿，具体说来是收了不该收的钱，一个死人的钱——张永。

据说在张永死后，杨一清收了张永家二百两黄金——不是白收的，无功不受禄，他给张永写了一篇墓志铭。

杨一清和张永是老朋友了，按说收点儿钱也算不了啥，但在张璁看来，这是一种变相受贿（反贪意识很强），就纠集手下狠狠地告了一状。

杨一清确实收了二百两，但不是黄金，而是白银，以他的身份和书法，这个数目并不过分，但在政治斗争中，方式手段从来都不重要，重要的是目的。

杨一清终于崩溃了，经历了无数年的风风雨雨，在人生的最后关头，却得到了这样一个下场。他发出了最后的哀叹，就此撒手而去:

“拼搏一生，却为小人所害！”

其实，这样的感叹并没有什么意义，每一个参加这场残酷游戏的人，最终都将付出自己所有的一切。从某种意义上讲，这也算是一种解脱。

张璁高兴了，他竟然斗倒了杨一清！胜利来得如此迅速、如此容易，再也没有人敢触碰他的权威!

张璁得意地大笑着，在他看来，前途已是一片光明。

但他并不知道，自己的好运已经走到了终点，一个敌人已出现在他的面前。

第十九章

龙争虎斗

○十一年前 嘉靖三年1524 他正是沿着这条道路春风得意地迈入京城 十余年的风雨飘摇 由小人物而起 却也因小人物而落 世道变化 反复无常 不过如此而已

◆ 丧钟的奏鸣

嘉靖九年(1530)二月，皇帝陛下突然召见了张璁，交给了他一封奏折，并说了一句意味深长的话：

"回家仔细看看，日后记得回禀。"

审阅奏折对于张璁而言，已经是家常便饭，他漫不经心地收下这份文件，打道回府。

一天之后，他打开了这份文件，惊得目瞪口呆，恼羞成怒。

事实上，这并不是一封骂人的奏折，但在张璁看来，它比骂折要可怕得多。

因为在这封奏折里，他感受到了一种强有力的威胁——对自己权力的威胁。

这封奏折的主要内容是建议天地分开祭祀，这是个比较复杂的礼仪问题，简单说来是这样：在以往，皇帝祭天地是一起举行的，而在奏折中，这位上书官员建议皇帝改变以往规定，单独祭天，以示郑重。

这样一个看似无关紧要的问题，可是对于张璁而言，却无异于五雷轰顶。

大事不好，抢生意的来了！

张先生自己就是靠议礼起家的，这是他的老本行，其成功经历鼓舞了很多人，既然议礼能够升官，何乐而不为？

很明显，现在这一套行情看涨，许多人都想往里钻，而张璁先生也着实不是一个心胸开阔的人，准备搞点儿垄断，一人独大。

他认真地看完了奏折，牢牢地记住了那个上书官员的名字——夏言。

敢冒头，就把你打下去！

没有竞争的市场只存在于理论想象之中。

——引自《微观经济学》(高等教育出版社出版)

夏言，男，江西贵溪人，时任兵科给事中。说来有点儿滑稽，和张学士比起来，这位仁兄虽然官小、年纪小，却是不折不扣的前辈，因为他中进士比张璁早几年。

但他的考试成绩却比张璁还要差，张璁多少还进了二甲，他才考到了三甲，说来确实有点儿丢人，考到这么个成绩，翰林是绝对当不上的了，早点儿找个单位就业才是正路。

一般三甲的进士官员，下到地方多少也能混个七品县官当当，但要留北京，那可就难了，翰林院自不必说，中央六部也不要差生。

但夏言确实留在了北京，当然，两全其美是不可能的，进不去大机关的夏言只好退而求其次，去了小衙门——行人司。

夏言在行人司当了一名行人，他也就此得到了新称呼——夏行人。这个职务实在不高，只有八品，连芝麻官都算不上。

行人司是个跑腿的衙门，在中央各大机关里实在不起眼，原先夏言对此也颇为失望，但等他正式上班后才明白，自己实在是捡了个大便宜。

因为他惊喜地发现，自己跑腿的对象十分特别——皇帝。

夏言的主要工作是领受旨意，传送各部各地，然后汇报出行情况。这虽是一份琐碎的工作，却很有前途。

要知道，越接近心脏的部位越能得到血液，同理，天天见皇帝也着实是个美差，

独行侠
夏言

籍贯：江西贵溪
生卒年：
1482 — 1548

性格
|
刚毅正直，
孤傲自负

独门武器
|
❶
外形帅气，
美髯飘胸

❷
官话流利，
声音洪亮

❸
文笔犀利，
极富辩才

江湖绰号
|
第一能战

最大追求
|
权力

致命死敌
|
严嵩

手下败将
|
张璁、
郭勋

甭管表现如何，混个脸熟才是正理。

当然，皇帝也不是好伺候的，所谓伴君如伴虎，危险与机遇并存，归根结底，混得好不好，还是要看自己，干得不好没准儿脑袋就没了，所以这也是一份高风险的工作。

但夏言却毫不畏惧，干得如鱼得水，很快就被提升为兵科给事中，这其中可谓大有奥妙。

要知道，夏言虽然低分，却绝对不是低能，而且他还有三样独门武器，足以保证他出人头地。

请大家务必相信，长得帅除了好找老婆外，还容易升官，这条理论应该是靠得住的，夏先生就是一个最典型的例子。因为他的第一样武器就是长得帅（史载：眉目疏朗），还有一把好胡子（这在当时很重要）。

嘉靖大概也不想每天早起就看到一个长得让人倒胃口的人，夏言就此得宠似乎也是一件十分自然的事。

而除了长得帅之外，夏言先生还有第二样武器——普通话（官话）说得好。

请注意，这是一个十分重要的问题，在明代，普通话（官话）的推广工作还没有深入人心，皇帝也不是翻译机，所以每次召见广东、福建、浙江一带的官员时都极其头疼。

夏言虽然是江西人，却能够自觉学习普通话，所谓“吐音洪畅，不操乡音”，说起话来十分流畅，那是相当的标准。

参考消息　**官话小史**

中国最早的普通话叫“雅言”，以洛阳语音作为标准音。五胡乱华时，情况有了一些改变，北方政权一般仍以洛阳话为准，南方政权则一般以建康（今南京）话为准。隋朝建立后，编著《切韵》，音系以建康话为主。唐代又在其基础上制定《唐韵》，以长安话作为标准音。到了宋代，又在《唐韵》的基础上制定《广韵》，总体上变化不大。元代则以大都话作为标准音。明朝建立后，南京话就成了正式的官话，之后虽然迁都北京，但由于北京人多是从南京周边迁过去的，所以北京多数人仍然说南京官话。清朝定都北京后，满族人的方言和北京的方言开始融合，逐渐形成了今天的北京话。

有这样两项特长，想不升官都难。

但无论如何，夏言这次还是惹上了大麻烦，毕竟张璁是内阁首辅，他只是一个小小的给事中，双方不是一个重量级的。

事实上，张璁正打算好好教训一下这个后生晚辈，他指使手下认真研究了夏言的奏折，准备发动猛烈的反击。

张璁的资源确实很丰富，他有权有势，有钱有人，杨一清都垮了，夏言又算个什么东西？

可惜事实并非如此，因为张先生忽略了一件事——他只注意到了奏折，却没有听懂皇帝说过的那句话。

很快，张璁的死党，内阁成员霍韬就写好了一封奏折，此折骂人水平之高，据说连老牌职业言官都叹为观止、自愧不如。

一切都布置妥当了，夏言，你就等着瞧吧！

张璁彻底安心了，准备回家睡个安稳觉，然而，他绝不会想到，大祸已然就此种下。

第二天，奏折送上，皇帝陛下当庭就有了回复：

“这封奏折是谁写的？”

霍韬反应十分敏捷，立即站了出来，大声回奏：

“是臣所写！”

霍韬等待着皇帝的表扬，然而他等到的却是一声怒吼：

“抓起来！即刻下狱！”

霍先生的笑容僵在了脸上，他带着满头的雾水，被锦衣卫拖了出去。

张璁狠狠地捏了自己一把，他唯恐自己是在做梦，见鬼了，骂夏言的文章，皇帝为什么生气？

张璁先生实在是糊涂了，这个谜底他原本知道，看来这次是记性不好。

他忘记了自己之所以能够身居高位，只是因为议礼，而议礼能够成功，全靠皇帝的支持。嘉靖是一个绝顶聪明的人，做事情绝不会无缘无故，如果他不赞成夏言的看法，怎么会把奏折交给张璁呢？

霍韬先生极尽骂人之能事，把夏言说得连街上的乞丐都不如，可如果夏言是乞丐，支持他的嘉靖岂不就成了乞丐中的霸主？

这笔账都算不出来，真不知道他这么多年都在混些什么。

霍先生进了监狱，可事情还没有完，心灵受到无情创伤的皇帝陛下当众下达了命令：

"夏言的奏折很好，升为侍读学士，授四品衔！"

然后他瞥了张璁一眼，一言不发扬长而去。

张璁的冷汗流遍了全身，他第一次感受到了绝望的滋味，在这次斗争中，他是个不折不扣的失败者。

但此时言败还为时过早，这场游戏才刚刚开始。

张璁仍然胸有成竹，因为一切仍在他的掌控之中，很快，他将使用一种快捷有效的方法，去解决那个不知天高地厚的对手。

◆ 第三种武器

满脸阴云的张璁回到了府邸，立即召集了他的所有手下，只下达了一个命令：

"从今天起，时刻注意夏言，若发现有任何不妥举动，立即上书弹劾！"

张璁的方法，学名叫"囚笼战术"，说穿了就是骂战，他要利用自己的权势，注意夏言的一举一动，日夜不停地发动攻击，让他无处可藏，精神时刻处于紧张之中，最终让他知难而退。

这是一种十分无耻的手段，是赤裸裸的精神战。

当骂折如排山倒海般向夏言涌来时，他又有什么力量去抵挡呢？说到底，他不过是个孤独的小官而已。

张璁的脸上露出了得意的微笑，胜利看来并不遥远。

应该说，张璁的判断是正确的，夏言确实是个孤独的人，他的朋友不多，也没有强硬的后台，但在这场战斗中，他并不是毫无胜算。

因为他还有着自己的第三样武器。

后世的许多言官都十分仰慕夏言，对其佩服得五体投地，据说还曾经送给他一个头衔——“第一能战”，因为这位夏先生真正的可怕之处并非长得帅、普通话好，而是他的口才和笔法。

张璁所不知道的是，夏言其实是一个应试教育的牺牲品，在十几年前的那次科举考试中，他的成绩之所以那么差，只是因为他的文笔太过犀利，不合考官的胃口而已。

所以，当知情人跑来向他通报这一情况，为他担心的时候，夏言却作出了让人意想不到的回复:

“大可不必费劲儿，就让他们一起上吧！能奈我何！”

攻击如期开始了，张璁手下的十余名言官对夏言发动了猛烈的攻击，从言辞不当到迟到早退、不按规定着装，等等，只要是能骂、能掐的地方概不放过。

可张璁万没料到，这正中夏言下怀，很明显，他在掐架方面是很有点儿天赋的。对手只要找上门来，来一个灭一个，来两个灭一双。文辞锋锐无比，且反应极快，今天的敌人今天骂，从不过夜，效率极高，其战斗力之可怕只能用“彪悍”二字来形容。

由于夏言骂得实在太狠，连和他掐架的人白天上班见到他都要绕行，骂到这个份儿上，可谓是骂出了水平，骂出了风格。

十分凑巧的是，夏先生的字叫做公谨，这位仁兄虽是文官，却比当年的三国武将周瑜（公瑾）更为厉害，于是某些喜欢搞笑的大臣每次见到夏言，都会笑着对他讲:

“公谨（公瑾）兄，你还是改名叫子龙吧！”

子龙，一身都是胆！

张璁原本打算加大力度，把夏言骂成神经病，可事与愿违，这位兄台不但没疯，还越来越精神，斗志激昂。

但事情闹到这个份儿上，想不干也不行了，张璁决心把这场危险的游戏进行到底。

他不会忘记杨一清那黯然离去的背影，事情很清楚，一旦失败，他的结局将更为悲惨，于是他使出了最后的绝招。

这一招的名字叫结党，虽然简单却绝对有效，不管对手多么厉害，只要拉拢更多的人，搞个黑社会之类的组织，成为朝廷的多数派，自然和谐无事，天下太平。

说干就干，张璁先生立刻着手发展组织，讨伐异类，但连他自己也没有想到，这个无意的举动竟然就此开创了一个时代——党争时代。

世界在发展，时代在进步，事实证明，一对一的政治单挑已经落伍了，为适应潮流的发展，政治组织应运而生，大规模的集体斗殴即将拉开序幕。

张璁的第一个目标是桂萼，说来惭愧，虽说这二位起家的时候是亲密战友，但发达之后，因为分赃不均，感情破裂分道扬镳了。

但关键时刻面子是无所谓的，张璁拉下老脸亲自上门，酒席之间突然悲痛欲绝，痛陈以往的战斗友谊，双方都流下了激动的泪水。

当然绕来绕去，最后只是要说明一个主题：我要是完蛋，你也跑不了。

把桂萼收服了，张璁再接再厉，继续发展自己的势力，投靠他的大臣越来越多，连内阁大学士翟銮都成了他的同党。

看着满朝的爪牙、狗腿子，张璁终于放心了。

夏言，你是赢不了的！

张璁的气焰越来越嚣张，支持夏言的人也不敢露面了，但他们依然无畏地表示，自己会在精神上站在他这一边。

虽然情况危急，但夏言仍不慌乱，他本就了无牵挂，既然如此，就看看到底鹿死谁手吧！

夏言陷入了孤军奋战的困境，但朝廷大臣也并非都是孬种，就在张璁最为强大的时候，另一个无畏的人出现了。

嘉靖九年（1530）末，张璁的心理疾病达到了顶峰，为了能够获得皇帝的认可，他突发奇想，竟然把主意打到了死人的身上。

偏偏这个死人还非常有名——孔圣人。张璁表示孔老二名不副实，没有为社会作出具体贡献，应该除掉封号，降低身份。

这实在是个比较离谱的事，包括张璁在内，大家都是读孔圣人的教材才考上功名的，这种和尚拆庙的缺德事情只有张先生才想得出来。

可是事到临头，官员们似乎都集体哑巴了，谁也不出头拉孔老二一把，可见他们的脑袋都非常清醒：死人可以不管，活人不能得罪。

对于这一场景，张璁十分满意，绝对的权势会带来绝对地服从，他深信不疑。

但没过多久，沉默就被打破了，一位年轻的翰林挺身而出，提出了反对。

张璁开始没有在意，但当他看到反对的奏章时，才意识到这次麻烦大了，很明显，这位翰林是个理论型的人才，他引经据典，列出八条理由推证废除封号行为的错误，理论充分，证据确凿，矛头直指张璁。

无奈之下，张璁在朝房约见了这个不听话的人，开始还好言相劝，多方诱导，可这位翰林软硬不吃，张璁急了，问他到底想怎么样。

回答很简单：我只是要个说法。

说不通，就开始辩，张璁本来是辩论的好手，但这次也遇上了对手，无论他说什么，总是被对方驳倒，气得不行的张璁失去了理智，开始高声叫喊无理取闹，却只得到了这样一句回答：

“久闻张大人起于议礼，言辞不凡，今日一见果然名不虚传。”

这句话十分厉害，所谓“起于议礼”，不但说他来路不正，还暗指张璁先生学历低，成绩差，没有干过翰林。

果然，张璁一听就跳了起来，也不顾形象了，破口大骂道：

“你算什么！竟敢背叛我！”

这是一个严重的警告，意思是满朝都是我的人，你最好乖乖听话。

见首辅大人如此暴跳如雷，周围的人都捏了一把汗，桂萼出于好心，不断向此人使眼色，可这位兄弟似乎是打算把理论进行到底，慢条斯理地作出了回答：

“依在下看来，所谓背叛均出自依附，可是我并未依附过阁下，背叛又从何谈起？”

说完，行礼，走人。

所有人都被镇住了，目送着英雄的离去，而站在中间的张璁却已经气得浑身发抖，大吼一声：

“不教训你，首辅我就不干了！”

这位勇敢的翰林名叫徐阶，时年二十七岁。这是他漫长人生中的第一次斗争，也是最为勇敢的一次。

勇敢，注定是要付出代价的。

张璁又一次用行动证明，他是一个不折不扣的小人。第二天，他就找到了都察院，希望严惩徐阶，其实，徐阶只是表达了自己的意见，也没有犯法。

可办法是人想出来的，张璁当即给徐阶定下了一个独特的罪名：“首倡邪议”，处理方法也很简单：“正法以示天下！”

人无耻到这个地步，是很不容易的。

万幸的是，张璁先生还不是皇帝，所以他说了不算，而徐阶多少还有一些朋友，几番努力之下，终于保住了他的性命。

死罪可免，活罪难饶，张璁是不会善罢甘休的。

“这次就饶了他，让他去福建延平府任职吧。”

这是要把人往死里整。

因为所有人都知道，在那个只有翰林庶吉士才能入阁的时代，如果被剥夺京官的身份，分配到穷乡僻壤干扶贫，只会有一个结果——前途尽毁。

张璁没有杀掉徐阶，他要亲手毁掉这位年轻翰林的所有前途，让他生不如死，在痛苦中度过自己的一生。当然了，他万万没有想到，这一举动不但没有毁掉任何人，反而成就了这位年轻气盛的翰林。

对于这个恶毒的命令，徐阶没有提出异议，因为他知道，在张璁面前，任何反抗都是没有意义的，他谢恩之后，便打好包裹离京而去。

徐阶第一次为他的鲁莽交出了巨额的学费，从翰林到地方杂官，他对自己的前程已经彻底绝望，但他并不知道，这不过是他惊心动魄的人生中一次小小的插曲。

他的命运就此彻底改变，在那个荒凉之地，他将磨砺自己的心智和信念，最终领悟一种独特的智慧与技能。而那时，张璁已然不配成为他的对手，在未来的三十年中，他将面对一个更为可怕、狡诈的敌人，经历艰难险阻、九死一生，并取得最后的胜利。

◆ 阴谋的陷阱

赶走了徐阶，张璁得到了极大的满足感，他越发相信失败是不会降临到自己身上的，只要再加一把劲儿，就一定能解决夏言！

于是张璁的同党越来越多，对夏言的攻击也越来越猛，但让人纳闷的是，夏言对此竟毫无对策，他似乎失去了反抗能力，整日孤身一人，从不结党搞对抗，不慌不忙，泰然自若。

在张璁看来，夏言的这一举动说明他已经手足无措，只能虚张声势了。

可是在夏言看来，情况完全相反，之所以如此表现，是因为他已有了必胜的把握，而这种自信来源于他的一个判断——张璁正在自掘坟墓。

张先生的整人计划可谓准备充足，思虑周密。他拉拢了很多大臣，拥有无数爪牙，财雄势大，斗争中的每一步他几乎都想到了。

但他千算万算，却忽略了一个问题——夏言为什么不结党？

如果他找到了这个问题的正确答案，没准儿他还能多撑两年，可惜他没能做到。

在激烈的斗争中，所有的人都清楚地看到，虽然夏言孤身一人，但从未屈服于那位高高在上的首辅大人，无论多少攻击诋毁，他从未低头放弃。

这人实在太有种了。几乎所有的旁观者都持有相同的看法。

既然他敢干，为什么我不敢？！

于是那潜藏在内心深处的愤怒终于开始蠢蠢欲动，借投机而起，打压、排挤、陷害，一切的控诉终于喷涌而出，一定要彻底打倒张璁这个无耻小人！

越来越多的人围绕在夏言的身边，他们认定，这个人能够带领他们战胜那个为人所不齿的家伙，为含冤而去的杨一清报仇！

可是出乎所有人的意料，夏言竟然拒绝了，他接受大家的热情，却婉拒了所有的帮助，表示自己一个人扛住就行，不愿意连累大家。

无数人被他的义举所感动，然而，他们并不知道，夏言其实并不是一个如此单纯的人。他这样做的原因只有一个——他知道那个问题的答案。

夏言比张璁聪明得多，因为他很清楚，拉多少人入伙并不重要，最终决定自己命运的只有一个人——皇帝。

他虽然官小言微，却看透了这位嘉靖皇帝的底细——这是一个过分聪明自信的人。而这样的人，绝对不会饶恕任何敢于威胁他的人。

张璁是个不折不扣的蠢人，他已经是首辅了，竟然还要扩大势力，难道想做皇帝吗？

夏言很清楚这一点，他推辞所有人的帮助，只是为了得到那个最关键的支持。

所以，他饶有兴致地看着张璁那得意的笑容和无限地扩张，因为他明白：权力的膨胀就意味着灭亡的加速。

事实证明了夏言的推断。转机终于到了，皇帝对待张璁的态度突然大变，经常大骂他，而且屡次驳回他的建议和奏折，让他大失脸面。

张璁终于发现情况不对了，由于智商的限制，他还不知道问题到底出在哪里，但可以肯定的是，自己已经落入了圈套。

束手待毙从来都不是中国政治家的风格，张璁的偏执达到了顶点——只要解决了夏言，皇帝的宠信，众人的尊崇，一切的一切都将恢复原状！

而要实现这一目的，只需要一个完美的陷阱——让夏言身败名裂的陷阱。

这个陷阱由一封奏折开始。

嘉靖十年(1531)七月。

行人司长官（司正）薛侃突然来到太常寺卿彭泽的家，交给了他一份文稿。

这份文稿是准备交给皇帝的，基本内容如下所列：

“以往祖宗分封，必定会派一位皇室子孙留驻京城，以备不测，现在皇上您还没有儿子，希望能够按照先例，先挑选一位皇室宗亲加以培养，这是社稷大计，望您能认真考虑。”

薛侃略带兴奋地看着彭泽，等待着他的反应。

“很好，”彭泽笑着回答，“这是有益于国家的好事啊！”

薛侃放心了，他认为自己提出了一个很好的合理化建议。而他会跑来跟彭泽商量，是因为他们不但是同科进士，还是十余年的老朋友。

“事不宜迟，我明日就写成奏折上禀。”

他兴冲冲地收起了文稿，准备告别离去。

彭泽却拦住了他：

“先不要急，容我再想想，你留一份底稿给我吧。”

事情就是从这里开始的。

看起来似乎一切都很正常，薛侃为国尽忠，提出建议，彭泽大力支持，完全赞同。然而隐藏在背后的，却是一个无比狠毒的阴谋。

问题的关键就是那封奏折，薛侃认为它可以造福社稷，彭泽却知道，这是一件致人死命的工具。出现这样的偏差，说到底是个分工不同的问题。

薛先生的工作单位是行人司，这是个跑腿的部门，见过的世面有限，而彭先生在太常寺工作，这是一个专门管理礼仪祭祀的部门。

所以，当彭泽看到这份文稿的时候，他立刻意识到，一个千载难逢的机会到来了。

作为掌管宫内礼仪的官员，彭泽十分清楚，嘉靖先生虽然经常因为各种原因被大臣骂，却也有一个万不能碰的禁区——儿子问题。

不知为什么，这位皇帝继位十年，却一直没有儿子，原因不详。这种事向来都是绝对隐私，一般也是大娘大婶街头谈论的热门话题，换到今天也得偷偷摸摸地上医院，更何况在那万恶的封建社会。

竟然敢上这种奏折，真是活腻了！

但作为多年的老朋友，他却微笑地告诉薛侃：这是一个十分合适的建议。

看似很难理解，其实原因很简单：

首先，彭泽的后台同党叫张璁。

其次，十五年前的那次科举考试，同时考中的人除了薛侃和彭泽外，还有夏言。

而众所周知，薛侃是夏言的死党。

最后，彭泽是一个不认朋友的无耻小人。

因为在彭泽的思维体系里，有着这样一条定理：

任何人都是可以出卖的，只不过朋友的价格要高一点儿而已。

彭泽带着老朋友的文稿连夜找到了张璁，向他通报了自己的计划，求之不得的张璁当即同意，但为了达到最大的打击效果，他决定再玩一个花招：

"你去告诉薛侃，我很赞同他的意见，只管上奏，我一定会支持他。"

彭泽接受了指示，离开了张璁的家。

张璁却没有休息，他连夜抄录了薛侃的文书，准备交给另一个人。

第二天，他进宫觐见了嘉靖，出示了那一份文稿。

看着皇帝陛下那涨得通红的脸，张璁不慌不忙地抛出了最后的杀招：

"这是夏言指使薛侃写的，请陛下先不要发怒，等到他们正式上书再作处罚。"

嘉靖强忍着愤怒，点了点头，在他看来，这封大逆不道的奏折是一个让他难堪的阴谋，一定要进行彻底地追究！

一天之后，得到张璁鼓励的薛侃十分兴奋地呈上了他的奏折，当然了，效果确实是立竿见影的——光荣入狱。

虽然已经有了思想准备，嘉靖仍然气得不轻，他看着这封嘲讽他生不出儿子的奏章，发出了声嘶力竭的怒吼：

"查清幕后主使，无论何人，一并问罪！"

这下夏言麻烦大了，因为几乎所有的人都知道他和薛侃的关系，这回是跳进黄河也洗不清了。

局势一片大好，张璁和彭泽开始庆祝胜利，虽然一切都在他们的预料之中，但意外仍然发生了。

很快，刑部的审案官员就纷纷前来诉苦——审不下去了。因为薛侃虽然看人不准，却非常讲义气。无论是谁问他，他都只有一个回答：

"我一个人干的，与他人无关。"

没办法了，幕后黑手亲自出马，彭泽又一次站在薛侃面前，开始了耐心的政治

思想工作:

“如果你指认夏言，马上就放了你。”

看着眼前的这个卑鄙小人，薛侃沉默了，他看了看四周陪审的官员，一反以往的激愤，用十分平和的语气说道:

“我承认，那封奏折确实是我写的。”

看来有希望，彭泽松了口气，正准备接着开问，却听见了一声大吼:

“但我之所以上奏，都是你指使的！当时你跟我说张少傅（张璁）会全力支持此提议，难道你都忘了吗？！”

傻眼了，这下彻底傻眼了。

虽然彭泽先生的脸皮相当厚实，但在众目睽睽之下，也实在是不好意思，于是审讯就此草草收场。

闹到这个份儿上，已经结不了尾了，一定要审出来，业余的不行，那就换专业的上！

所谓专业人才，是指都察院都御史汪鋐，这位仁兄有长期审讯经验，当然，他也是张璁的同党。

为了能够成功地完成栽赃任务，他苦思冥想，终于决定图穷匕见，直接把夏言拉过来陪审，期望能够在堂上有所突破。

事后证明，这是一个极其白痴的想法。

参考消息 **奸臣的另一面**

正德年间，汪鋐担任广东提刑按察使。此时葡萄牙殖民者在香港周边设立据点，对明朝沿海地区虎视眈眈。嘉靖即位后，命汪鋐率军驱逐图谋不轨的葡萄牙人，结果遭到武装抵抗。当时葡萄牙人手中有两张王牌：一是体型巨大的蜈蚣船，二是威力惊人的佛郎机。首次交战，明军因装备落后失利。汪鋐于是征集巧手匠人，钻研蜈蚣船和佛郎机的技术，很快仿制成功，大大增强了明军的战斗力。第二次战斗打响后，汪鋐先借用风势火攻，然后水陆夹击，大败葡萄牙人，将其赶出了中国。在汪鋐的领导下，中西方历史上第一次武装冲突，以明朝完胜告终。

夏言这种彪悍之人，天王老子都不怕，而汪御史竟敢找上门来，只能说是脑子进了水，一场审讯就此变成了闹剧。

要说汪御史也算是开门见山，刚开始审，矛头就直指夏言，反复追问幕后主谋，甚至直接询问夏言是否曾参与此事。

汪御史的行为是一种赤裸裸的挑衅，估计是想引蛇出洞，可他没有想到，自己引出来的竟然是一条巨蟒！

夏言压根儿就不跟他费话，一听到被人点了名，当即拍案而起，大喝一声：

"姓汪的，你说谁呢？！"

汪鋐被镇住了，他害怕气势汹汹的夏言，却也不愿认输，还回了几句嘴。

夏言彻底爆发了，他离开了自己的座位，准备冲上去打汪鋐，好在旁边的人反应敏捷，及时把他拉住，这才没出事。

在此之前，张璁一直在现场冷眼旁观、不动声色，颇有点儿黑社会大哥的气度，但是情况的变化超出了他的想象。既然脸已经撕破了，夏言也就顾不得什么了，他一不做二不休，直接找到了后台老板，大声怒斥：

"张璁，都是你搞的鬼，你到底想怎么样？！"

这算是以下犯上了，张首辅也不含糊，清清嗓门准备反击，可还没等他做好热身，一句响亮的话突然横空出世：

"请张首辅即刻回避此案！"

说这话的人是给事中孙应奎、曹卞。

应该说孙、曹二位仁兄是很有点儿法律修养的，因为他们的话放在今天，是有特定法律称谓的——"当事人回避"。

可惜他们虽有律师的天分，张首辅却没有法官的气度，准备送出去的骂人话被退了货，张璁气得眼珠都要蹦出来了，你们存心捣乱是吧！

可张璁站在原地憋了半天，才发现竟然无话可说！掐架估计掐不过夏言，讲法律也讲不过这两个突然跳出来的二愣子。

万般无奈之下，张大人只好走人，临走时抛下一句愤怒的留言：

"你们等着瞧吧！"

老板都走了，大家也别傻待着了，一起撤吧！这场奇特的庭审就此结束。

张璁已经决定把小人做到底了，他一刻也不敢耽搁，立刻向皇帝打了小报告，说他发现了一个反动团伙，此团伙组织严密，除夏言外，申请回避的两位法律专家也是资深的团伙成员。

嘉靖表扬了张璁，把这三位仁兄一股脑儿关进了监狱。

张璁闻言大喜，这事情看来就算解决了，可惜张璁先生忘了，嘉靖先生的智商比他要高得多，于是就多了下面这句：

“让他们从速审讯，把供词给我，我要亲自过目！”

这下子玩不转了。

冤枉到家的法律专家孙应奎、曹卞自不必说，夏言更不是好惹的，想从他们口中得到供词，只怕要等到清军入关。

更为严重的问题是，这几个人还打不得，毕竟他们目前还不能划入敌我矛盾，这种领导主抓的案子，如果搞刑讯逼供，最后只会得不偿失。

该怎么办？没有办法。

就这样，三法司（刑部、都察院、大理寺）的多位同志搞了几天几夜，绞尽脑汁，终于得出了一个上报结果：

薛侃的奏折是自己写的，彭泽指认夏言指使，纯属诬陷（泽诬以言所引）。

这是一个极其悲惨的结论，对张璁而言。

很快，嘉靖就作出了反应，他释放了夏言、孙应奎和曹卞，并给予亲切的慰问。

但事情没有那么容易了结，嘉靖又一次发火了，他这辈子最恨的不是小人，而是敢于利用他的小人。

张璁先生要倒霉了，这回不是降职就是处分，没准儿还要罢官，可他没有想到，嘉靖并没有这样做。作为一个聪明的皇帝，他用了更为狠毒、别出心裁的一招。

不久之后的朝堂上，在文武大臣的面前，嘉靖突然拿出了一份文稿，面无表情地对张璁说道：

“这是你交给我的，现在还给你！”

大家都知道那是什么东西。

于是张璁先生准备找个地缝钻进去了，这件事情办到现在，终于光荣谢幕。

最后我们陈述一下此事的最终结果：

张璁，因所设陷阱被揭穿，人格尽失，前途尽毁。

彭泽，因参与挖坑，获准光荣参军（充军），为国家边防事业继续奋斗。

薛侃，虽说并非受人指使，但是骂皇帝没有儿子，犯罪证据确凿，免官贬为庶民（黜为民）。

夏言，监狱免费参观数日（包食宿），出狱，最终的胜利者（独言勿问）。

◆ 第二个木偶

张璁算是废了，虽说他四肢俱全，没啥明显缺陷，但从政治角度上看，他却已是一个不折不扣的残疾人。

皇帝不喜欢，大臣不拥护，连他的同党都纷纷转做了地下党，唯恐被人知道和张大人的关系。

形成鲜明对比的是，夏言先生却正红得发紫、热得发烫，但凡是个人，就知道这哥们儿了不得了，张首辅都不在话下，还有谁敢挡路？

于是一时之间，夏言的家门庭若市，前来拜访者络绎不绝，什么堂兄表弟、远房亲戚、同年同门、旧时邻居一股脑儿全都找上了门，弯来绕去只为了说明一个古老的命题——苟富贵，莫相忘。

而在朝廷之中，深夜（白天实在不便）上门攀谈，指天赌咒、发誓效忠者更是不计其数。

这一切都被张璁看在眼里，抱着临死也要蹬两腿的决心，他使出了最后一招——致仕。

这招通俗说来就是避避风头，等待时机，是一个极为古老的招数，无数先辈曾反复使用，这也充分说明了其可靠性和有效性。

遗憾的是，这招对夏言并不管用。

因为面对大好形势，夏言并没有被冲昏头脑，他始终牢记自己的打工仔身份，全心全意为领导服务，早请示晚汇报，从不结党，嘉靖先生十分满意他的服务态度，一高兴，大笔一挥就给了他一个部长——礼部尚书。

于是张璁的希望彻底破灭了，嘉靖十年（1531）他退休回家，不久之后又跑了回来，几年之间来来去去，忙得不亦乐乎。

可惜的是，无论他怎么闹腾，却始终没人理他，正所谓：不怕骂，只怕无人骂。混到了骂无可骂的地步，也着实该滚蛋了。

嘉靖十四年（1535），张璁申请退休（真心实意，童叟无欺），经过反复挽留（一次），由于本人态度坚决（不想混了），皇帝陛下终于批准，并加以表彰，发给路费。

黯然离京的张璁踏上了回家的路，十一年前（嘉靖三年，1524），他正是沿着这条道路春风得意地迈入京城，十余年的风雨飘摇，由小人物而起，却也因小人物而落，世道变化，反复无常，不过如此而已。

但张璁并不知道，其实，他是一个十分幸运的人，对比后来几位继任者，这位仁兄已经算是功德圆满了，他亲手燃起了嘉靖朝的斗争火焰，却没有被烧死，实在是阿弥陀佛，上帝保佑。

当然了，张璁先生能够得到善终，还要怪他自己不争气，和即将上台的那几位大腕级权臣比起来，他的智商和权谋水平完全不在同一档次。

张璁离开了，想起当年争爹的功劳，嘉靖也有几分伤感，但我们有理由相信，皇帝大人的感情是丰富的，心理承受力是很强的，而为了国家大计，要忘记一个人也是很容易的。

所谓以天下为己任，通俗解释就是天下都是老子的，天下事就是本人的私事。

所以对于胸怀天下、公私合营的皇帝而言，张璁不过是个木偶而已，现在第一个木偶已经用废了，应该寻找下一个了。

嘉靖十五年（1536），皇帝下谕：礼部尚书夏言正式升任太子太傅兼少傅（从一品），授武英殿大学士，进入内阁。

第二个木偶就此登上戏台。

夏言其实很清楚自己的身份，他成为了第二个木偶，并且自觉自愿甘于担当木偶的角色，从这一点上说，他实在是个不折不扣的机灵人。

夏言的确比张璁聪明，所以他的下场也比张璁惨，因为嘉靖先生似乎一直以来都坚守着一个人生信条：

活着是我的人，死了是我的鬼，化成了灰还要拿去肥田！

当然，在当时，夏言先生还没有变成饲料的危险，因为他还有很多活要干。

成为内阁学士的夏言并没有辜负皇帝的希望，他确实是个好官，干得相当不错，至少比张璁强，虽说他的提升也有迎合皇帝、投机取胜的成分，但能混到今天这个地步，还是靠本事吃饭的。

夏言是一个十分清廉的人，而且不畏权贵，干跑腿的时候就曾提议裁减富余人员，压制宦官，那时他虽然官小，却干过一件震惊天下的事情——痛骂张延龄。

说起这位张延龄同志，实在是个了不得的人物，横行天下二十多年，比螃蟹还横。当然，嚣张绝非偶然，他是有资本的——孝宗皇帝的小舅子。

凭着这个身份，他在弘治、正德年间很吃得开，无人敢惹。

然而夏言惹他了，他上奏章弹劾张小舅子侵吞老百姓的田产，送上去后没人答理，连皇帝都不管，要知道，当时是嘉靖初年（1522），皇帝大人自顾不暇，连爹都弄没了，哪有时间管这事。

张延龄是个十分凶狠的人，准备搞打击报复，可他没想到，夏言比他更为凶悍。

还没等张国舅缓过劲儿来，朝中的内线就告诉了他一个不幸的消息：夏言又上了第二封弹劾奏折，而且比上一封骂得更狠。

张延龄气疯了，恨不得活劈了这个不识时务的家伙，不过，对于夏言的攻击，他并不担心，毕竟此人人微言轻，无人理会，掀不起多大的浪。

正如他所料，第二封奏折依旧没有回音。然而没过多久，他又得到消息：夏言上了第三封奏折！

这人莫不是发疯了吧！

夏言并没有发疯，但张延龄却真的快被逼疯了，因为夏先生的奏章并不只是上、中、下三集，而是长篇连载。

之后，夏言又陆续出版了奏章系列之痛骂张延龄第四、五、六、七部，这才就此打住。

之所以打住，绝不是夏言半路放弃，而是因为这事解决了，奏折一封接着一封，连皇帝陛下也被搞烦了，于是他在忙于争爹的斗争之中，还专门抽出时间料理了张延龄，退回了霸占的田地。他宁可得罪张国舅，也不敢再惹夏先生。

这就是夏言的光辉历史，当日的夏行人就敢动朝廷高干，现在成了夏尚书、夏大学士，估计除了阎王之类的传说人物，天地之间已然没有他搞不定的人了。

除了刚正不阿外，夏先生还有一个特点——廉洁，对官员们而言，这可算是要了老命了，领导不下水，问题就难办了。偏偏夏学士反贪力度又格外凶猛，于是一时之间，朝廷风气大变，哭穷叫苦声不绝于耳。

综合说来，夏言是一个传统意义上的好人，这个人不贪财、干实事，心系黎民百姓、国家社稷，他的才干不亚于杨廷和，而个人道德操守却要远远高于前者。

在他的管理下，大明王朝兴旺发达、蒸蒸日上，发展前景十分看好。

但夏言毕竟不是雷锋叔叔，他也有一个致命的软肋。

夏先生这辈子不抽烟，少喝酒，不贪钱，不好女色，除了干活还是干活，但他竟然十分享受这种郁闷得冒烟的生活。

因为在枯燥单调的背后，隐藏着一个巨大的诱惑——权力。

征服所有的人，掌控他们的命运，以实现自己的抱负。这大概就是夏言最原始的工作动力。

不过，我们还是应该赞扬夏言的，他虽然追逐权力，主要目的还是为了干活，事实上，他的权力之路十分顺利，嘉靖十五年（1536），他接替李时，成为了内阁首辅，走到了权力的顶峰。

然而，夏先生刚刚爬到山顶，还没来得及喘口气，就发现那里还站立着另外一个人，很明显，这个人并不打算做他的朋友。

夏言已经是内阁首领，文官的第一号人物，却偏偏管不了那位仁兄，因为这个人叫做郭勋。

第二十章 锋芒

○十五岁的时候 他登上了皇位 十七岁时 他用过人的天赋战胜了杨廷和 十八岁时 他杖责百官 确立了自己的权威 而事实证明 他在治国方面也绝对不是一个昏庸之辈

作为张璁的盟友，在朋友倒霉的时候，他十分忠诚地遵循了自己的一贯原则——落井下石。朝廷谁当政并不要紧，只要能保住本人的地位就行。

可慢慢地，他才发现，这个新上台的夏言实在不简单，此人十分聪明，而且深得皇帝宠信，也无意与他合作，远不如张璁那么容易控制。为了将来打算，最好早点儿解决这个人。

而郭勋采用的攻击方法也充分地说明了一点——他是个粗人。

这位骨灰级高干平时贪污受贿，名声很差，人缘不好，脑袋也不开窍儿，竟然直接上奏折骂夏言，掐架票友居然敢碰专业选手，这就是传说中的鸡蛋碰石头。

夏言自不必说，马上写文章反骂，双方拳脚相加，十分热闹，按照常理，这场斗争应该以夏言的胜利告终，然而事实却并非如此。

嘉靖腻烦透了，手下这帮人骂来骂去也就罢了，可每次都要牵扯到自己，一边是朝廷重臣，一边是老牌亲戚，双方都要皇帝表态，老子哪来那么多时间理你们的破事儿？！

不管了，先收拾一个再说！

夏言运气不好，他挨了第一枪。

嘉靖二十年（1541），皇帝大人收到了夏言的一封奏折，看过之后一言不发，只是让人传他火速觐见。

接到指令的夏言有了不祥的预感，但他还比较安心，因为自己的这封奏折并没有涉及什么敏感问题，可他进宫之后，才发现问题严重了。

嘉靖不由分说，把夏言骂了一顿，搞得首辅大人不得要领，然后才说出骂人的原因——写了错别字。

夏言蒙了，这不是故意找茬儿吗？

换了别人，挨顿骂也就算了，皇帝故意找茬儿，你还敢抽他不成？

可夏言兄实在是好样的，他不肯干休，竟然还回了一句：

"臣有错，恰逢近日身体不适，希望陛下恩准我回家养病。"

你故意闹事，我还就不伺候你了！

当然了，嘉靖先生也不是好欺负的，他怒不可遏地大喊一声：

"你也不用养病了，致仕去吧，再也不要回来了！"

惨了，这下麻烦了。

玩笑开大了，可是话既然说出了口，也没法收回来，只能硬着头皮走人。

夏言开始满怀忧伤地捆被子，准备离开北京，但就在他即将上路时，突然有人跑来告诉他：先等一等，你可能不用走了。

夏言确实不用走了，因为出事了，而且还是大事。

这件事情出在郭勋身上，夏言因为错别字被赶出了京城，郭勋很是高兴了一阵子，但这位兄弟实在是不争气，很快就惹出了一个大乱子。

这事具体说来是个工作作风问题，嘉靖皇帝不久前曾交给郭勋和王廷相（时任左都御史）一个差事，并专门下达了谕令。

可是蹊跷的是，王廷相接到谕令后，四十余天都没有动静，不知到底搞什么把戏。

这里顺便说一下，王廷相先生是大文豪，"前七子"之一，还是著名的哲学家，之所以不干活，没准儿是在思考哲学问题。

可是郭勋就有点儿离谱了，王廷相虽然懒，也只能算是怠工，他却胆大包天，明知有谕令，就是不去领！权当是不知道。

郭勋虽说是皇亲国戚，但也是拿工资的国家公务员，既然拿钱就得给皇帝干活，而郭先生明显没有这个觉悟。

于是皇帝发怒了，自己交代下去的事情，一个多月竟然没有回音，立刻下旨严查，王廷相也真算机灵，一看情况不妙，马上补交了工作报告。

相对而言，郭勋的认罪态度就不怎么好了，活还是不干，只写了一封奏折为自己辩护，本来这事不大，念在他世代高干的份儿上，最多也就骂几句了事，可他的那份奏折却惹出了大祸。

必须说明的是，郭勋的那封奏折并没有错别字，这是值得表扬的，不过，他的问题比错别字要严重得多。

这位仁兄真不愧是个粗人，他不但在奏折中狡辩，还写下了一句惊世骇俗的话："何必更劳赐敕。"

结合上下文，此言通俗解释大致如下：

"这种事情你（指皇帝）何必要专下命令，多余！"

姓郭的，你有种，不废了你就不姓朱！

皇帝终于发怒了，他痛骂了郭勋一顿，并召回了夏言。屋漏偏逢连夜雨，这位郭勋先生平日里贪污受贿，欺压大臣百姓，做尽坏事，人缘极差，朝廷中的言官眼看他倒霉，纷纷上书大骂，痛打落水狗。

关键时刻，郭勋终于醒悟，立刻虚晃一枪，表示自己压力过大患病休养，希望皇帝恩准。

嘉靖同意了，对这位老亲戚，他还是比较信任的。官员们见势不妙，也就纷纷

参考消息 **一"湿"足成千古恨**

明代御史张翰刚上任时，去参见都台长官王廷相。王廷相为了勉励新人，讲了个见闻。昨日乘轿进城时遇雨，有个轿夫穿了双新鞋，从灰厂到长安街时，他害怕弄脏鞋，专拣干净的地方走。进城后，泥泞越来越多，一不留神踩进了泥水里，把一只鞋弄脏了。于是轿夫再也不顾及自己的鞋子，往泥里随便踩。鞋上沾的泥水过多，导致脚底打滑，轿夫居然摔死在了衙门口的台阶上。讲完这个故事，王廷相感慨道："为人处世之道，和这位轿夫的遭遇一样，一旦失足，你以后就再也不会有所顾忌了。"

缩手倒戈了。

如果事情到此为止，郭勋成功避过风头，大概还能有个安详的晚年，可是在最关键的时候，夏言回来了。

在夏言看来，张璁多少还算是个干事的人，而这位郭高干不学无术，是纯粹的社会垃圾。要想平安治国，实现自己的政治理想，就必须清除这堆垃圾。

但这几乎是一项不可能完成的任务，郭家从老朱开始，已经混了差不多两百年，根深叶茂，黑道白道都吃得开，一个普通的内阁首辅又能拿他如何？

普通的内阁首辅自然没有办法，但是夏言并不普通。

他决心挑战这个高难度动作，搬走最后的绊脚石。为此他找来了自己的门生言官高时，告诉了他自己的计划，并问了他一个问题：

“此事风险甚大，你可愿意？”

回答如下：

“为国除此奸邪小人，在所不惜！”

嘉靖二十年（1531）九月，乙未。

给事中高时上书弹劾：武定侯郭勋，世受皇恩，贪污不法，今查实罪行如下，应予法司严惩！

这是一道极有分量的奏折，全文共列出郭勋罪行十五条，全部查有实据，实在是一颗重量级的炸弹。

嘉靖发火了，他没想到郭勋竟然还有这么多的“壮举”，气急之下将这位亲戚关进了监狱。

事发突然，郭勋十分吃惊，但入狱之后，他却镇定下来，因为他很清楚，凭着自己的身份，皇帝绝不会下杀手，无非是在牢里待两天而已。

他的这个判断非常靠谱，嘉靖只是一时冲动，很快就消了气，还特别下令不准动刑，看样子过两天他就能无罪释放。

然而，郭勋错了，他的人生将在这里走向终点。

不久之后，高时又上了第二封奏折，内容如出一辙，要求严厉惩办郭勋，嘉靖未予理会，退回了奏折。

这个行动隐藏着皇帝的真实意图——此事到此为止，不要继续纠缠。

然而，夏言的攻势才刚刚开始。

与以往不同，这次司法部门的效率相当高，他们很快就汇报了对此案的预审结果——勋罪当斩。

这下子嘉靖头大了，他本来只想教训一下郭勋，怎么会搞得要杀头？

事到如今，必须开门见山了：

“此案情形未明，发回法司复查！”

首轮试探到此结束，第二轮攻击准备开始。

高时再次上书，内容还是要求严惩，但这一次，嘉靖没有再跟他客气，他下令给予高时降级处分。

得到了处分的高时非但不沮丧，反而十分高兴，因为他已经完成了自己的使命，好戏即将登场。

表明立场之后，嘉靖放心地等待着重审的结果，然而就在此时，给事中刘天直突然上书，奏折中弹劾郭勋大罪十二条。这次就不是贪污受贿那么简单了，罪名种类也更为丰富，包括扰乱朝政、图谋不轨等。

就如同预先编排过一样，之前迟迟不动的法司立即作出了重审结论—— 除杀头外，还额外附送罚没个人财产。

这一招实在太狠了。

嘉靖原本以为自己发话，下面的人自然会听话，可事与愿违，更绝的是，他吃了闷亏，却还没法发脾气，人家有凭有据，按照证据办案，你能说他不对吗？

皇帝陛下终于发现，自己原来是个冤大头，让人糊弄得团团转，被卖了还在帮人家数钱。

不过没关系，对手虽然狡猾，但最终的决定权仍然在我的手上，我不发话，谁敢杀郭勋？！

嘉靖这次学聪明了，他收下了法司的奏折，却根本不予理会，同时他多次召见相关大臣，旁敲侧击，要他们放郭勋一条生路。

在他看来，只要他不点头，郭勋就不会死，而多坐两天牢对这位高干子弟来说不是一件坏事。

可惜他并不清楚，要杀掉郭勋，并不一定要经过他的认可，在这个世界上，要解决一个人，有很多种不同的方法。

皇帝传达了自己的意见，可是大臣们却出现了集体弱智症状，毫不理会上级的一片苦心，仍然不停地上奏要求杀掉郭勋。

这倒也罢了，但几个月之后，嘉靖却得到了一个让人震惊至极的消息——郭勋死在了牢里。

这位精力旺盛的仁兄就此结束了自己的一生，死因不明，但可以肯定的是，绝对不是自然死亡。反正人在监狱里，爱怎么折腾就怎么折腾。

嘉靖终于彻底愤怒了，这是赤裸裸的司法黑幕！是政治暗杀！

但他仍旧没有办法。

人死了之后，侦办此案的刑部、大理寺官员十分自觉，纷纷上奏折写检讨，在文中他们纷纷表示一定会吸取这次的教训，搞好狱内安全检查，防止同类悲剧再次发生，以后一定多加注意云云。

总而言之，责任是有的，疏忽是有的，故意是没有的。

气歪了鼻子的皇帝陛下这次没有费话，他直接下令，对参与办理此案的全部官员予以降职处分，多少也算是出了一口恶气。

夏言又一次大获全胜，他虎口拔牙，把生米做成了熟饭，活人整成了死人，不但杀掉了郭勋，还调戏了一把皇帝，甚至连一点儿破绽把柄都没留下。

这次行动的成功，充分表明夏言的斗争艺术已经达到出神入化的境界，他本人也就此迈入超一流政治高手的行列。

好了，现在只剩下我一个人了，登上了顶峰的夏言开始俯视着脚下的一切。

终于走到了这一步，所有的人都听命于我，伟大的政治理想和抱负将在我的手中实现。

夏言终于开始得意了，毫无疑问，他有足够的资本，但历史无数次地告诉我们，骄狂的开始，就意味着胜利的终结。有一双眼睛正注视着他，等待着他的错误。

在那座山的顶峰，只能容纳一个人的存在，永远如此。

◆ 自信的抉择

其实对皇帝而言，朝廷中的腥风血雨并没有什么所谓，因为夏言虽是一个极其聪明的人，但和自己比起来，仍然有不小的差距。

十五岁的时候，他登上了皇位；十七岁时，他用过人的天赋战胜了杨廷和；十八岁时，他杖责百官，确立了自己的权威。而事实证明，他在治国方面也绝对不是一个昏庸之辈。

登上皇位不久后，他就开始打听两个人的下落：

“江彬和钱宁在哪里？”

大臣回报，目前仍关押于狱中，听候陛下处置。

对于这个问题，属下们心知肚明，大凡新君登基，总要搞点儿特赦以示宽容，毕竟用杀人来庆祝开张还是不多见的。

不过，接下来的那句话和他们的想象有点儿差距：

“奸佞小人，留着干什么，即刻斩首！”

嘉靖是一个十分特别的人，不仅仅是他的智商，还有他的生活经历。

与娇生惯养，混在大城市的朱厚照不同，朱厚熜出生在一个偏僻的地方，而他这位所谓藩王之子，实际上是比较惨的，因为除了吃穿好点儿外，他是一个基本失去自由的人。

在明代，由于之前有朱老四（朱棣）的光辉榜样和成功经验，历代皇帝都把藩王兄弟视作眼中钉，如藩王不领圣旨擅自入京，就是造反，可以立即派兵讨伐。

所以，朱厚熜不能去北京，也不能四处闲逛，在他的周围，始终有人在监视着他，而他平日所能接触的人，也不过是些平民百姓而已。

在这样的环境中长大的朱厚熜，懂得猜忌和防备，也了解普通人的痛苦，所以每当他听到那位荒唐堂兄的事迹时，都不禁摇头叹气：

“若我在朝，必当荡涤奸邪，兴旺盛世！”

现在是时候了。

在明武宗的时代，太监是一份很有前途的职业，不要说刘瑾、张永这些大腕，一般的管事太监也是财大气粗，他们不但可以管理宫中事务，甚至还有兵权在手（镇守太监），连地方都指挥使也要听这些武装太监的话。

可惜朱厚照不争气，三十岁就没了，上面换了领导，于是梦醒之后，心碎无痕。

嘉靖对太监的身份定位很简单——奴才。在他看来，这帮人就该去洗厕所、扫地，安心干活，还想发财、带兵、操控朝政？

他公开表态：奴才就该干奴才的事情，如果敢于越界，绝不轻饶！

刚开始时，太监们并不在意，也不相信。但是属于他们的悲惨世界确实到来了。

嘉靖召集了司礼监，下了一道严厉的命令——召回所有派驻外地的太监，这道命令迅速得到了执行。

人拉回来了，干什么呢？按程序走，先是训话，训完了就查，查出问题就打，经不住打的就被打死，这还算讲人道的。有两个贪污的太监由于数额巨大，情节严重，被打死后尸体还挂在外面示众，实在够狠。

这是小喽啰的遭遇，大腕级的也没有好下场。

当年的"八虎"中，刘瑾已经被剐了，剩下的也无一幸免。谷大用被免职抄家，他的最后一份工作是朱厚照陵墓的门卫。另一个叫魏彬的，埋头苦干几十年，好不容易爬到了司礼监的位置，嘉靖一声令下，就被下岗分流了，据说连套房子都没给留，直接撵出了宫，流落街头当了乞丐。

其余的人也很惨，个个被整得够呛，甚至连那个唯一不应该整的人也给收拾了。

无论如何，张永应该算是个不错的人，他帮过杨一清，帮过王守仁，为人也比较正直，似乎不应该上黑名单。

可是嘉靖先生太过生猛，在他看来，只要是豁出去挨了那一刀的，全都不是啥好东西。很快张永被降职处分，然后被勒令退休，眼看就要脑袋不保，杨一清站出来说话了。

总算是好人有好报，杨先生信誓旦旦，拿人头担保，这才保住了张永，使他官复原职，成为了硕果仅存的掌权太监。

除了对本地太监严加管束外，嘉靖先生还以身作则，着力管好自己身边的亲属太监，比如那位后来十分有名的黄锦，从小就跟着他，鞍前马后可谓尽心尽力，可一到北京嘉靖就翻了脸，严厉警告他放老实点儿，不许玩花样。

嘉靖是一个排斥太监的人，从表面上看，这似乎只是一个个人喜好问题，然而，事实绝非如此，在它的背后，隐藏着一个秘密——抉择的秘密。

其实，统治王朝就是经营企业，只不过治国这一摊生意更大而已，做一般生意要交税，还要应付工商检查、安全检查、消防检查，逢年过节还得上供，流年不利还会亏本破产。

相对而言，建立王朝这笔生意就好做得多了，除了启动资金过高（要敢拼命），经营周期不定（没准明天就牺牲）外，只要一朝成功，就立马鸟枪换炮。从此不但不用交钱，还可以收别人的钱，想收多少自己说了算，除了你管别人，没人敢管你。

因为开政府比开公司的利润更大、前景更广，所以自古以来，无数人都跃跃欲试，但成功者寥寥无几（就那么几个朝代）。

而那些成功创业的首任董事长，一般来说都是极其生猛的，比如白手起家的朱元璋先生，在他手下干活的人如果不听话，除了炒鱿鱼外，还要交违约金（抵命），所以大家都很服从管理。

可等到首任老总过世，继任董事长能力不足，无法解决企业问题，无奈之下，只能对外招聘人才（科举制度），并聘任其中的精英当总经理（内阁首辅）帮助管理。

然而问题在于，这位总经理并不一定听话，这在经济学上称为代理问题，而能从众多应聘者中脱颖而出，爬到这个位置的，一般都极其狡猾，绝对不是什么善类，娇生惯养的家族企业董事长很可能不是他的对手。

为了能够控制局面，董事长又引进了新型人才——秘书（太监）。这类人学历不高，品行不好，心理也有问题，还喜欢欺负员工，但他们有一个共同的优点——听话，对董事长而言，这就足够了。

所以，对于嘉靖而言，秘书（太监）绝不是他的敌人，而是他的朋友，纵观整个明代，无论太监如何猖獗，如何欺压大臣，却都要听皇帝的话。自明宣宗时起，太监就已然成为了皇帝的助手，协助统治这个庞大的帝国。

嘉靖十分清楚，在他的任期内，摆在眼前的有着两种选择——文化低、会拍马屁、十分听话的太监，或是学历高，喜欢掐架找茬儿、桀骜不驯的文臣。

连瞎子也知道，前者比后者容易对付得多，所以，他的众多同行都选择了太监，但是嘉靖却没有这样做。

因为他很自信，他相信自己能够对付所有的人。

这是一个极其艰辛的选择，从此以后，他将失去秘书的帮助，独自对付狡诈博学的总经理，事实证明，他成功地做到了。

姓张的也好，姓夏的也罢，无论下面闹得多么热闹，他都是冷静的旁观者和最终的裁决者。

二十年过去了，胜利一直牢牢地握在他的手中，各色人等，无论学历、民族、性别、星座、个人嗜好，只要是给他干活的，全都被治得服服帖帖。

绝顶高手的生活是比较痛苦的，既然没有对手，那就得另外找事干，很快，嘉靖先生就找到了精神寄托——修道。

要知道，道教是中国的土特产，是中国人自主开发研制的，如果用两个字来形容这个宗教，那就是神秘。

所谓神秘，就是搞不清，摸不透，整日捧着道经，四处搜集奇怪的材料，在烟

参考消息 **一品道士邵元节**

邵元节，本是龙虎山上清宫的一名道士，后被人推荐给了嘉靖。嘉靖很喜欢他，命他专掌祭祀之事。邵大仙得宠，在于他有两项绝技。首先他是一名出色的气象学家：有两年北京城中气候异常，该下雨的时候不下雨，该下雪的时候不下雪，结果邵大仙每次祈祷后，都会有效验；其次，他还是一名治疗男子不育症的专家。原来嘉靖结婚都十年了，可一直没有儿子，这成了他的一块心病。经过邵大仙的调理治疗，在此后的三年中，皇子接连出生。嘉靖十分感激，便拜邵大仙为礼部尚书，赐一品文官服。

雾缭绕的丹炉前添柴火，然后看着那炼出的鬼都没胆吃的玩意儿手舞足蹈，谁也不知道这帮人一天到晚到底在干吗？

总之一个字：玄。

但你千万不要就此认为，道教的追随者们都是些吃饱饭没事干的人，因为嘉靖先生就是该组织的老牌会员。

对于嘉靖先生的性格，我们已经介绍过很多次了，这是个无利不起早的家伙，对公益慈善事业也绝对没有丝毫兴趣，然而，他却甘愿牺牲日常的宝贵办公时间，在宫中设置香炉，高薪请来一大堆道士天天烧炉子。

看上去很奇怪，实际上很简单。

与别的宗教不同，道教有着一个终极的目的——羽化成仙，道徒们始终相信有一天他们能够摆脱地球引力，突破空气动力学，超过机器人的寿命，想去哪里就去哪里，想活多久就活多久。

嘉靖深信这一点，所以他几十年如一日地修身学道，追求长生不老，他的这些行为被很多史学家下了一个定义——一心修道，无心从政。

这是一个十分离谱的定义，因为事实并非如此，嘉靖先生的算盘是十分精明的：修道只是手段，而不是目的。

太上老君姓甚名谁他并不关心，对他而言，修道只是为了多活几年，为了他能够永远统治天下。因为他还没有活够，他喜欢现在的一切—— 权力、操控、斗争，这才是事实的真相。

所以修道问题，说到底，是个政治问题。

◆ 打结是个技术活

自打嘉靖先生登基，无数人曾使用各种手段，试图控制或是影响他，却都未能如愿。

无论是大臣还是太监，他都能应付自如，没有人能够威胁到他，但他万万没有想到，他那看似高不可攀的性命却差点儿在一个深夜被一群小人物夺走，而未能如愿的原因，只是一个绳结。

嘉靖二十一年（1542）十月，丁寅。

深夜，嘉靖皇帝如往常一样，住在他的后宫里，这天晚上，陪伴他的是端妃，这位端妃姓曹，是当时红极一时的宠妃，皇帝长期在她这里安营扎寨，对她宠爱有加，皇后也恨得牙痒痒，却无计可施。

就在皇帝大人和端妃熟睡之时，一群（注意，是一群）黑影偷偷窜入了寝宫，来到床边，那个带头的人伸出颤抖的手，拿起了绳子，套到了嘉靖的脖子上（睡得比较死），打了一个结。

然后她慢慢地，用力向下收紧了绳结，勒住了皇帝的脖子，原来，那个君临天下的王者竟是如此脆弱。

这个正在打结的人叫杨金英，职业是宫女，具体情况不详，但我仍可以肯定一点——她不会打结。

睡觉的人被勒住脖子是不太好受的，于是皇帝在半梦半醒之间，终于有了动静。

可是由于长年缺乏锻炼，神经反应比较迟钝，他还没来得及喊救命，就又失去了知觉。

按说嘉靖先生是死定了，可他昏迷中那无力的举动却引起了凶手的恐慌。

杨金英毕竟只是个宫女，估计平日连杀鸡的胆量都没有，可是现在她手握绳索，套住了全天下最可怕的人的脖子。

这个反差实在太大了，于是在慌乱之中，她卷起了绳索，在原来的结上，又打了一个结。

相信但凡系过鞋带的人，都知道这种结上打结的后果——死结。

顺便说一句，我对此是有深刻体会的，由于缺乏系统训练，我的系鞋带技术很差，在相当长的一段时间内，我经常会打出死结。直到高人指点，才最终系出了科学合理的绳结——蝴蝶结。

和系鞋带一样，勒死人最好不要打死结，因为死结是勒不紧的，当然了，如果想把杀人灭口和追求艺术结合起来，那么打个蝴蝶结也是不错的选择。

杨金英发现了这个问题，无论她怎么用力，绳结都没有变紧，手忙脚乱之下，却忘记了那个极为简单的解决方法——解开，再系。

按照犯罪规律，一般干这种见不得人的事情，只要不是力气活（搬运尸体），人都是越少越好，这次也不例外。

杨金英慌张的神态吓坏了另一个同伙，她准备放弃了。

这个胆小的帮凶名叫张金莲，看到这混乱不堪的一幕，她的意志彻底崩溃了。

为了摆脱眼前的一切，她趁其他人不备，偷偷地溜了出去，向皇后报信。

这是一个挽救了嘉靖生命的举动，却也是个愚蠢的决定。因为自打她潜入后宫的那一刻开始，她的名字就已经被写在了阎王的笔记本上。

无论她做什么，都是于事无补的。

被深夜叫醒的皇后得知了这个消息，说话都不利索了，情急之下亲自带着人赶到了案发地点，把犯罪分子杨金英等人堵了个正着，当时这位杨宫女仍然用力地拉着绳索，很明显，她觉得这个结还不够紧。

皇后亲手为皇帝大人解开了那个死结，拿走了那根特殊项链，太医们也连夜出了急诊，经过紧急抢救，嘉靖先生除脖子不太好使外，命算是保住了。

这案子算是通了天了，皇帝大人在自己老婆（之一）的床上被人差点儿活活勒死，而行凶者竟然是手无寸铁的宫女。这要换在今天，绝对是特级八卦新闻，什么后宫黑幕、嫔妃秘闻必定纷纷出炉，大炒特炒。

但出人意料的是，在当时，这起案件的处理却是异常的低调，所有的正史记录都讳莫如深，似乎在隐藏着什么。

参考消息 **“压力山大”的任务**

嘉靖皇帝处于昏迷中时，方皇后紧急召集御医进行会诊。谁知御医们面面相觑，谁也不敢冒这个风险——治死了皇上，那绝对是杀身之祸。方皇后心急如焚，喝令太医院院长许绅务必救活。许绅被逼到绝路，在把过脉之后，决定铤而走险，给皇帝下了一剂猛药。下午，昏迷中的嘉靖皇帝突然有了声音，吐血数升后便能言语。许绅虽然将嘉靖从鬼门关外拉了回来，但由于压力过大，不久就得了病，很快便驾鹤西行了。

当然，结论还是有的，经过审讯，犯罪嫌疑人杨金英、张金莲对自己的罪行供认不讳，为争取宽大处理，她们还供出了此案的幕后黑手—— 王宁嫔。

这位王小姐也是嘉靖的老婆，后宫重量级人物之一，这里就不多讲了，主谋的这顶帽子最终扣在了她的头上。

至此，此案预审终结，也不用交检察院起诉了，以上一干人等全部被即刻斩首示众。

这案子到这里就算结了，但真相却似乎并未大白，因为还有一个始终未能解释的问题——杀人动机。

要知道，杀皇帝实在是个了不得的事情，绝不可能大事化小，根据惯例，敢于冒这个险的人，必定要遵循一个原则——收益大于风险。

亏本的买卖从来没人肯做，那到底是什么样的收益才能让她们干出这等惊天大事呢？在那年头，武则天已经不流行了。

而最大的疑点是王宁嫔，她并没有理由这样做，因为根据成本核算，就算嘉靖死掉，她也占不到任何便宜。

这是一个没有动机的案件，参与其中的人却并不是受益者，这似乎让人很难理解。不过话说回来，女人的心理是很难捉摸的，除了妒忌外，也不排除内分泌失调、情绪失控之类的原因。

所以说来说去，这个案子仍然是一团糨糊，搞不清动机，也搞不清真相，唯一明确的是案件中各个角色的结局。

嘉靖十分郁闷，他在自家的床上被人套住了脖子，差点儿送了命。此后，他搬出了后宫，住进了西苑。

杨金英等人受人指使，最终赔掉了性命。王宁嫔被控买凶杀人，如果属实，那就算罪有应得，倘若纯属虚构，那只能算她倒霉了。

但这件事情还是有受益者的——皇后，她不但救了皇帝，除掉了王宁嫔，还趁机干了一件坏事，在她的操控下，谋杀专案组查出，端妃事先也知道谋刺一事，于是皇后大人顺水推舟，把这个危险的敌人（对她而言）也送上了刑场。

从此以后，这起谋杀案就成为了街头巷尾议论的热门话题，也是官员们每日上班必不可少的八卦，但这起案件绝不仅仅是花边新闻，事实上，它对后来那二十余年历史的发展有着极其重要的影响。

可能是受惊过度了，嘉靖的心灵受到了严重的创伤，他从此不再上朝，刚开始的时候大臣们并没有在意，就当皇帝大人养病休息，不久后自然会恢复原状，只要等一等就好。

可他们没有想到，这一等，就等了二十多年。

朱祐樘的一生

1470 成化六年	1岁	生于西宫，为朱见深第三子，此后秘密养育于宫中的安乐堂内
1474 成化十年	5岁	太监张敏将朱祐樘的身份告知朱见深，父子相见
1475 成化十一年	6岁	六月，生母纪氏暴亡 十一月，被立为太子
1487 成化二十三年	18岁	九月，即皇帝位，大赦天下，以次年为弘治元年 斥黜李孜省、梁芳、万喜及其党 十月，革除法王、佛子、国师、真人封号 罢免万安，任用徐溥入阁 十一月，任用刘健入阁
1488 弘治元年	19岁	十一月，妖僧继晓伏诛
1489 弘治二年	20岁	正月，收回已故内臣赐田，给百姓 十二月，追谥于谦光禄大夫、柱国、太傅，谥号肃愍
1491 弘治四年	22岁	九月，皇长子朱厚照生，次年被立为皇太子 十月，任用邱濬入阁
1492 弘治五年	23岁	重要产粮区苏松一带大水泛滥，命工部侍郎徐贯治水，历时近三年，水患免除
1495 弘治八年	26岁	任用谢迁、李东阳入阁

1497 弘治十年	28 岁	纂修《大明会典》
1500 弘治十三年	31 岁	定《问刑条例》
1502 弘治十五年	33 岁	纂修《大明会典》成
1505 弘治十八年	36 岁	五月，卒于乾清宫，葬于十三陵中的泰陵

朱厚照的一生

1491 弘治四年	1岁	出生，为朱祐樘长子，次年被封为皇太子
1505 弘治十八年	14岁	即皇帝位，以次年为正德元年
1506 正德元年	15岁	刘健等大臣铲除“八虎”行动失败。刘健、谢迁被迫致仕
1507 正德二年	16岁	于西安门建造豹房，不久即由乾清宫迁至豹房
1508 正德三年	17岁	御道有揭露刘瑾罪行的匿名书，百官被罚跪于奉天门下
1510 正德五年	19岁	四月，宁夏安化王朱寘鐇叛乱 六月，自称“大庆法王西天觉道圆明自在大定慧佛”，命铸印 八月，以谋反罪处死刘瑾
1514 正德九年	22岁	正月，乾清宫大火，朱厚照下罪己诏 二月，夜至教坊观乐，朱厚照微行始于此 九月，在豹房内戏耍老虎受伤，逾月不视朝
1517 正德十二年	25岁	八月，成功出居庸关，驻跸宣府，称为“家里” 九月，驻阳和，自称“总督军务威勇大将军总兵官” 十月，应州之战杀敌一人

1518 正德十三年	26岁	以蒙古势力侵扰为借口，遍游塞上，西巡六个月余
1519 正德十四年	27岁	二月，自加太师衔，计划巡幸南北直隶及山东泰山等处 三月，大臣举行大规模请愿，强烈反对朱厚照南巡 六月，宁王朱宸濠举兵叛乱 八月，令总督军务威武大将军镇国公朱寿（朱厚照）南征，十二日离开京师，十六日王守仁擒获朱宸濠消息传来，命令隐匿捷报，继续南征 十二月，抵达南京
1520 正德十五年	28岁	闰八月，八日，在南京举行献俘仪式。十二日，动身北归 九月，在积水池乘舟捕鱼，落水染疾 十二月，赐朱宸濠自尽，自通州还京师，南巡结束
1521 正德十六年	29岁	三月，病死于豹房，葬于明十三陵中的康陵

图书在版编目（CIP）数据

明朝那些事儿．第4部 / 当年明月著．—北京：北京联合出版公司，2017.5（2025.5重印）

ISBN 978-7-5596-0152-0

Ⅰ．①明… Ⅱ．①当… Ⅲ．①中国历史—明代—通俗读物 Ⅳ．①K248.09

中国版本图书馆CIP数据核字（2017）第079355号

明朝那些事儿 第4部
作　　者：当年明月
出 品 人：赵红仕
责任编辑：管　文
特约监制：何　寅
产品经理：夜　莺
特约编辑：刘晨楚
插画制作：李宝剑
地图制作：王晓明
内文设计：typo_design
封面设计：魏　魏

北京联合出版公司出版
（北京市西城区德外大街83号楼9层　100088）
北京盛通印刷股份有限公司印刷　　新华书店经销
字数300千字　710毫米×1000毫米　1/16　21.5印张
2017年5月第1版　2025年5月第33次印刷
ISBN 978-7-5596-0152-0
定价：45.00元